杭州师范大学教学建设和改革项目

杭州师范大学一流线上课程及新文科教材建设项目

杭州师范大学『语言资源与传统文化创新实践虚拟教研室』建设项目

LANGUAGE
FUNDAMENTALS

语言基础

徐越◎主编

浙江大学出版社
ZHEJIANG UNIVERSITY PRESS

· 杭州

图书在版编目（CIP）数据

语言基础 / 徐越主编. — 杭州：浙江大学出版社，
2024.9

ISBN 978-7-308-24707-8

Ⅰ．①语… Ⅱ．①徐… Ⅲ．①语言艺术 Ⅳ.
①H019

中国国家版本馆 CIP 数据核字（2024）第 046658 号

语言基础
YUYAN JICHU
徐　越　主编

策划编辑	曾　熙
责任编辑	曾　熙
责任校对	郑成业
封面设计	项梦怡
出版发行	浙江大学出版社
	（杭州市天目山路 148 号　邮政编码 310007）
	（网址：http://www.zjupress.com）
排　　版	杭州朝曦图文设计有限公司
印　　刷	杭州宏雅印刷有限公司
开　　本	787mm×1092mm　1/16
印　　张	13.25
字　　数	306 千
版 印 次	2024 年 9 月第 1 版　2024 年 9 月第 1 次印刷
书　　号	ISBN 978-7-308-24707-8
定　　价	45.00 元

前　言

一

"语言基础"是杭州师范大学人文学院自 2010 年开始增设的一门大类基础课,当时叫"汉语基础"。教学对象为人文学院中文、历史、对外汉语、人文教育 4 个专业的学生。开设时间为大学一年级第二学期,每周两节,2 个学分。

近年来,在国家通用语言文字进一步推广普及的大背景下,在新文科建设思路的推动下,2022 年,我们进一步将各相关的语言类专业课程,如"现代汉语""古代汉语""语言学概论"等课程中的基本概念、基础知识与社会生活、相关前沿研究建立多方面的链接,将其中关系较为密切那部分基础内容逐一展开梳理,编写成新文科教材《语言基础》。以知识性、通俗性和专业性为前提,讲授基础语言知识。一并推出的还有同名慕课"语言基础"。

作为大类基础课程,我们的初衷是将其打造成一门大学通识课,普及基础语言知识,打开大学生语言学习与语言应用的视野。正如数学是自然科学的基础课,语言学则是社会科学的基础课,是人人都需要学习的一门基本语言文化素养课,更是高等院校所有学生的必修课。"语言基础"不仅适合一般的语文老师、记者编辑、文书秘书、播音员、演员,也适合社会上各类服务人员、管理人员,以及所有"口力""笔力"工作者,各类理工科学生同样也需要了解语言学的基础知识。就像空气和水一样,语言基础知识是我们日常工作生活中不可或缺的一大生存要素,我们以此来学习、交流,来判断身边层出不穷的语言现象,来解决生活中各种各样的语言问题,比如:世界上有多少种语言? 语言和方言怎么区分? 普通话与北京话是什么关系? 词语为什么不能说成词汇? 字母词是不是汉语词? 杭州话是吴语还是官话? 等等。在此基础上,养成自觉使用规范语言文字的习惯,避免出现类似"某某方言属于汉语系""这个词汇""浓厚地激发了我的兴趣""得到医疗""广大读者群"等表达。

所以,"语言基础"无论是对"汉语语言学"的建立,还是提高全民的语言文化素养,都有着深远的历史意义和重要的现实意义。

二

本教材从最基础的语言知识切入,以具体、鲜活的语言事实和语言现象为例,引导学生有系统、有重点地掌握语言,尤其是汉语的语音、词汇、语法和文字、语义、语用等方面的基础理论和基本规律,提高对语言的敏感度,培养对语言学习的兴趣,全面提升语言学素养,为学生今后从事语言文字方面的相关工作或进一步学习研究提供较为坚实的理论基础和方法指导。汉语是学生的母语,我们对母语均拥有得天独厚的语感。本教材着重梳

理身边的语言现象,揭示其内在规律,展现汉语的魅力;让语言学走进日常生活,用语言学专业知识分析身边的语言现象;提升语言文字的规范意识,提高语言文化素养,激发科学创新精神。从这3个方面切入,梳理出九大主题:无尽的远方,无数的语言——语言类型;每个词都有它的历史——基本词汇的演变;异文化的使者——外来词;民俗文化的折射——语言禁忌;语言之树的奇异果——同义复词;说话的奥妙——语言应用中的推理;横看成岭侧成峰——有趣的歧义;留下乡音,记住乡愁——语言与文化;欲把西湖比西子,淡妆浓抹总相宜——杭州方言。

本教材与同名慕课相辅相成、相得益彰。教材系统性较强,内容更为丰富,分析更为细致,并配有参考书目、思考与练习。慕课讲述较为生动,内容精练,并有图片、音频和视频等辅助手段。教材结构与慕课大纲对应,教材的一章为慕课的一讲,章下面的节对应慕课的节。教材中的二维码对应相应的慕课视频。

本课程适合大学一年级新生学习。无论是中文专业的学生,还是其他专业的学生,抑或是对语言文字有一定爱好的社会人士,我们的课程可以帮助学习者更系统、更有效地运用语言学基础知识,积极关注语言生活,解决实际语言问题。

通过本课程的学习,至少会在以下4个方面有所收获:第一,掌握语言学的基础知识,对人类语言由感性认识上升到理性认识;第二,剖析语言学专业知识,提升对语言的敏感度;第三,将语言学基础知识与实际社会生活有机结合,学会观察生活中的实际语言问题;第四,学会用课堂理论知识,分析并解决实际生活中的各种语言现象。

三

本教材由来自杭州师范大学人文学院语言教研室和汉语国际教研室的9位老师组成的编写团队共同探讨,分工合作,集体编写。具体分工如下:第一章、第九章由徐越编写;第二章由王文香编写,第三章由史光辉编写,第四章由孙炜编写,第五章由周掌胜编写,第六章由肖治野编写,第七章由钟小勇编写,第八章由张薇编写。徐越负责全书的统稿和定稿等工作。这些老师均长期从事语言类课程的一线教学,有着丰富的课堂教学经验和相关的研究成果。能有这样的机会编写新文科教材,我们倍感荣幸,感谢人文学院对这项工作的大力支持。但受资料和水平所限,书中不可避免地会存在一些错误和疏漏,欢迎本教材的使用者和广大读者随时提出意见并指正。

《语言基础》编写团队

徐　越
2024 年 6 月

目 录

无尽的远方，无数的语言——语言类型

第一节 世界上有多少种语言

——世界语言的数量

人类的语言成千上万，每种语言都有自己的来源和结构特点，为了能更好地了解世界语言的全貌，更深入地探讨人类语言的普遍特征，我们将世界语言这个庞大的研究对象进行了不同的分类。这对我们了解世界语言的概貌或学习外语，都有一定的帮助。

1929年，法兰西学院曾宣布，世界诸语言的准确数字是2796种。自那时起，这个数字就被无数书籍和文章引用，许多百科全书也以此为据。但是，这种看似精确的数字，实际上是缺乏可信度的，因为我们对世界语言的认识非常有限，经过研究的语言只有500来种。我们的语言识别和语言描写工作还远远不够。语言和方言的判定标准分歧很大。不同的语言学家在划分语言和方言时，往往带有某些主观随意性。例如美国语言学家芭芭拉·F.格兰姆斯的 *Ethnologue: Languages of the World*（《从文化人类学的角度看世界诸语言》），已出13版，影响很大，书中把中国的方言与汉语并列，都算作独立的语言，一下子就增加了10种语言(即北方方言、吴语、粤语、闽南语、闽北语、晋语、湘语、客家话、赣语和平话)。书中对阿拉伯的几种口语、对高地德语和低地德语，也持有不同的看法。知名大语种尚且如此，小语种就更不用说了。这是一个不容易统计、十分复杂的语言学问题，与历史、民族、政治等问题交织在一起。

所以，对世界语言数量的统计，目前只有一个粗略的估计，比较保守的看法认为有2500～5000种，比较大胆的看法则认为有4000～8000种，迄今没有一个为语言学界普遍接受的、较为精确的数字。但是，今天我们仍然应该感谢这些学者为统计世界语言所付出的辛劳和努力。

如果以5000种语言来算，世界上约200个国家或地区，理论上平均每个国家或地区约有25种语言，实际上并非如此，有些国家或地区没有这么多种语言，另一些国家或地区的语言数量远远超过25种。如菲律宾就是一个多语言国家，除官方语言菲律宾语和英语外，还有100多种语言。菲律宾语是学校教学所用的语言，英语是各族间的交流语言，西班牙语是早先的官方语言、现在的社会名流用语。此外还有宿务语、伊洛干诺语、希利盖农语、比科尔语、瓦莱语、邦板牙语、邦阿西楠语、马京达瑙语、阿拉伯语、汉语及各种土话等。

世界上使用人口超过100万人的语言只有140多种，排名前5位的是：汉语、英语、印地语、西班牙语和俄语。

排名第一的是汉语，使用人数超过10亿人。除了中国外，在新加坡、马来西亚、泰国、

缅甸等很多国家,也有相当多的汉语使用者。排名第二的是英语,是世界上应用最广泛的语言,全球有 70 多个国家或地区将其作为官方语言,说英语的人虽然很多,但是母语是英语的人却没那么多。印地语主要是印度的各个民族在使用,其使用人数虽然很多,但影响力却远不及汉语和英语。

其中,俄语和西班牙语的人口比较接近。此外,日语、德语、阿拉伯语、葡萄牙语、法语、意大利语,这些语言不管是从使用人数,还是从通行地区的广阔性来看,都可以说是国际上重要的语言。

联合国正式批准使用的 6 种工作语言是:汉语、英语、法语、俄语、西班牙语和阿拉伯语。

第二节　语言间有哪些亲属关系
——世界语言的谱系分类

一、亲属语言

亲属语言是指从同一种语言分化出来的几种独立的语言,彼此有同源关系,我们称这些语言为亲属语言。亲属语言之间的关系就是语言的亲属关系(见表 1-1)。

表 1-1　语言的亲属关系示例

原始印欧语	亲属语言示例
拉丁语	法语、意大利语、西班牙语、葡萄牙语、罗马尼亚语
日耳曼语	英语、德语、荷兰语、瑞典语、丹麦语
古斯拉夫语	俄语、保加利亚语、捷克语、波兰语、塞尔维亚语
梵语	印地语、马拉地语、乌尔都语、尼泊尔语

类似的概念还有很多,例如,祖语、原始语、母语、子语、姊妹语言、亲疏远近等,这是 19 世纪的历史比较语言学把语言的分化关系类比为人类的亲缘关系而建立起来的谱系。

语言学上的亲属关系,与生物学上的"亲属""母子"等是两回事。生物学的母子是分开的个体,可以并存,而语言谱系上的母子却是演化关系。子语出现,母语一般也就不复存在,仅就这一点来看,语言谱系上的"母子"倒是与蚕变蛹、蛹变蛾更相像一些。生物学上必须有父有母才能有子,子一代的基因有父母两个来源,而同一语言的分化却是有母无父,后代语仅有一个母系的来源。法语、意大利语、西班牙语、葡萄牙语、罗马尼亚语等语言共同来自拉丁语,英语、德语、荷兰语、瑞典语、丹麦语等语言共同来自日耳曼语,俄语、保加利亚语、捷克语、波兰语、塞尔维亚语等语言共同来自古斯拉夫语,印地语、马拉地语、乌尔都语、尼泊尔语等共同来自梵语,因此这些语言各自都是亲属语言。拉丁语、日耳曼语、古斯拉夫语、梵语则都来自原始印欧语,也是亲属语言。

可想而知,亲属语言在语音、词汇、语法各方面都会存在一定的共同特点和对应关系。后面讲到的语系、语族、语支等都是根据语言"亲属关系"的远近亲疏建立起来的。

二、世界语言的谱系分类

世界语言的
谱系分类

世界语言的谱系分类,也叫发生学分类,是根据语言的历史来源或者语言间的亲属关系做出的分类,并按照语言间亲疏关系的程度分出了语系(language family)、语族(language group)、语支(language branch)和语种(language)4 个层级。

汉藏语系中的语族、语支和语种的关系可扫描二维码详细了解。

按照谱系分类,世界上的语言可以确定的有 12 大语系和一些语群(参见《中国大百科全书·语言文字》),12 大语系为:

印欧语系(Indo-European family)

汉藏语系(Sino-Tibetan family)

乌拉尔语系(Uralic family)

闪—含(阿非罗—亚细亚)语系(Semito-Hamitic or Afro-Asiatic family)

阿尔泰语系(Altaic family)

南岛(马来—波利尼西亚)语系(Austronesian family)

南亚语系(Austroasiatic family)

达罗毗荼语系(Dravidian family)

高加索语系(Caucasian family)

尼日尔—科尔多凡(班图)语系(Niger-Kordofanian family)

尼罗—撒哈拉语系(Nilo-Saharan family)

科依桑(霍屯督、布须曼)语系(Khoisan family)

其中,印欧语系和汉藏语系是使用人数最多的两个语系。印欧语系诸语言的分布区域最广,从美洲经欧洲到大洋洲,一直延伸到印度。印欧语系包含了世界上许多重要的语言,如英语、西班牙语、法语、德语、俄语等,这些语言是很多国家和组织的官方语言,在世界语言中占有极其重要的地位。此外,印欧语系还包含使用人数众多的语言,如英语、西班牙语、印地语、葡萄牙语、孟加拉语等。汉藏语系是使用人口最多的一个语系,主要分布在亚洲东南部,西起克什米尔,东至我国东部边界。

在各个语系中,印欧语系是研究得最充分、最深入的一个语系,甚至可以说,"语系"这个概念本身就是在印欧语系各种语言的研究基础上提出和发展起来的。乌拉尔语系、闪—含语系的研究也比较充分。汉藏语系的研究还不够充分,只是近几十年来才有较大的进展。我国的语言文字工作者对国内的少数民族语言进行了广泛的调查,为汉藏语系和其他语言的研究积累了大量的材料,调查报告和研究成果已陆续发表。汉藏语系的研究在国际上也越来越受到重视。1968 年以来,世界各国研究汉藏语系的学者每年召开一次年会,交流汉藏语系研究的成果并讨论汉藏语系研究中的问题。这些都对推进汉藏语系的研究起到了积极的作用。汉藏语系究竟可以分为几个语族、几种语言?现在语言学界还没有一致的意见。根据我国学者的研究,一般认为除汉语外还包括侗台、苗瑶和藏缅3 个语族。汉藏语系的诸语言在结构类型上有一些共同的特点:一般都有声调而没有词重音;多用词序、虚词表示语法关系,而不像印欧语那样用词的内部形态变化来表示语法

关系;虚词中还有一类特殊的类别词,即量词。汉藏语系各语言的谱系分类较多地参考了这种结构类型上的共同性。

语系的形成是一种语言长期地、不断地分化发展的结果,原始基础语(母语)分化为不同的语族,一个语族又分化为不同的语支乃至语群,一个语支或语群再分化为不同的语言。例如,原始印欧语分化出拉丁语族、日耳曼语族、斯拉夫语族、希腊语、阿尔巴尼亚语等;其中斯拉夫语族又分化出东、西、南3个斯拉夫语支,而其中东斯拉夫语支又分化出俄语、乌克兰语、白俄罗斯语。同一个语群或语支中的语言的亲属关系最接近,不同语支乃至不同语族之间的语言,其亲属关系就比较疏远。亲属语言既然是从一个原始基础语分化发展而来的,它们的语音、语法、词汇的同源成分必定具有明显的、成系列对应的特点,我们正可以根据这些特点来确定语言的亲属关系。

在12大语系之外,还有如美洲印第安诸语言、大洋洲诸土著语言、西伯利亚诸语言等语群。这些语言所表达的概念的清晰度和精确性与其他任何语言一样,但却同世界上任何一种语言都不相同。它们的使用人口从几万到几千万,有些语言只有老一辈人才会说,面临着断代的危险。至于诸语言在谱系上是否有关联,还是纯粹只是地理上的分类,各家说法不一。

此外,还有一些系属不明的语言,我们称其为孤立语言(language isolate)。这些语言至今没弄清其亲属关系,也即这些自然语言与其他任何语言均不存在亲属关系,不清楚其历史来源,是一种特殊的未分类的语言。有的孤立语言随着时间的推移已消亡,如西亚埃兰古国的埃兰语。有的孤立语言大家很熟悉,而且使用者众多,如日语与朝鲜语。当然,随着我们调查研究的不断深入,有些孤立语言最终被证明了其历史来源,如澳大利亚北部的亚宇那(Yanyuwa)语。有些早期研究有归属的语言,又被划入了孤立语言,如日语与朝鲜语,早期的语言学研究曾认为它们属于阿尔泰语系,但问题在于日语、朝鲜语与阿尔泰语系诸语言之间的同源词少得可怜。

世上本不应有无源之水,但在语言学研究之中,却恰恰发现了这样一些一时无法归类的"孤立语言"。我们可以把它们看作是世界语言史上的一个奇景,但实际上却反映出我们对世界语言知之甚微,我们的调查和研究都有待进一步深入下去。

三、我国境内各民族语言的谱系归属

我国是一个多民族的国家,我们的语言资源跟我们的民族资源一样多姿多彩。我国境内各民族语言分属于汉藏、阿尔泰、南亚、南岛(马来一玻利尼西亚)和印欧等语系。

我国境内属于汉藏语系的语言最多,共有20多种,除汉语外,属侗台语族的有壮语、布依语、傣语、侗语、水语、仫佬语、毛南语、黎语,属苗瑶语族的有苗语、瑶语,属藏缅语族的有藏语、彝语、白语、傈僳语、纳西语、拉祜语、哈尼语、景颇语、土家语等。汉语分布在全国各地,其他语言主要分布在我国南部和西南地区。

属于阿尔泰语系的语言有17种,包括维吾尔语、哈萨克语、乌兹别克语、塔塔尔语、柯尔克孜语、撒拉语、裕固语、蒙古语、达斡尔语、东乡语、保安语、土族语、鄂温克语、鄂伦春语、满语、锡伯语、赫哲语,有600多万人使用,主要分布在西北、内蒙古、东北等地区。

属于南亚语系的语言有3种,即佤语、布朗语、崩龙语,有20多万人使用,主要分布在

云南。

属于南岛(马来－玻利尼西亚)语系的语言有台湾的高山语,约有 20 万人使用。

属于印欧语系的语言有 2 种,即塔克语和俄语,约有 2 万人使用,主要分布在新疆。

还有系属不明的孤立语言,如朝鲜语和京语。朝鲜语有 120 多万人使用,主要分布在吉林延边朝鲜族自治州;京语有 4000 人使用,主要分布在广西防城港市沿海地区。

第三节　孤立语不是孤立语言
——世界语言的类型分类

世界语言的
类型分类

孤立语言是指语言谱系分类中系属不明的语言,孤立语是语言类型分类中的一种语言类型。孤立语与孤立语言是两个不同的概念。

世界上的语言数量繁多,但每一种语言都有自己的语法结构,语言的类型分类主要是根据语言本身的语法结构特点而分成的不同结构类型。按照这种分类,通常把世界语言分成孤立语(isolating language)、屈折语(inflectional language)、黏着语(agglutinative language)、复综语(polysynthetic language)4 种类型。

一、孤立语

孤立语也叫词根语、无形态语。主要特点是缺乏词形变化,但词序很严格,不能随便更改,词与词之间的结构关系主要通过词序、虚词来体现。

汉语、彝语、侗语、苗语、壮语、越南语、缅语等属于孤立语这一类型。

汉语缺少丰富的形态变化,是一种比较典型的孤立语。例如:

[例 1-1]昨天我被说了两回。

句子中没有性、数、格、时、体、态、人称等的变化,汉语句子中词与词之间的结构关系主要通过词序、虚词来体现,所以词序、虚词很重要。

但汉语在构词上,也并不都是复合词,也有些词缀成分。这种分类,只能是大致的分类,事实上没有一种语言是完全适合某种类型标准的。

二、屈折语

屈折语的主要语法结构特点是有丰富的词形变化,词与词之间的结构关系主要靠这种词形变化来表示,词序没有孤立语那么重要。

俄语有丰富的词形变化,是一种比较典型的屈折语。

在汉语中,“我”“读”“书”3 个词不会有任何变化。在俄语中这 3 个词却会发生相应的词形变化,第一人称单数“我”用的是主格,宾语用的是宾格;动词用的是现在时第一人称;3 个词都标明了表示语法意义的形态,因而词序相对比较灵活。

在俄语里,不但主语和谓语动词之间在人称和数的方面要求一致,而且形容词的性、数、格的变化也必须和它所修饰的名词一致。

例如,动词“读”有“人称”的变化:

[例1-2]читаю:用于第一人称单数

читаешь:用于第二人称单数

читает:用于第三人称单数

又如,形容词"红"在"性"上的变化:

[例1-3]Красный(чемодан)　红(皮箱):阳性

Красное(знамя)　红(旗):中性

Красная(армия)　红(军):阴性

类似俄语这样的语言,主语与谓语、形容词修饰语与中心语的组合要求有严格的一致关系,动词对它所支配的宾语也有特定的要求。词在组合中的这种多种多样的词形变化,在汉语中是没有的。就这一点看,汉语和俄语正好代表两种不同的结构类型。

除俄语外,大家熟悉的德语、法语、英语等也都是屈折语。不过,法语、英语在发展演变过程中,其屈折的成分或说词形变化已大大简化。古代英语也曾有过"性"的语法范畴,但在现代英语中仅以遗迹的形式保留在个别词的词缀上。例如:

[例1-4]waiter(男服务员)　waitress(女服务员)

actor(男演员)　actress(女演员)

现代英语中"格"的语法范畴也越来越简化,除名词加's表示所有格外,只有人称代词存有主格、宾格和所有格之分,疑问代词在非正式场合正在进一步简化,如:"Whom did you see yesterday?"在非正式场合也可说成:"Who did you see yesterday?"

三、黏着语

黏着语的主要语法结构特点是用大量的变词语素来表示各种词汇意义和语法意义,一个变词语素只表示一种语法意义。因此,一个词如果要表示3种语法意义就需要有3个变词语素(构形形态)。此外,黏着语的词根与变词语素之间的结合并不紧密。两者都有相当大的独立性,变词语素好像是黏附在词根上似的。

土耳其语、维吾尔语、芬兰语、日语、朝鲜语都属于黏着语这一类型。

日语的"ame ga fura-nai-daro"(不会下雨吧),就要用变词语素"nai"表否定,"daro"表估计。

土耳其语的"sev-mis-dir-ler"(他们从前爱)和"sev-erek-dir-ler"(他们将要爱),包含以下语素:

动词词根:sev-(表示"爱")

变词语素:-dir-(表示第三人称)

变词语素:-ler(表示复数)

变词语素:-mis-(表示过去时)

变词语素:-erek-(表示将来时)

四、复综语

复综语也叫多式综合语,是一种特殊类型的黏着语。其主要语法结构特点是:一个词往往由好几个语素编插黏合而成,有的语素不到一个音节。由于在词里插入了表示多种意思的各种语素，一个词往往构成一个句子。这种结构类型多见于美洲印第安人的语言。例如，美诺米尼语的"akuapiinam"是一个词，意思是"他从水里拿出来"，包含以下语素：

动词词根语素：akua(表示动作"挪开")

后缀语素：-epii-(表示液体)

后缀语素：-en-(表示用手)

后缀语素：-am(表示第三人称施事)

再如契努语的"iniludam"是一个词，意思是"我把它交给她"，包含以下语素：

动词词根语素：d(表示动作"给")

前缀语素：i-(表示最近过去时)

后缀语素：-n-(表示代词主语"我")

后缀语素：-i-(表示她)

后缀语素：-l-(表示间接宾语)

后缀语素：-u-(表示动作离开说话人)

后缀语素：-am(表示动作的位置意义)

根据语言本身的语法结构特点分成的4种结构类型，是就基本面貌或主要面貌而言，世界上没有一种语言纯粹属于某一种结构类型。俄语是典型的屈折语，但有时也用语序和虚词表示词与词之间的关系。汉语是典型的孤立语，但也有黏着成分，如动词后的了、着、过；也有屈折成分，如吴语湖州话中的人称代词单复数的变化就是通过内部屈折来实现的("是"在湖州话中音同"实")。

单数	复数
我、是我	伢、是伢
尔、是尔	倷、是倷
其、是其	其、是其

语法结构有不同的类型，但不分优劣，每种语言都源自远古时代，经过漫长的发展演变，其语法规则都可以满足语言的基本功能，都是经济和简易两个特点的某种结合。

对世界语言分类的角度不同，分类结果也不一样。谱系分类和类型分类互相之间没有对应关系，同一系属的语言，结构类型不一定相同；结构类型相同的语言，不一定就属于一个谱系。

第四节　十里不同音，五里不同调
——汉语方言的种类与特点(上)

汉语方言历史悠久，丰富复杂，其差异性甚至远远超出欧洲许多语言之间的差异，是世界上丰富的语言文化资源之一，也是中华文化和人类文明的宝贵遗产。说汉语方言"十里不同音，五里不同调"，一点都不夸张。邻县的方言互相听不懂是很常见的一种现象。在方言复杂地区，邻村的方言听不懂、山阴和山阳的方言听不懂、一条河两岸的方言听不懂，都不足为奇。

一、汉语方言间的差异

汉语不同方言用汉字写下来,差别不算大,各方言区的人大体上能看得懂;如果念出来,差别就很大,相互之间难以听懂。先看一则寓言《北风跟太阳》,分别用苏州话和北京话记录如下。

北风搭太阳(苏州话)

有一转,北风搭太阳勒笃争,啥人葛本事大。争来争去就是分勿出高低来。辩个晨光路上向来仔一个过路人,俚身浪着仔一件厚大衣。俚笃两家头就讲好哉,啥人能够先喊辩个过路人脱脱俚辩件厚大衣,就算啥人葛本事大。北风就拼命葛吹起来,只不过俚越是吹得结棍,弯个过路人拿大衣裹得越紧。后首来北风吓不法子哉,只好就歇搁。过仔一歇,太阳出来哉,俚辣辣交一晒,弯个过路人马上就拿辩件厚大衣脱下来哉。实梗一来北风只好承认,俚笃两家头当中还是太阳葛本事大。

北风跟太阳(北京话)

有一回,北风跟太阳在那儿争究竟谁的能耐大。争来争去就是分不出个高低来。这会儿来了个走道儿的,他身上穿了件儿厚大衣。他们俩就说好了,谁能先叫这个走道儿的把他的厚大衣脱下来,就算谁的能耐大。北风就一个劲儿地刮了起来,不过,北风越是刮得厉害,那个走道儿的把大衣裹得越是紧。后来呢,北风就没辙了,只好拉倒了。过了一阵子,太阳出来了。他火辣辣地那么一晒,那个走道儿的立马儿就把身上的厚大衣给脱下来了。这下儿北风只好认头了,他们俩中间儿还是太阳的能耐大。

显然,方言间的语法差别很小,苏州话的"搭"大致相当于普通话的连词"和","仔"大致相当于普通话的"哉","葛"大致相当于普通话的结构助词"的""地","辩"大致相当于北京话的指示代词。方言间的词汇差别比语法大些,但联系上下文,其他方言区的人还是可以基本看懂。而语音上苏州话和北京话的差别就大了,让北京人去听苏州人说上面那一段话,恐怕只能听懂两三成。所以,地域方言的差别,主要表现在语音上,划分方言的主要依据也是语音,词汇上也有不少差别,语法的差别较小。

"方言"是一个总体概念,在它下面还可以分出各种"次方言",在"次方言"下面又可以分出各种"土语"。究竟多大的差别才算不同的方言,这没有统一的标准,要视各种语言的具体情况而定。像英语、俄语等语言,方言之间的差别是比较小的,例如俄语分北俄罗斯语、南俄罗斯语两大次方言。在北俄罗斯语中,非重音的"o"与重音"o"的读音没有区别;在南俄罗斯语中,非重音的"o"读成类似"a"的音;塞音"r"[g]在北俄罗斯语中仍念塞音,在南俄罗斯语中转化为浊擦音[ɣ],例如"ropa"(山)读成[ɣara]。汉语方言间的差别要大得多,比如距离北京100多里的平谷,那里的话和北京话就有明显的差别。平谷话的阴平字听起来像北京话的阳平字,阳平字听起来像阴平字,平谷人说"墙上挂着枪",北京人听起来像是"枪上挂着墙"。可是北京话和平谷话属于同一种方言和同一种次方言,它们的差别最多只能算作次方言内部土语一级的差别,甚至比土语的差别还要小。听得懂、听不懂也不能作为划分方言的标准。像说俄语、乌克兰语、白俄罗斯语、波兰语、捷克语、塞尔维亚语的人相互间可以通话,但这些却是不同的语言。德语各方言,特别是汉语各方言间的差别比上述诸斯拉夫语言的差别大得多，相互间很难通话，或者说根本不能通话，但却是同一种语言的不同方言。所以，确定是方言还是语言不能光凭语言本身的差异，还要看使用的人是不是属于同一个民族，是否长期处于同一个国家共同体之中，在各地域分支之上是不是还有一个共同的文字和书面语，要看说话人的语言认同感。使用俄语、乌克兰语、白俄罗斯语、波兰语、捷克语、塞尔维亚语的人分属不同的民族，历史上曾长期各自组成独立的社会，长期没有共同的书面语，所以操这些语言的人没有归属同一语言的认同感，学界也判定它们都是独立的语言。汉民族是一个统一的民族，各方言区的人虽然不一定能相互通话，但长期处于同一个国家共同体中，一直有共同的文字和书面语，也一直保持了同是汉族的认同感。所以，汉语的各个方言尽管分歧大，仍是一种语言的不同方言。国外不少语言学家只考虑汉语方言本身的分歧，而不考虑以上社会因素和语言认同心理，认为汉语各方言是不同的语言，这是不恰当的。总之，方言是同一个民族语言里的地域分支，在确定方言身份的时候，要同时考虑两方面的因素：统一的社会和语言本身的差异。只有社会的统一而没有语言的差异，谈不上方言；同源而有差异的语言如果不是从属于一个统一的社会，一般不能算作方言，而要算作不同的语言。不过也确有两个或几个民族说同一种语言的情况，例如美国和英国都说英语，西班牙和巴西以外的南美洲其他国家都说西班牙语。这种特殊的情况往往是殖民的结果。随着社会的发展，同一种语言在不同的地区会出现分化，分歧也不断扩大。例如现在的美国英语和英国英语已有一些显著的差别，有些人甚至认为美国英语已是 American(美语)，而不是 English(英语)。

　　汉语方言分歧很大，在划分方言的时候，主要考虑语音上的几个重要的特点而暂时不管其他的细微差别。每一种方言在语音上都有一些共同的特点，例如北方方言，声母分[ts tsʰ s]和[tʂ tʂʰ ʂ]，鼻韵尾分[-n⌒ŋ]，有 4 个声调，没有入声；吴语的塞音、塞擦音声母分清送气、清不送气、浊三套，舌尖声母只有[ts tsʰ s]一套，鼻韵尾不分[-n⌒ŋ]，保留入声，以喉塞音[ʔ]收尾。虽然在语音类别上有相同的特点，但实际的语音还是千差万别。例如，入声是与韵母相关的一个调类，吴、粤、闽、客家、赣、湘和北方方言的某些次方言都有入声，但入声在不同的方言中的语音表现不尽相同，粤、赣、客家、闽南话的收尾音是[-p⌒t⌒k]；闽北话、吴语、晋语、某些湘语和某些北方话(江淮官话)没有这种分别，只有一个喉塞音；某些湘方言和某些北方话(主要是少数西南官话、河北南部的某些地区)没有辅音韵尾，只是自成一个声调。所以方言间的语音差别要具体分析，类别的名目不一定能概括反映实际的语音差别。

　　方言间的词汇差别主要表现为异名同实，用不同的名称来称呼相同的事物，这种现象很容易让人困惑。例如"萤火虫"一词，浙江温州话叫"火萤光光"、江西南昌话叫"夜火虫"、广东潮州话叫"火夜姑"、广东梅县话叫"火蓝虫"、广东阳江话叫"文火仔"、福建福州话叫"蓝尾屋"、福建厦门话叫"火萤"等。同是"向日葵"，在汉语的各地方言中也有各种不同的叫法，河北唐山叫"日头转"、承德叫"朝阳转"、任丘叫"望天转"；山东济南叫"朝阳花"、昌乐叫"向阳花"、莒县叫"转日葵"、栖霞叫"转日莲"；湖南邵阳叫"盘头瓜子"；等等。再如"母猪"一词，在浙江方言中就有多达 10 种不同的名称，杭州、嘉兴等地叫"母猪"；嘉善、平湖等地叫"雌猪"；湖州叫"婆猪"；新昌、黄岩等地叫"草猪"；武义、缙云等地叫"女猪"；庆元、泰顺等地叫"嬷猪"；绍兴、临海等地叫"猪娘"；泰顺蛮讲叫"猪姥"；苍南闽语叫

"猪母";苍南蛮话叫"猪母团"。再如鲁迅小说《社戏》里写到阿发、双喜他们偷吃田里的罗汉豆,这"罗汉豆"是绍兴话,绍兴附近的宁波话叫"倭豆",相传明朝的时候,在这种豆成熟的季节最需要防范倭寇的滋扰,因而得名。这种豆别处还有叫"蚕豆""川豆""淮豆""麦豆""佛豆"等。绍兴话、宁波话里也有"蚕豆"这个词,可那是别处的"豌豆"。由此反映出各地人们对事物观察和认识的角度不尽相同,所用的构词材料和构词方法也有差异。例如,有些方言管"猫头鹰"叫"咕咕喵",这是从模拟叫声指称的;有些方言叫"夜猫子",这是从其夜间活动的特点来指称的。北京话把"蛇"叫"长虫",反映的是其形体特点;安阳叫"皮条",反映的是其静态的外表。再如,广州话把"麻脸"叫"豆皮",这是一种比喻性的表达;潮州话叫"斑皮",阳江话叫"花面",则是一种描写性的说明。对于"蝙蝠",重庆叫"檐老鼠儿"、湖南双峰叫"檐老鼠",两地不谋而合,共喻之为"鼠",并用两个概念"屋檐"和"老鼠"合成。长沙话把"苍蝇"叫"饭蚁子",也是以此喻彼,用了两个概念合成一体加以表达。双峰话把"蜘蛛"叫"剥丝",是只见其丝,不见其物;浙北一带把蜈蚣叫"百脚",是抓住其脚,以脚相呼。再如一些动词,吴语将吵架、打架说成"相骂、相打",是对动作行为做了外表的描述;闽南话把"赖账"叫"变面",把"苦恼"叫"棘心",是对这些现象做了会意法的表达;重庆话把外行话叫"开黄脸",把"闲谈"叫"摆龙门阵",是对此做了比喻性的说明。如此等等,不一而足。

方言间的词汇差别还表现为同名异实或同词异义,这种现象很容易引起混淆。例如"阿爹"一词,浙江嘉兴指父亲、江苏苏州指祖父、广西博白指外祖母。"娘娘"一词,江苏苏州指姑母、江苏常州指母亲、浙江嘉善指祖母和外祖母。再如闽南话的"俏"是指"疯"、"拍"是指"打"、"事迹"是指"事情";广州话的"火烛"是指"火"、"马蹄"是指"荸荠"、"湿碎"是指"零碎";湘语"里手"是指"内行"、"狗子"是指"跳蚤"、"饺子"是指"馄饨"。即便在北方方言中,这种情况也不少见。例如河南新乡的"乱"是指"住"、天津的"巴结"是指"培养"、陕西西安的"瞎了"是指"浪费"、河南卫辉的"紧张"是指"照管"。如此等等,不胜枚举。

二、汉语方言的种类及其特点

方言是古代同一种语言,因语音、词汇和语法等方面的差异而在不同地区形成的地域分支。传统教科书将汉语分为北方方言(过去也叫"北方官话")、吴语、闽语、湘语、赣语、客家话、粤语七大方言。随着我们对汉语方言调查与研究的不断深入,独立出了晋语、徽语和平话 3 种方言,根据《中国语言地图集》,汉语方言主要有北方方言、晋语、吴语、徽语、闽语、湘语、赣语、客家语、粤语和平话等十大方言。每一种大方言内部,又可以根据各地方言的一些特点再逐级细分为若干种次方言,次方言的下面才是土语群。例如闽语可分闽北、闽东、闽南 3 个次方言,闽南次方言又可以分为闽南、潮汕、海南等土语群。

(一)北方方言和晋语

1.北方方言

北方方言也称官话,是我国第一大汉语方言。其分布从东北的黑龙江到西南的澜沧江,从东部的黄海之滨到西部的新疆边陲,直线距离都在 3000 千米以上。南北、东西呈斜状的 T 字形,很像一只南北为翼,由东向西通过河西走廊到新疆的蜻蜓。具体分布于以下三部分地域的汉民族居住区和某些少数民族自治区:长江以北地区;长江以南包括西南的四川、贵州、云南 3 省,湖北西北角,镇江至九江的部分沿长江地区;河西走廊及新疆全省。使用人口 6.6 亿人以上,占说汉语人口的 67.76％。北方方言覆盖内蒙古、黑龙江、吉林、辽宁、北京、天津、河北、山东、河南、安徽、江苏、湖北、湖南、四川、重庆、云南、贵州、山西、陕西、宁夏、甘肃、青海、新疆、广西、江西、浙江等 26 个省(区、市)的 1500 多个县市的全部或部分地区。按照其内部差异又可分为北京官话、东北官话、胶辽官话、冀鲁官话、中原官话、兰银官话、西南官话、江淮官话等 8 个次方言。

北方方言的主要语言特点如下。

(1)古全浊声母今读清音,塞音和塞擦音平声送气、仄声不送气。

(2)鼻辅韵尾只有[-n⌣ŋ]两个。

(3)全浊上声归去声,去声不分阴阳,声调类别少。

(4)大多数地区没有入声,没有入声当然也就没有塞音韵尾;有入声的地区有的有塞音韵尾,有的没有塞音韵尾。

(5)单数第三人称代词用他、她、它。

(6)家畜、家禽表性别的语素在前。

(7)语序,如官话方言跟南部一些方言语序不同,如"菜花"和"花菜"、"干菜"和"菜干"、"喜欢"和"欢喜"、"客人"和"人客"等的不同。

(8)有给予义的双宾句,指人的宾语在指物的宾语之前。

2. 晋语

晋语主要分布在山西省及其毗邻地区,包括山西省除南部以外的广大地区;河北、河南、内蒙古、陕西临近山西的地区,使用人口 4000 多万人。

晋语虽然地处我国北方,但还保留着带喉塞的入声,因而与周边的北方官话有明显的区别。1987 年《中国语言地图集》正式把晋语从北方方言中独立出来。

晋语的主要语言特点如下。

(1)有入声。

(2)有系统的文白异读。

(3)有入声音节的前缀。例如:

[例 1-5]圪:～洞　～缩　～朽　～节　～咚　～晾半死

忽:～雷　～绕　～隆　～片　～里倒腾

入:～鬼　～怪　～能

(二)吴语和徽语

1. 吴语

吴语是我国第二大汉语方言,主要分布在江苏省南部、上海市和浙江省的全境,以及江西省、福建省和安徽省的小部分地区。分布面积约 13.75 万平方千米,使用人口 7000 余万人。划分吴语的标准一直以 1928 年赵元任在《现代吴语的研究》一书中提出的"帮滂并、端透定、见溪群三级分法为吴语的特征"。吴语分太湖片、台州片、瓯江片、婺州片、处衢片、宣州片 6 片。其中,太湖片包括毗陵小片、苏沪嘉小片、苕溪小片、杭州小片、临绍小片、甬江小片 6 个小片;处衢片包括处州小片、龙衢小片、太高小片 3 个小片;宣州片包括石陵小片、铜泾小片 2 个小片。

吴语除上述"塞音三分"这一条最主要的特征和标准之外,还有以下一些共同特征。

(1)古疑母字多数今读鼻音声母:在洪音前读[ŋ]声母,在细音前读[ȵ]声母(见表 1-2)。

表 1-2   吴语共同特征之一示例

示例	地区						
	丽水	湖州	绍兴	宁波	临海	瑞安	衢州
牙	ŋa	ŋo	ŋo	ŋo	ŋo	ŋa	ŋuo
义	ȵi	ȵi	ȵi	ȵi	ȵi	ȵi	ȵi
岳	ŋo	ȵyo	ŋo	ŋo	ŋo	ŋə	ŋʌʔ
玉	ȵio	ȵio	ȵio	ȵio	ȵyo	ȵya	ȵioʔ

(2)古日母、古微母字今有文读音和白读音的分别(见表 1-3)。

表 1-3   吴语共同特征之二示例

示例	地区			
人	嘉兴 zen/ȵin	绍兴 ziŋ/ȵiŋ	定海 zoŋ/ȵiŋ	温州 zaŋ/ȵiaŋ
日	湖州 zəʔ/ȵiəʔ	富阳 ziɛʔ/ȵieʔ	宁波 zyəʔ/ȵieʔ	永嘉 zai/ne
尾	乐清 vi/mi	江山 vi/mie	湖州 vi/m	长兴 vi/n
晚	永嘉 va/ma	海盐 vɛ/mɛ	仙居 va/ma	临安 ɦuɛ/mɛ

(3)古深臻曾梗四摄的字,今音有鼻音韵尾的,一般为[-n]或[-ŋ],但不对立,无辨义功用,亦即只有一个鼻尾音位(见表 1-4)。

表 1-4   吴语共同特征之三示例

地区	词语			
	金=斤=京	林=邻=灵	吟=银=凝=迎	针=真=蒸=征
杭州	tɕiŋ	liŋ	ȵiŋ	tsəŋ
嘉兴	tɕin	lin	ȵin	tsən
宁波	tɕiŋ	liŋ	ȵiŋ	tɕiŋ
温州	tɕiaŋ	leŋ	ȵiaŋ	tsaŋ/tseŋ

(4)[m n ŋ]能自成音节,例如"姆亩耳尔五鱼"。

(5)声调分类以古"平上去入"的调类系统为基础,依声母的清浊分为阴调和阳调两类。阴调只拼清音声母,包括紧喉鼻流音声母;阳调只拼浊音声母,包括带浊流鼻流音声母。可以简括为"阴清阳浊"。

(6)声调分 8 个调类的最为普遍,如绍兴、温州、嵊州等;其次是 7 个调类的,如杭州、金华、丽水等;也有分 6 个调类的,如永康、诸暨等;此外,还有 9 个调类的,如嘉兴;5 个调类的,如宁波新派;4 个调类的,如慈溪浒山新派。

(7)入声多数方言收喉塞尾,读入声短调;少数读舒声,但不跟古平上去三声相混,如温州。只有永康入声与上声合并;武义一部分古浊声母入声字并到阳上;金华一部分古入声字白读并到去声。

2. 徽语

徽语主要分布在安徽、浙江和江西省。包括安徽旧徽州府全部、浙江旧严州府大部、江西旧饶州府小部。可分为绩歙片、休黟片、祁婺片、严州片、旌占片 5 片。

徽语的主要语音特点如下。

(1)古全浊声母清化,读送气清音为主。

(2)声调以六调为主。

(3)连读变调发达,以前字变调为主。

(三)闽语

闽语主要分布于东南部沿海的福建、台湾和海南省,还分布在浙江和广东省。包括福建省大部,粤东 15 县市,雷州半岛 4 县市,浙江南部及台湾。使用人口 5000 多万人。闽语内部纷繁复杂、差异很大,大致可以分为以福州方言为代表的闽东方言、以厦门方言为代表的闽南方言、以建瓯方言为代表的闽北方言、以永安方言为代表的闽中方言、以莆田方言为代表的莆仙方言,以及琼雷方言,6 个次方言区,使用人口 300 多万人。

闽语的主要语音特点如下。

(1)古全浊声母清化,多数不送气,少数送气。

(2)轻唇音字口语中多数读重唇音。例如:

[例 1-6] 分 puoŋ   味 mei   蜂 pʰuŋ
        飞 pui   浮 pʰu   房 puŋ

(3)舌上音字口语中多数读舌头音。例如:

[例 1-7] 直 tiʔ   柱 tʰieu   虫 tʰøyŋ   茶 ta
        竹 tøyʔ   中 tyŋ   抽 tʰiu

(四)湘语

湘语主要分布在湖南省,包括湖南大部、广西北部 4 县及四川的局部地区。使用人口 3000 多万人。

湘语的主要语音特如下。

(1)古全浊声母今逢塞音、塞擦音,念不送气音。

(2)[f x]不分:飞=灰 fei、符=胡 fu。

(3)[n l]不分:脑=老 lau(长沙)、脑=老 nau(湘潭)。

(五)赣语和客家话

1. 赣语

赣语主要分布在江西,包括江西省全境、鄂东南、皖西南、湘东和湘西南。使用人口

3000 多万人。

赣语的主要语音特点如下。

(1)古全浊声母今逢塞音、塞擦音,读送气清音。

(2)[n l]不分,读[l]:脑＝老、南＝兰。

(3)保留古入声韵尾,有的读[-t⋊k]、有的读[-p⋊t⋊ʔ]。

(4)"大小"的"大"读徒盖切,其他读唐佐切。"大小"中的"大"的韵母读"ai","大姑""大娘"中的"大"的韵母读"o"。例如:

[例 1-8]南昌话:大细 tʰai　大娘 tʰo

[例 1-9]黎州(今汉源)话:大细 hai　大姑 ho

2.客家话

客家话俗称新民话、客籍话、怀远话、河源话、麻介话、𠊎话。主要分布在东南部 8 省:广东中部、东部;福建西部;江西南部;广西、海南、湖南、四川、台湾的 200 多个县市,使用人口 3500 多万人。客家话的分布有的在地理上相连,有的比较分散,如一个县只有一两个乡说客家话。客家话大致可分为粤台片、粤中片、惠州片、粤北片、汀州片、宁龙片、于桂片、铜鼓片 8 片。在海外,如马来西亚、新加坡、印度尼西亚等地的华人、华裔,也有不少说客家话。

客家话的主要语音特点如下。

(1)古全浊声母读送气清音。

(2)[f x]不分:话＝花[fa]。

(3)有[-m⋊n⋊ŋ]3 个鼻音韵尾和[-p⋊t⋊k]3 个塞音韵尾。

(六)粤语和平话

1.粤语

粤语俗称广府话、白话。主要分布在广东省,包括广东全境、广西东南 20 多个县市,香港和澳门,以及海外华人社区,使用人口 4000 多万人。

粤语的主要语音特点如下。

(1)语音系统比较复杂,韵母和声调调类比较多。

(2)古见组声母不论洪细,一律念舌根音。例如:

[例 1-10]叫 kiu　舅 kʰɐu　　晓 hiu

(3)[a]有长短之别。例如:

[例 1-11]街 kaːi—鸡 kai

　　　　　三 ʃaːm—心 ʃam

　　　　　达 tːat—突 tat

(4)有[-m⋊n⋊ŋ]3 个鼻音韵尾。例如:

[例 1-12]心 ʃam—新 ʃan—声 ʃɛŋ

(5)有[-p⋊t⋊k]3 个塞音韵尾。例如:

[例 1-13]叶 jip—杰

kit—力 lik

2.平话

平话在各地有不同的称呼,如百姓话、土拐话、蔗园话、客话(不同于客家话)、某某(地名)土话等。1987 年《中国语言地图集》正式把平话从粤语中独立出来。主要分布在广西地区铁路、河流等交通线附近的城市郊区、集镇和农村,城区一般没有集中的分布。

可分为桂北平话和桂南平话,桂南平话主要使用于宾阳、邕宁、横县、贵港、上林、马山等县(区)和南宁市郊区,以及左、右江流域的一些集镇和部分村庄中。桂北平话主要使用于桂林市郊区,以及临桂、灵川、永福、龙胜、富川、钟山、贺州、融安、融水、罗城、柳江、柳城等地的集镇和村庄中。平话使用人口 200 多万人。

平话的主要语音特点如下。

(1)保留入声,读塞音韵尾。

(2)中古汉语中先、萧等三等韵的主元音作细音,齐、痕等韵作洪音。

(3)歌、寒、唐等韵的主元音作[a]。

(4)全浊(浊塞音、浊塞擦音)清化,不分平仄,一律不送气。

(5)阳入分上下。

三、方言研究的价值

(一)方言是一种历史沉淀

方言不但是语言及其文化发展演变的一种历史见证,更是研究语言从古至今的演变脉络、揭示语言发展内部规律的重要历史参照。

方言是古代同一种语言因语音、词汇和语法等方面的差异而在不同地区形成的地域分支或变体。语言发展的不平衡性使古代同一语言在不同的地区表现出差异。这些差异往往代表某一语言现象的不同发展阶段,是不同历史阶段特征的遗存,我们正好可以从这些差异中去探索有关现象的发展过程。例如,杭州话不仅是宋室南迁的直接产物,而且其本身也是一种重要的历史文化。其所承载的南宋官话语言标记,不仅是历史上汉语大发展的历史见证,也是汉语史断代的重要历史参照。

杭州话中"儿"的读音,为汉语"儿"[ɚ]音史的演变研究提供了可靠的中间环节和年代参照。从反映北宋都城开封府城市风俗的《东京梦华录》,到记录南宋行都杭州市井风貌的《都城纪胜》《西湖老人繁胜录》《梦粱录》《武林旧事》等系列史料笔记中可以看到,北宋汴梁话已有非常发达的儿缀,并与南宋杭州话一脉相承。汉语中的"儿"[ɚ]音,学界一直存有辽金说、南宋说、元代说、明代早期说等多种观点。联系杭州话能直接梳理出其演变轨迹,杭州话中"儿"读舌尖中浊边音[l],发音时舌尖抬起紧紧抵住上腭;新派读[əl],在舌尖抬起抵住上腭的过程中带出一个轻微的[ə];更新一派读[ɚ],舌尖抬起后不再上抵,而是稍稍后卷。杭州话中"儿"的读音与周边吴语带鼻音的[n ŋ ȵi ȵie]等读音完全不同,却与韵图把日母列入半舌半齿音跟来母同类相合,说明杭州话"儿"的读音是对南宋汴洛雅音的直接继承。北京话的"儿"[ɚ]音显然是南宋后发生的演变,其音变过程为"l>əl>ɚ",并可通过杭州话的新老共时差异解释其历时音变详情。

我国东南沿海各汉语方言都是由古代南方不同地区的民族接受北来移民语言而逐渐形成的,但形成的大致年代难以确认,必须要参照杭州话这个历史坐标。例如客家话的形成年代一直众说纷纭,有成于唐、五代、宋、明、清等多种观点。其实只要对照杭州话便知,成于宋及宋以后的可信度都很小,因为杭州话中的宋代汴洛雅音成分在客家话中丝毫没有。杭州话说"那不是他们说的",客家话说作"个唔系渠等人讲个",其指示代词、否定副词、人称代词、结构助词等特征,均与杭州话完全不同,明显属于南方闽粤方言系统,与宋以后的北方方言更是大异其趣。说明客家话不可能是宋或宋以后才从中原河洛一带南下的,更不要说明代和清代了,其最有可能的形成年代是唐代。反观温州苍南金乡话,一个成于明朝的军话方言岛,杭州话中的官话语言标记在金乡话中都具备。杭州话"那不是他们说的",金乡话说作"那不是他们讲的",与杭州话非常相似。研究汉语史,弄清汉语在不同历史时期语音、词汇、语法的基本面貌,了解其从古至今的演变脉络,揭示汉语发展的内部规律,都需要参照杭州话这个历史坐标。

方言材料也为研究语言的历史提供了可靠而宝贵资料。方言是古代的同一种语言分化的结果,古语里的成分在各种方言里的变化有快有慢,有时又呈现不同的发展趋向,因而把各种方言里的有关成分放在一起进行比较,往往可以找出语言发展的线索。例如,有些方言保留浊声母和入声,在这些方面显然比北京话"古老",把有关的现象加以比较,可以看出语音发展的痕迹。"收秋"(河北)、"割禾"(江西)、"食饭"(广东),反映了"秋""禾""食"的古义。所以地域方言的研究在语言学中占有重要的地位。

方言是一种语言,它是古代同一种语言的地域分支,方言间的差异是不同历史发展阶段特征的遗存,这种共时的差异实际上反映的是一种历时的演变。方言是一种历史沉淀。

(二)方言是一种重要的历史文化

方言不仅是一切文化的载体,而且其本身也是一种重要的历史文化。方言的背后蕴含着异常丰富的地域历史文化。一切地域文化都得用地域方言来表达,现在很多地方开发了古镇,建造了历史文化街区,但是充斥其间的语言却南腔北调,与环境极不和谐。小桥流水的江南古镇是与当地的吴侬软语相匹配的,但是用吴侬软语唱京剧那又不协调了。试想绍兴莲花落如果不用绍兴话来讲,其地域文化的历史韵味会立刻消失殆尽。例如:

[例 1-14]青壳螺蛳笃屁眼,

　　　黄芽韭菜炒鸭蛋,

　　　湖羊尾巴太油蘸,

　　　两桄鲫鱼对头掼。

这是绍兴话中的四道家常菜的菜名。

第一句中的动词"笃 toʔ"和第四句中的动词"掼 guēn",生动而形象,有跃然纸上之感。"笃"和"掼"都是绍兴等地方言中最常见的两个动作,但却连本字都写不出,只能用同音字来替代,足见其滞古。此处的"笃"指用工具把螺蛳尾部敲去一小截以便食用,此处的"掼"指稍带力度地摆放。

第二句色彩很丰富,黄、绿、白等色彩有呼之欲出之感,加上一个"芽 ŋo"、一个"鸭 ɛʔ"两个滞古的发音,韵味十足。

第三句中的"太油",不禁让人联想到一种绍兴酒"太雕","太"在绍兴话中用来形容极品，"太油"就是最好的酱油，透露出绍兴发达的酱油酿造传统等历史文化信息。

最后一句中的"对头撺"，形象得如同看到了一张阴阳八卦图，极富画面感。

再如各地都有内容大致相似，但表述各不相同的地方版摇篮曲"摇啊摇，摇到外婆桥"，浙江吴语嘉善方言中的这首"摇啊摇"儿歌，区区 36 字，但其间透露出的方言文化信息不可小觑：

[例 1-15]摇啊摇，摇到外婆桥，

外婆娘娘道伊好，

买条鱼来烧，

烧到头弗熟来尾巴焦，

吃到囡囡发虎跳。

其中，"外婆桥"和"外婆娘娘"两个词都读小称连调，是一种模式化的连调。"外婆娘娘"是一个背称，面称时"外婆"和"奶奶"没有区别，都叫"娘娘"；同样"外公"和"爷爷"也没有区别，都叫"阿爹"，背称为"外公阿爹"。由此可进一步发现嘉善话中"伯""姑""姨"也没有区别，都叫"伯"。用"伯伯"称"伯父"，用"阿伯""大伯""小伯"称"姑妈"或"姨妈"。"阿伯"也泛指对女性的称呼，如"张家阿伯"。"囡囡"既可指男孩也可指女孩，例如"男小囡""女小囡"。由一首简短的儿歌可发现嘉善方言在称谓上保留了内外不分、男女不分的语言传统，透露出该方言的某种底层历史语言文化信息，是某种底层方言在今方言中的遗存。

"道伊好"中的"道"不是简单地表达"说"之意，而是指由于心里喜欢，从而包含了在言语上好言好语、在物质上尽力给予等多层情感。

"尾巴"两个字都存在文白异读，儿歌中用的都是白读音，其中"尾"的白读音有[ȵi ȵy mi]3 个，一时难以判断 3 种白读音共存的原因。

"发虎跳"(打虎跳)中的"虎"读[fu]，追踪可发现该方言"风"类字声母为[x]，反映出该方言非晓组有混，[x f]有混用的特点。

各地方言中都有一些带有浓郁地方特色的语言文学艺术，流传着一些用本地方言演唱的极富感染力的民歌，如"嘉善田歌"；用本地方言讲述的脍炙人口的民间故事，如"白蛇传"；用本地方言表演的独特的地方曲艺和地方戏，如用杭州方言表演的"小热昏""杭州评话""杭州评词""武林调""杭州滩簧""独脚戏"等。越剧更是有着"中国歌剧"之称的中国第二大剧种。这些民间智慧的结晶，无疑都是方言文化的重要内容。何况其间还包含各种同化、异化、脱落、弱化、合音等语流音变现象，各种方言词语和方言语法，又能成为辅助我们研究方言的自然鲜活的重要语料。

方言是一种文化，它本身是一种重要的非物质文化，同时又是一切地域文化的载体。方言是一种文化标记。

(三)方言是一种人文情怀

方言是一种人文情怀，它是融入血液、植入基因的一种遗传，是家乡人之间类似亲情的一种纽带。

每种方言都是在当时当地的文化情景和历史条件下发展演变形成的，都有自己独特的历史、独特的风格、独特的风土人情，寄托了一方人的情怀，承载着满满的乡愁与深深的乡土记忆。人在异乡,听到家乡话,会格外有亲切感,这种亲切,已远远超出语言本身的含义,早已上升为对家乡的一种情感、情怀,这就是所谓的"老乡见老乡,两眼泪汪汪"。

在陕西安康一带,"你个狗娃"不是骂人的话,而是长辈对晚辈的昵称,意思就是"你这个娃娃"。在农作物收获季节,"麦黄了么?"几乎就是"你好"的问候语。在浙江嘉兴一带"碰着会""隔日会"就是"再见"的意思。在杭州方言中"利˭①己˭""发˭厌˭",都是美恶同词,可以用来表示赞赏,例如"你个件衣裳正当发˭厌˭的,尽敢好看",是说你这件衣服真有味道,非常好看。"正当发˭厌˭的,人都拨你撞倒得还要骂人",是说你真不讲理,把人家撞倒了还要骂人。一旦脱离言语环境"正当发˭厌˭的"或"利˭己˭煞得",就难以判断是可爱、可赞、可玩、有趣,还是可笑、可恶、可憎了。

有些方言词在普通话里很难找到合适的对应词,只能用一个句子来解释。例如:

[例1-16]

娘力:指人的先天(出生前)的体质。如桐庐话说:哥哥比弟弟娘力好。

龄浪:指姑娘年龄容貌的最佳时期。如嘉善话说:个姑娘正辣龄浪。

犯贱:指不识好歹,自讨苦吃。如永康话说:真犯贱,敬酒勿食,食罚酒。

生轻、生重:指某一物体给人的分量感,或显得轻,或显得重,是对物质密度等物理性质的模糊通俗的说法。如金华话说:葵花子生轻猛个,一斤有一大包。生重个萝卜好吃。

顾野:指走神,注意力不集中。如舟山话说:骑脚踏车勿好顾野。

落轧:指被人抓住把柄而受指责、惩罚。如宁波话说:闲话讲落轧。

方言中的这些特殊表达,其实就是家乡味道,是一方水土在悠长的历史长河中孕育而成的。有的能解释,有的就只能意会了,说不明道不白。

方言是一种人文情怀,是家乡袅袅的炊烟,是母亲声声的呼唤。

(四)方言是共同语的基础

一种语言的共同语是在某一种方言的基础上形成的。如汉民族共同语的基础方言是北方方言,英国共同语的基础方言是伦敦方言,意大利共同语的基础方言是多斯岗方言。共同语一旦被认可后,它的地位要高于一般方言,因为它能够成为不同方言区的人相互交流和沟通的共同工具,但方言和共同语是相互影响的,共同语在影响方言的同时,方言也在影响着共同语。一方面,有些方言词语的表现力十分丰富;另一方面,普通话也需要从方言里吸收有益的成分来不断丰富自己。普通话吸收方言词的例子很多,早期的如上海话的"垃圾""货色",江西话的"敲竹杠";近期的如粤方言的"埋单""巴士""煲汤",东北话的"忽悠""掉链子";其他由方言进入普通话的词语如从吴语中吸收的"尴尬""瘪三""名堂""蹩脚""煞有介事",从粤语中吸收的"看好""亮丽""新高""第一时间",从湘语中吸收的"过硬""里手"等。有些方言词是表示方言地区特别事物的,如"橄榄""椰子""轱辘""青稞""槟榔"等。这反映普通话经常从方言里吸收营养,不断丰富自己的词汇,增强表现力。

此外,研究方言,找出方言与普通话的异同和对应规律,不但对推广普通话有重要意义,对在方言区工作的外地人掌握方言、密切与当地群众的联系也有重要意义。

---

① 表示该发音无字,用同音字代替,在右上角用"˭"标明。

第五节　十里不同音,五里不同调
——汉语方言的种类与特点(下)

汉语方言的
种类与特点

一、北方方言的总体特点

北方方言最明显的特点就是高度的统一性。不管是东西还是南北,相距几千里的地域内都能基本通话。像北方方言这样分布范围如此之广而又具有高度统一性的方言,在全世界范围内都是少见的。我国从古至今的各种文献,从早期的五经(《诗经》①《尚书》《周易》《礼记》《春秋》),到历代的政令、史书、文学作品,如先秦的《论语》《孟子》、汉代的《史记》《汉书》、唐宋八大家的散文、明清小说的四大名著《三国演义》《水浒传》《西游记》《红楼梦》等,绝大多数都是以官话方言为基础写成的,官话方言跟书面语接近的程度,及其对汉民族共同语的形成和发展的深远影响,都是其他方言不能相比的。为了更加清楚地说明汉语方言的总体特点,我们选用了一段对话,涉及江淮官话南京话、兰银官话乌鲁木齐话、西南官话昆明话、东北官话哈尔滨话等 4 种北方方言,结合音频,分别考察。对话内容如下:

方言内容

谁啊?

我是老三。

老四呢?

她正跟一个朋友说着话呢。

她还没有说完吗?

还没有,大约再有一会就说完了。

可扫描二维码详细了解各方言的对话内容。

北方方言代表汉语发展的方向。罗常培、吕叔湘在《现代汉语规范问题学术会议文献汇编》中指出:"民族共同语是在某一方言的基础上发展起来的,基础方言的地区总是在这个民族的文化上和政治上占重要位置的地区,基础方言本身也常常最能代表整个语言的发展趋势。"汉语发展的历史可以简略地总结为语音简化、词汇由单音词向复音词的转化、语法方面如构词法的丰富及句法的严密化等。官话方言音系简单,主要是韵母和声调都呈简化趋势,而声母相对丰富。这很重要,因为音节开头的辅音对突出音节的区别性特点具有首要的作用。词汇复音化跟构词法的丰富应该是同步的,现代粤语、客家语等南方一些方言许多单音词在官话方言中是复音词,这种差别十分明显,而北部方言复音词的增加正是复合构词和附加构词发展的必然结果。王力先生《汉语史稿》总结汉语句法发展的路线是"句子的严密化",王先生利用诸如处置式的发展等方式论证了汉语句法严密化的过程,其中所举的大量语料都属于以官话方言为基础的书面语。

---

① 《诗经》的《国风》收集了 15 个地区的歌谣,这些地区大体属于官话方言区,而且经过多次编订和加工。

北方方言在语言的特点方面具有开放性,能够在自身的发展中不断吸收外来方言乃至其他语言的特点以满足社会交际的需要。其中尤其是南部方言的一些特殊词语不断进入官话方言的现象更为明显,例如"老公"、"雪糕"、"炒鱿鱼"(卷铺盖)、"吼住"(hold)、"Q弹"(cute)、"走秀"(show)、"黑客"(hacker)、"派对"(party)、"嗨"(high)、"酷"(cool)、"脱口秀"(talk show)等不胜枚举,都大大地丰富充实了本方言的词库。语音和语法的例子如:北京的"女国音"现象在北京以外地区也已相当普遍,显然是吸取了南方方言的特点;吴语"试试看""穿穿看"等单音动词重叠加后缀"看"表示尝试义的格式已在官话方言区广泛使用。

北方方言在分布地域上具有不断扩展的势头。官话方言的形成的相关内容说明,官话方言形成今天的局面,是远古中原一带华夏、东夷等族的语言长期自身发展、相互影响、跟四周方言交融,并向四周延伸的结果。官话方言的拓展之势,直至现在仍在继续。

二、东南沿海汉语方言的总体特点

从《中国语言地图集》"中国汉语方言图"可直观地看到,东南沿海地区方言分布色彩斑斓,这是汉语方言丰富复杂的集中体现,吴语、闽语、粤语、湘语、赣语、客家话、徽语、平话八大方言均分布于此。汉语方言在具有高度统一性的同时,又是世界上存在方言分歧最大的语言之一。

下面仍以同一段对话,选择吴语杭州话和温州话、徽语屯溪话、赣语南昌话、湘语长沙话、客家梅县话、闽语厦门话、粤语广州话等地点方言,结合音频,考察其差异(可扫描本节二维码详细了解)。

(一)吴语杭州话和温州话

吴语是汉语的第二大方言,吴语的分布范围涉及浙江、上海、江苏、安徽、江西和福建五省一市,其中分布面积最大、使用人口最多的是浙江省。所以,浙江省是吴语的主要分布区域。北部吴语通话程度比较高,南部吴语滞古性更强,通话程度较低。上海话、苏州话、宁波话、杭州话、嘉兴话、湖州话、绍兴话等都是北部吴语。其中,杭州话是历史上宋室南迁,建都杭州后,由南北两大方言接触形成的一种带官话色彩的吴语。温州话、台州话、金华话、丽水话、衢州话等都是南部吴语,其特点是不太容易听懂。其中,温州话的难懂是对温州地区以外的方言而言的,内部各县市间只要是吴语都可以通话,如温州话、乐清话、瑞安话、永嘉话、平阳话、苍南话、泰顺话、文成话。与温州地区方言不同的是金华地区,金华地区各县市的方言除金华话比较容易听懂外,其余每个县之间通话程度很低,即便是接壤的邻县,大多也是互相听不懂的,如义乌话、浦江话、东阳话、永康话、武义话、汤溪话、兰溪话等。

(二)徽语屯溪话

徽语曾经在相当长的一段时期内被认为是一种吴语方言,它的词汇和吴语太湖片有很大的共性,如交关、落苏、天罗、温吞水、辰光、物事、落雨、落雪、吃烟、吃茶、猪头三、活络、打烊、蚊虫、萝稷、帮衬、打中觉、推板、嚼白蛆、推微、笃定、拆烂污、结棍、上昼、下昼、牢靠、斫树、活络、汏衣裳。1987年《中国语言地图集》根据当时最新的调查成果,将其移出吴语单列。浙江境内的淳安(遂安)话、建德(寿昌)话也是徽语。淳安、遂安是东吴时从歙县分置出的，历史上原与徽州地区为一体。建德、寿昌是南朝后期脱离吴郡而与淳安发生隶属关系的，现在方言的归属正反映了这一历史背景。

(三)赣语南昌话

赣语，为江右民系使用的主要语言，亦为汉藏语系汉语语族的一门声调语言，主要通行于江西省大部、湖南省东部、湖北省东南部、安徽省西南部和福建省的西北部等地区；另外在浙江省、陕西省还有少数赣语方言岛，使用赣语的人口有 6000 万人左右。

赣语可分为 9 个语片。赣语以南昌话、抚州话、宜春话等为代表。赣语内部各方言之间的互通程度较高。

(四)湘语长沙话

湘语，又称湘方言或湖南话，属汉藏语系汉语族，汉语七大方言之一，是生活在湘江流域及其支系一带湖湘民系使用的主要语言。湘语分为新湘语和老湘语，新湘语以长沙话为代表，老湘语以娄底双峰话为代表。

古楚语核心区位于长江中游一带，楚语是湘语的祖语。现代湘语的使用者主要分布在湖南省的大部分地区，包括长沙、娄底、株洲、湘潭、岳阳、益阳、衡阳、邵阳、永州等。

(五)客家梅县话

客家语简称客语，是汉藏语系下汉语族内的一种声调语言，是汉族客家民系的共同语言和进行身份辨识的工具之一。客家语在非正式场合又被称为客家话，按不同口音可分为梅州话、惠阳话、惠州话、河源话、赣南话、汀州话、韶关话等。

梅县话是一种行用于广东省梅州市区(含梅江区、梅县区)的客家语方言，历来被公认为客家语的代表。梅县话在语音、词汇等方面保留了相当多中古汉语的特点。语音方面表现得尤为明显。

客家话的形成与客家的迁徙史关系密切，先至为主，后至为客，从客家的命名上也能够说明。客家话的第一人称代词"我"，多数地区说成[ŋai]，通常写成"𠊎"。此说法与其他方言明显不同，有些地区就管客家话叫"𠊎话"。同理，客家话"什么"有[maʔ kai]、[maʔ ke]等说法，通常写成"乜个""麻介"，有些地区就管客家话叫"麻介话"。

(六)闽语厦门话

厦门话是闽南话的代表方言，无声母[f]，古非敷奉母字读书音混同[h]声母，飞＝挥 hui⁵⁵、分＝昏 hun⁵⁵，口语音读[p pʰ]，"飞 pe⁵⁵""分 pun⁵⁵"。厦门话中用"有"表示动作行为转态的存在、完成，如"桌顶有清气"(桌上干净)、"我有饭食"(我吃了饭)。说普通话时受方言影响，带出"我有吃过""你有去过吗"等方言语法。

闽南话是闽语中使用人口最多、流行地域最广的一种次方言，可以说闽南话是一种超地区界、超省界、超国界的汉语方言。使用人口至少有 6000 万人。其内部大致可分为闽台片、潮汕片、雷州片、海南片。此外，浙江省南部与福建省毗邻的苍南、泰顺、平阳、洞头、庆元等县境内，江西上饶、广丰和玉山等县市，广西柳州、平南、平乐和陆川等县市，以及四川、江苏、港澳等地都有闽南话分布。在东南亚的新加坡、马来西亚、菲律宾、印尼等国的

华侨、华裔中也有使用。

此外,在杭州市西湖区、余杭区也有少量闽南话方言岛分布。

(七)粤语广州话

粤语,俗称白话,又称广东话。是一种声调语言,属汉藏语系汉语族汉语方言,是广府民系的母语,也是广府文化的最重要的基因和最具特色的符号。粤语广泛通行于中国南方广东省的中西部、广西壮族自治区的东南部、香港与澳门,东南亚的部分国家或地区。粤语按不同口音可分为广东地区的广州话、佛山话、东莞话、围头话、珠海话、中山话、江门话、龙门话、肇庆话、云浮话、清远话、湛江白话、茂名话、阳江话、能古话、标话、疍家话等,港澳地区的香港话、澳门话,广西地区的南宁话、梧州话、玉林话、贵港话、北海话、防城港话、钦州白话,海南地区的儋州话、迈话等。

汉语东南沿海地区方言的最大特点就是惊人的差异性。其实这种差异性不仅仅体现在方言与方言间的差异,或次方言与次方言间的差异方面,还体现在次方言内部,甚至土语群内部。方言区的人凭语感都能感受到这种县与县之间的差异,村与村之间的差异,甚至同一个县、同一个村内部都有几种不同的口音。

汉语方言历史悠久,丰富复杂,其总体特点可用一句话来概括:集高度的统一性和惊人的差异性于一体。汉语方言是我们民族文化巨大的宝藏。20世纪中叶以来,随着我国经济、文化、教育和交通事业的迅速发展,汉语方言已经发生了巨大的变化,许多方言土语特征正在逐渐地萎缩和消亡。语言一旦消亡,以它为依托的地域文化、民俗民风都将随之消失,永远无法恢复。所以,任何一种方言的消亡,都将是传统文化的重大损失,需要我们大家一起来珍惜。

▶ 小结

综上所述,对世界语言的分类主要有两种:一种是根据语言的历史来源做出的谱系分类,另一种是根据语言本身的语法结构特点做出的类型分类。汉语方言丰富复杂,在世界语言之林中特点鲜明,在语言的谱系分类中属汉藏语系,在语言的类型分类中属孤立语。

第一章思考与练习

第二章

每个词都有它的历史——基本词汇的演变

第一节　语言的建筑材料
——词汇及其基本词汇

词汇及其
基本词汇

　　我们知道,一种语言包括语音、词汇、语法三大要素,词汇是语言系统的重要组成部分。如果我们把语言比作一座大厦的话,那么词汇就是构筑这座大厦的建筑材料,或者说是一所材料库。没有词汇,语言大厦就无从构筑;没有词汇中的词语,人们就无法记录并表述概念,语言交际就无法完成。人们进行语言交际就是从词汇中选择词语,并按照一定的规则将其连缀成句,表达自己所要表达的意思。

　　词汇是一个集合概念,指一种语言中全部"词"和"语"的集合体,而不指具体的一个一个的词或者固定词组。如英语词汇就包括了英语中全部的词和固定词组。词汇的主体是成千上万的单个的词,像"天""地""人""走""跑""健康""快乐"。除此之外,还有一部分是"语",所谓"语",是指固定短语,固定短语虽然多数是由几个词组成的,但是它们的结构形式是固定的,一般不能随意拆开或者改变,在意义上也具有整体性,它们的造句功能和词一致,在作为语言的建筑材料来构造句子的作用上相当于一个词,是词的等价物,也是造句的最小单位,所以,我们把固定短语也看作词汇单位。固定短语主要包括专有名词和熟语,专有名词主要是指用复杂词组形式表达事物的名称,如"全国人民代表大会""杭州师范大学"等;熟语一般包括成语、谚语、歇后语、惯用语、格言等,像"哗众取宠""井底之蛙",又比如"磨刀不误砍柴工""吃一堑,长一智"等。因此有学者提出,把词汇称作"语汇"其实更加合适。这里我们仍然采用传统的术语,称为"词汇"。词汇有时也常常用来指某人、某著作,甚至某一篇文章所使用的全部词和固定词组,如鲁迅作品的词汇、老舍作品的词汇、《红楼梦》词汇等。这些都是一种集合概念,指特定范围或者特定类别的词语,不是指个体词语。在日常生活中,"词汇"有时还用来指某个人在某种语言上所掌握的词语的总和。

　　语言里的词汇是一个庞杂的总体,包括很多不同的分支。"各行各业有自己的用词,木匠、裁缝、牧民、渔民、学生、军人都有好些词是在本行业的范围里使用,别人不大了解的。各门科学技术都有自己的术语,同一专业的人在一起谈业务问题,外人听起来往往莫名其妙,有'隔行如隔山'的感觉。一般情况下,口头说话和写文章的用词也有不少差别,如'翱翔''谨严''崎岖'这类词在口头就很少使用。同样是口语或书面语,不同的场合,不同的使用者,使用的词也有不少差别。比如,北京十四五岁的中学生的用词和三四十岁的成年人有很大不同,他们和长辈说话时的用词和跟同学在一起说话时的用词也有所不同。"(叶蜚声、徐通锵,2010)这就是词汇的语体差异,根据交际的内容、场合、对象和态度的不同,说话者会选择不同语体的词语,以调解交际距离的远近或高低,达到正式或非正式的效果。

语言词汇的内容五花八门,种类繁多,但有一个核心,那就是基本词汇。在汉语中,下面这些词都是基本词汇(引自叶蜚声、徐通锵《语言学纲要》):

天、地、日、月、雷、电、水、火、山、湖、海

人、马、牛、羊、狗、猫、鸡、猪、兔

眼、耳、鼻、舌、手、脚、心、肺、肠、胃

父/母、夫/妻、儿/女、兄/弟、姐/妹

上、下、前、后、左、右、东、南、西、北、春、夏、秋、冬

一、二、三、四……十、百、千、万

刀、斧、犁、锄、车

生、死、长、吃、说、走、跑、见、想、问、听、看、跳、飞

大、小、多、少、长、短、红、白

……

基本词汇对于语言来说是很重要的,《马克思主义和语言学问题》一书提到"语言的语法构造及其基本词汇是语言的基础,是语言特点的本质",语言的稳定性和全民性都是由基本词汇和语法构造决定的。语言中哪些词属于基本词汇,确定基本词汇的原则是什么,它与一般词汇的界限如何确定,是讨论比较多的问题。基本词汇虽然数量很少,但它却是词汇最重要的基础部分。一般认为,它有几个重要的特点。

一是全民常用性。基本词汇所反映的是与人们日常生活有密切关系的事物,是使用某种语言的全体社会成员所经常使用的,它的范围很广,如表示自然现象、人和家畜家禽、人的肢体和器官、亲属、方位、时令、数目、劳动工具、日常的动作行为、事物常见的性质状态,等等。不管什么年代、什么人在日常生活中进行交际都必须使用。不掌握某种语言的基本词汇就无法使用这种语言进行交际。

二是历史稳固性。基本词汇是词汇中最古老而又最必要的词,它们很多在千百年前就有了,长期使用,生命长久。

三是构词的能产性。基本词汇除了虚词和代词,具有很强的构词能力。它们一般都由一个词根构成,这些词根就成为词汇中滋生新词的基干,具有比较强的构词能力。比如汉语的"人"可以构成人才、人称、人次、人格、人工、人间、人口、人类、人力、人民、人事、敌人、成人、众人、媒人等。

所以,全民常用性、历史稳固性及构词的能产性是基本词汇的主要特点。如汉语中的"人""手""天""地"是历代不同阶层、不同行业、不同文化水平的人都经常使用的词,在发展过程中变化小,稳固性强,可以和别的语素组合起来构词,属于基本词汇。随着社会的发展及生产水平的提高,以及文化和科技的进步,基本词汇也在缓慢地发生着变化。但是,相对于一般词汇而言,基本词汇变化的速度要慢很多,所以基本词汇在整个词汇中的数量占比相比之下在逐渐缩小。张永言(2015)认为:"语言越原始,基本词汇在词汇里所占的比重越大,语言越发展,基本词汇在词汇里所占的比重越小。"

语言词汇中基本词汇以外的词构成一般词汇,它的主要特点与基本词汇不同,表现为:不是全民常用的,或者虽然在短时间内为全民所常用,但不稳固,构词能力比较弱。一

般词汇所包含的词,数量巨大,成分驳杂,变化速度较快。一般说来,新词、古语词、外来词,以及行业用词、科技术语、方言俚语词等都属于一般词汇。由于社会在不断地变化着,新事物不断涌现,旧事物不断消失,一般词汇对社会的变化是最敏感的,所以它处于不断发展变化之中,这也就导致基本词汇和一般词汇的界限不是一成不变的,它们的界限有时很模糊,不易划清。有的基本词可能成为一般词,如汉语的皇帝、君主、太子、陛下、臣子等,它们在古代都是基本词,随着这些事物在现实中的消失,现在已经完全进入了一般词汇的范畴;也有一些一般词则逐渐上升为基本词。随着计算机的普遍使用,像汉语里的网络、邮件、黑客、桌面等计算机术语也完全有可能进入基本词汇的队伍中,而另外一些词则完全有可能退出基本词汇的圈子,成为一般词汇。

　　区分基本词汇和一般词汇,对研究语言的历史,进行语文教学,都有积极的作用。基本词汇是语言词汇的核心。基本词汇中的词使用频率高、构词能力强,一般词汇中的大量词语都是以这批词为材料构成的。所以,学习一种语言,首先应该学习它的基本词汇;牢固地掌握了基本词汇,就等于掌握了整个词汇的骨干(叶蜚声、徐通锵,2010)

第二节　变与不变
——基本词汇的稳固性与可变性

基本词汇的稳固性与可变性

　　语言是一种社会现象,是人类最重要的交际工具和思维工具。语言本身还是一套符号系统,具备符号系统的特点,即符号和它所代表的事物之间没有必然的关系;同样,语言符号的形式和意义的结合也完全是由社会"约定俗成"的,并非它们之间有本质的、必然的联系。比如汉语把"生活在水中,一般有鳞和鳍,用鳃呼吸的脊椎动物"这样的意义和"yú"这个语音形式结合起来,是由社会习惯而定的。如若先人不把这类对象叫"yú",而叫作别的名称,也完全可以。荀子《正名篇》指出:"名无固宜,约之以命。约定俗成,谓之宜;异于约,则谓之不宜。名无固实,约之以命实。约定俗成,谓之实名。名有固善,径易而不拂,谓之善名。"也就是说,事物的命名,无所谓合理不合理,只要人们共同约定就行了。约定俗成的名称就是合理的,不合于约定的名称就是不合理的。名称并非天然地要跟某一实物相当,只要人们约定某一名称跟某一实物相当就行了。约定俗成以后,也就是名实相符了。但是,名称也有好坏之分,如果说出名称来,人们很容易知道它的意义,那就是好的名。荀子的论述已经在强调语言的社会性,这是值得重视的。语音与意义怎样结合成特定的语言成分具有任意性,不是天生注定的,而是取决于整个社会集体的意志,决定于"约定俗成"的习惯。作为生活于其中的个人,就要遵守这种习惯。

　　在一定的条件下,社会集体也可以使语言中的固有习惯发生变化,例如在汉语的发展历史中,以"脸"取代了"面",以"太阳"代替了"日",也就是说,可以用新的社会习惯去取代旧的社会习惯。但是无论如何,语言中的语音与语义怎样结合成特定的语言成分都是社会习惯约定俗成的。语言符号具有任意性,这样会造成相同的概念或意义在不同的语言中用不同的声音来表达,如同样是"无色无味的透明液体"这个意义,汉语可以用"shuǐ"这样的声音,英语则用"water"这样的声音;在同一语言中也有用不同的声音表达相同的意义的情形,如汉语中的"目"和"眼睛"、"臀"和"屁股",等等。同样,正因为如此,相同的声音,在不同的语言中可能用来表达不同的意义,如同样是"bei"这个声音,在汉语中表达的是"后背"的意思,在英语中表达的却是"海湾"(bay)的意思;在同一语言中也有用相同的声音来表达不同意义的情形,例如,汉语中的数词"亿"的声音"yì",也用来表达"艺术"的"艺"、"会议"的"议"、"情谊"的"谊"、"翻译"的"译"、"容易"的"易"、"毅力"的"毅"、"意义"的"意""义"等。不同的社会集体各自约定俗成名称,这也是造成世界语言多样性的重要原因。

语言是一种社会性现象,它依存于社会,随着人类社会的产生而产生,也随着人类社会的发展而发展。我们知道,社会现象分为经济基础和上层建筑两个方面。经济基础是由生产资料所有制、生产关系、分配关系等构成的一系列社会生产关系的总和,它是上层建筑的基础,一定的经济基础和一定的上层建筑构成一定的社会形态。那语言在社会现象中属于哪一类呢?显然,语言并不属于经济基础。上层建筑是指建立在某种经济基础上并受其支配和制约的政治、法律、哲学、宗教、艺术等观点,以及和这些观点相适应的政治、法律制度。那语言是不是上层建筑呢?苏联马尔学派一些学者将语言列入上层建筑,强调语言对社会的依赖性,得出随着社会制度的革命,必然也产生"语言改革"的结论。其实,语言并不属于上层建筑,斯大林从4个方面对此做了精辟的说明,据高名凯、石安石(1963)转录如下:"每一个基础都有适合于它的上层建筑。""当产生新的基础时,那么也会随着产生适合于新基础的新的上层建筑。"然而语言并不如此,基础改变了,它却可以基本不改变。第二,虽然上层建筑是在某一种基础上产生的,但它却不只是反映基础,而是积极地为基础服务。然而语言却不同,它不是由某一种基础产生的,也不是某一个阶级所创造的,而是千百年来在社会历史全部进程中由全社会所创造的。"语言的创造不是为了满足某一个阶级的需要,而是为了满足全社会的需要,满足社会所有阶级的需要。"它一视同仁地为不同的基础、不同的阶级服务。第三,"上层建筑是同一经济基础存在着和活动着的一个时代的产物",要随着这个基础的消灭而消灭,而语言是许多时代的产物,其生命要比任一种经济基础和上层建筑都长久。在社会的经济基础和上层建筑经过几番更替的过程中,语言可能一直保存下来。要在每次革命之后来一个"语言改革",既无必要,也不可能。第四,"上层建筑反映生产力发展水平的改变不是直接发生,不是立刻发生的,而是在基础改变之后,通过生产改变在基础的各种改变上的折光来反映的"。但是"语言反映生产中的改变是直接的、立刻发生的,而不等候基础的改变,所以语言活动的范围是包括人的所有各方面的行为,它比上层建筑的范围要广泛得多,复杂得多,并且它的活动范围差不多是无限的"。综上,得出的结论是,"语言是既非经济基础又非上层建筑的一种特殊的社会现象"(高名凯、石安石,1963)。它与经济制度、文学艺术等其他社会现象一样,都是社会的产物,都为社会服务。但语言又具有不同于其他社会现象的特点:语言是以交际工具和思维工具的身份来为社会服务的。所以,经济基础的改变未必会引起语言的全面变化。

但也要注意到,当我们阅读古代经典,即使是口语性比较强的选文,对比今人所说的话,也会发现,汉语已经有了显著的变化。就词汇系统而言,现实与词汇发展的联系最为紧密,新事物的出现、旧事物的消亡,以及认识的深化,都必然会在词汇的发展过程中留下自己的印记。这具体地表现在 3 个方面:新词的产生、旧词的消亡及词语的替换。

新词的产生与现实中出现新的事物有联系。随着工农业生产和科学技术的发展,新事物层出不穷,语言为表达这些新事物的需要而产生新词。例如"导弹""核弹""污染""集装箱""气垫船""纳米""克隆""课件""博客"等都是语言中出现的新词。汉语中构成新词的材料,少数从外语借来,多数是利用语言中原有的语素按照固有的构词规则构成的。完全新创的词,如英语中的"gas"(瓦斯)、"Kodak"(柯达)等是很少见的,这就保证了新词作为表达新义的工具,容易被接受。

旧词的消亡也是语言中经常出现的现象。旧事物的消失是引起旧词消亡的一个原因,例如汉语中的"马褂""顶戴""朝珠""黄包车"等词语都随着旧事物的消失而基本不用了。认知的变化也可以引起旧词的消亡。在汉语的发展中,先秦是词汇系统发生变动的一个重要时期。在上古时期,汉族人对某些现象的划分很细,对同类的事物或现象也有不同的称呼。比如马这种牲畜,只要肤色、年龄、公母不同,就有不同的称呼,公马叫"骘",母马叫"骒",后左脚白的叫"馵",四条腿膝下都白的叫"驓",四只蹄子都白的叫"騚",前两脚都白的叫"骧",身子黑而胯下白的叫"骟",黄白相间的叫"騜",纯黑色的叫"骊",红黄色的叫"骍",白毛黑鬃的叫"骆",等等。马在词汇系统中做这样的区分不是孤立的,其他像牛羊猪等,也有相应区分。同样,表示"行走"的意义,只要走的场合和方式稍有不同,也有不同的说法:在室中慢步走叫"踌",在堂上小步走叫"行",堂下举足徐行叫"步",在门外快走叫"趋",在中庭快走叫"走",在大路上疾行叫"奔",在草丛、山林中走叫"跋",在水中走叫"涉",等等。后来这种种不同的名称和说法都消失了,只要是同类的事物或现象就用同一个词语去表达:各种不同的马都是"马",在各种场合或用各种方式走都叫"走"。这样,在语言系统中,只留下"马""走"两个词,其他的词或者消亡了,或者作为构词语素保留在现代汉语的复合词或成语中,如"奔跑""跋山涉水"等。

从语言的交际功能看,词汇的这种发展符合简易、经济、明确的要求。随着社会生活的变化和认识的发展,我们舍弃对某些现象的不必要的区分,这样可以精减词语,减轻人们的记忆负担,使语言工具更经济、简便。当要表达同类事物或现象的小类时,则只需加相应的修饰语,如"黑马""三龄马"等,既经济简便,又不会影响表达的明确性。

在汉语词汇的发展与演变的过程中,新词的产生和旧词的消亡是语言词汇演变结果的两个重要方面。总的看来,基本词汇是稳固的,变动较小;一般词汇则或增或减,经常变动。词汇演变的总趋势随着社会的发展而日益丰富。

词语的替换也是词汇演变中的一种常见的现象,其特点是改变某类现实或现象的名称,而现实或现象本身并没有发生变化或没有发生大的变化,也就是说概念变了名称。所谓"概念变了名称",是指表达同一个概念,不同时期使用不同的词,比如上古时期说"置""措",中古时期以后说"放""搁",表达{put}这个概念。历史上发生过新旧词的替换。其中,基本词汇相对比较稳定,一般词汇的词语替换比较频繁,它与社会的变化密切相关。例如,我国古代称三十年为一世,唐初因避唐太宗李世民的讳,用"代"替换"世"。再比如,我们封建社会的官吏有朝廷发的"俸禄",随着封建社会的消亡,人们的社会关系和获取工作报酬的方式起了变化,这些词语就弃之不用了,代之而起的是"薪水"一词,而"薪水"后来又被"工资"所替换。可见,社会生活的急剧改变、社会观念的改变都会触发语言出现相当数量的词语的替换。

"搁""放""措"
"置"各不同

第三节 往来成古今

——"搁""放""措""置"各不同

本节我们以"放置"义动词为例,介绍基本词汇的演变情况。"放置"这一动作是人类重要的动作行为之一,那么表示"使物件处于一定的位置"这一概念,汉语从古至今是如何表达的呢? 我们知道,现代汉语一般说"放",它在普通话中强势地独占一个音节(fàng),没有同音字,是个"独字音节"。此外,"搁"的使用范围也较广,通行于北方方言区,还有一些方言中也说"安""园""摆"等。在汉语史上也曾先后出现过一批表示"放置"义的单、双音节的词,我们总称为"放置"义词。汉语"放置"义词包括"置""放""搁"等几个上位成员,至迟到元代,"置"一直是表示"放置"义的主导词,此后,"放"逐渐行用,逐渐占据主导地位。"放"取代"置"基于两个因素:表义的明晰度高和易知度高。后面我们将利用京味小说及域外汉语教科书文献讨论北京话中"搁"的使用情况,为现代汉语在方言中的分布做出历史来源上解释。

"放置"义词在历时演变和方言分布中的情况都比较复杂,在历时发展中常见或有过替换关系的上位词,包括"置(寘)""措(错、厝)""安""搁""放"等,这还不考虑"放置"语义场下位词语,如"摆""撂/掠""招"①等。

一、"放置"义词的共时分布

在现代汉语中,表示"使物件处于一定的位置"这一概念,一般说"放",其次是"搁",但不同的方言使用的词语不同,在分布上呈现出显著的差异。曹志耘主编《汉语方言地图集·词汇卷》收录"放把碗~在桌子上"的方言地图,我们用文字描述如下。

从总体上看,"放置"类词的方言分布是比较有规律的:"搁"和"放"大致以长江为界呈现出南北对立的局面。具体而言,"搁"广泛通行于官话区,"放"主要行用于南方方言区。此外,在晋语区、兰银官话和西南官话部分地区,"放"也有相对集中的分布,而在冀鲁官话、江淮官话的一些方言点,"搁""放"并行。

南方方言"放置"类词相对丰富:吴语区一分为二,北部吴语主要用"摆",南部用"园",吴语与江淮官话接合部"搁""摆""放"共存,其间散见"安"的分布。"安""下"主要分布在闽语区。赣语区北部与徽语交接处用"架",赣语区中部情况较复杂,呈现出"放""搁""摆"三分的局面。剩余的半壁江山,包括赣语区南部、湘语区、粤语区等,几乎均被"放"字占据,其中粤语区使用情况也较复杂,"放""摆""搁""安"都有分布。

总之,"放"是现代汉语方言中分布最广的词,在"搁""摆"通行的地区,也多见"放"的用例,但是在"放"行用的南部赣语、湘语、粤语等方言区,却少见"搁"的用例;"搁"的分布

---

① 见于北方方言。如《官话指南》:"黄瓜里已经搁了酱油了,还招点儿醋不招了呢?"

区域次之。以下重点讨论"放置"义词的历史来源及其替换关系。

二、汉语"放置"义词的历时演变

本节依据历史文献对"放置"义词的主要上位成员做个大致的描写,重点讨论上位成员的用法及"放"对"置"的替换。上古时期,"置"和"措"都是"放置"义词的上位词,但"置"在使用频率上占据绝对优势,用法发展也已相对完备,后代变化不大。中古时期出现了"安",但"置"仍然占据主导地位。近代汉语是"放置"义词发展的关键期,"放"取代"置"成为主导词,并一直活跃在现代汉语中。"搁"常见于北方话口语文献中,用法也相当灵活,成为北京话中表"放置"义的常用词。以下择其要者做一叙述。

(一)"放置"义词的历史面貌

1. 置(寘)

"置"是出现较早的成员之一,早在甲骨文中已见。发展到上古后期,"置"的用法已比较完备,后代发生的变化不大,常见的是"置＋宾语＋(于)＋处所/方位词"结构。例如:

[例 2-1]覆杯水于坳堂之上,则芥为之舟;置杯焉则胶,水浅而舟大也。(《庄子·逍遥游》)

[例 2-2]传曰:"取前足膑骨穿佩之,取龟置室西北隅悬之,以入深山大林中,不惑。"(《史记·龟策列传》)

上古早期还有一个"寘"①,多见于《诗经》《左传》。《说文·宀部》:"寘也。从宀、真声。"一般将"寘"视为"置"的异体字,但是两字在上古读音不同,"寘"为锡部照母,"置"为职部知母,用法也有一些差异。"寘"主要出现在"寘＋处所"与"寘＋宾语＋处所"两种结构中,例如:

[例 2-3]采采卷耳,不盈顷筐。嗟我怀人,寘彼周行。(《诗经·周南·卷耳》)

[例 2-4]坎坎伐檀兮,寘之河之干兮,河水清且涟猗。(《诗经·魏风·伐檀》)

至迟到元代,"置"一直是"放置"概念域的主导成员。从语法上看,表"放置"动作义的"置"是无界的成分,即本身不能表达完整的事件,必须后接处所成分;而当"置"直接跟宾语成分独立成句时,意义则发生改变,如:"吾子置食之间三叹,何也?"(《左传·昭公二十八年》)例中"置"从"放置"义转指"摆设"义,成为"放置"语义场的下位词。现代汉语方言中,已经不见"置"的踪迹。

2. 措(厝/错)

"措",《说文解字·手部》解释为:"措,置也。"本义为"安放"。在古书中又常作"错"或"厝"。

[例 2-5]礼乐不兴,则刑罚不中;刑罚不中,则民无所措手足。(《论语·子路》)

[例 2-6]列御寇为伯昏无人射,引之盈贯,措杯水其肘上,发之,适矢复沓,方矢复寓。

---

① 王凤阳《古辞辨》认为,"'置''寘'虽古韵不同,从用法上考察,实际上无别,可能是方言字,至于'置'只用于放置义,那是用例和时代造成的,其中并无截然分工"。但从目前的调查来看,难以得出"置""寘"为方言字的结论,二者的关系还有待进一步考察。

（《庄子·田子方》）

[例2-7]尹铎对曰："公事急，厝种而悬之台；夫虽欲趋种，不能得也。"（《说苑·贵德》）

与"置"相似，"厝"也是无界成分，对处所具有强烈的依赖性，一般不能直接带宾语。[例2-5]、[例2-6]、[例2-7]看似均为"厝＋宾语"的结构，实际上包括两种情况：其一为固定结构"无所厝＋宾语"，如[例2-6]处所成分"所"已经出现，但是移位到动词前，对动作事件的完整性起到限定作用；其二为连动结构，如[例2-7]"厝种而悬之台"，"悬之台"即"悬种于台"，表达运动客体的终点位置，同样对于动作"厝"的结果有限定作用，使其表达独立完整的事件，而如果仅仅是"厝种"，语义表达不完整，结构是不能成立的。上古时期以后，"厝"的用例减少，且多用于固定结构"无所厝手足"，不再赘述。

3.安

(1)《越谚》卷下《音义》："安，放置物件也。""安"表"安放、放置"义，东汉已见。

例如：

[例2-8]是以车不安轫，日未麛旆，从者仿佛，骙属而还。（《汉书·扬雄传》，颜师古曰："车不安轫，未及止也。"）

[例2-9]状似琴而大，头安弦，以竹击之，故名曰"筑"。（《汉书·高帝纪》"酒酣，上击筑"，应劭注）

[例2-10]齐人谓韦屦曰"屝"；屝，皮也，以皮作之。不借，言贱易有，宜各自蓄之，不假借人也。齐人云"搏腊"，"搏腊"犹"把鲊"，粗貌也。荆州人曰粗，麻、韦、草皆同名也。粗，厝也，言所以安厝足也。（《释名·释衣服》）此例"安""厝"连用。

(2)在中古时期的中土文献中，"安"在《齐民要术》一书中的使用较多，单用20例，"安置"连用1例。

酌举数例如下：

①安＋宾语＋处所

[例2-11]其劚根栽者，亦圆布之，安骨、石于其中也。（《齐民要术·安石榴第四十一》）

②安＋处所

[例2-12]应用二七赤豆，安器底，腊月桑柴二七枚，以麻卵纸，当令水高下，与重卵相齐。（《齐民要术·种桑、柘第四十五》）

③"着""安"对举

[例2-13]良久，清澄，以杓徐徐接去清，以三重布帖粉上，以粟糠着布上，糠上安灰。（《齐民要术·种红蓝花、栀子第五十二》）

④"安""置"连用

[例2-14]日中捣三千六百杵，讫，饼之。安置暖屋床上：先布麦秸厚二寸，然后置曲，上亦与秸二寸覆之。（《齐民要术·法酒第六十七》）

"安"是"放置"义词在中古的特色词语，此后用例较少，现在还保留在闽语中。

4.放

"放"，《说文解字·攴部》解释为："逐也。"本义是"放逐，流放"。"据目前所知，这个

'放'字最早见于《庄子·知北游》:'神农隐几拥杖而起,曝然放杖而笑。'但在先秦典籍中似乎仅此一见而已。《广雅·释诂四》:'放,置也。'是对此义的较早记录。"(汪维辉,2017)直到中古时期,"放"才逐渐行用。

"放"在语法、语义上与"置""措"的不同:早期"放"是个有界的词汇形式,可以独立表达完整的事件,其后可以直接跟名词宾语而不必依赖于处所成分,这是中古时期"放"的特征之一;在语义上,与"释"同义,释为"放下"义为宜。以下结合汪维辉(2017)的观察,对"放"的用法做一分析。

(1)放+宾语

[例2-15]即自惭,闭目**放**镜,不欲见。以**放**镜,愁忧:"我已壮去老到,颜色丑,乐已去。"(东汉安世高译《道地经》)

[例2-16]文帝射杀鹿母,使帝射鹿子,帝不从,曰:"陛下已杀其母,臣不忍复杀其子。"因涕泣。文帝即**放**弓箭。(《三国志·魏志·明帝纪》注引《魏末传》)

(2)否定词+放

[例2-17]是时鹿王担负溺人,至死不**放**,岁乃得出,至于彼岸。(三国吴支谦译《菩萨本缘经》卷下)

[例2-18]桓公坐有参军椅烝薤不时解,共食者又不助,而椅终不**放**,举坐皆笑。(《世说新语·黜免》,余嘉锡注:"谓以箸取薤不得,乃反复用箸,终不释手也。")

(3)放+介词+处所+方位词

[例2-19]初,爽梦二虎衔雷公,雷公若二升碗,**放**着庭中。(《三国志·魏志·曹爽传》注引《世语》)

(4)放+宾语+介词+处所

[例2-20]尔时老母,闻佛索水,自担盟往,既到佛所,**放**盟着地,直往抱佛。(《杂宝藏经·佛说往昔母迦旦遮罗缘》)

可见,汉魏时期"放"主要用于"放下"这一义项,路径"下"对动作的终点做了限定,所以"放"本身就是有界的,单用"放"这一词汇形式就可以表达有界的概念,构成语义完整的事件,如例中"放镜""放弓箭"分别指"放下镜子"和"放下弓箭"。用于否定句中也同样如此,"至死不放""终不放"可译作"不放下"或"不放开"。在这个义项上,"放"与"释"构成替代关系,汪维辉(2017)推测"在当时(魏晋南北朝)的口语里'放'应该已经取代了文言词'释'"。

大概在南北朝以后,"放"可以用于表示动作"放置"义,是无界的动作动词。它只有借助于介词结构或其他语法手段的限定作用,才能成为独立完整的事件,如"放着庭中"和"放盟着地",这种结构一直到现代汉语中还在广泛使用。

同一种语言的不同时期,它们(指"有界"和"无界")在语言中的表现形式可能很不一样,在一个时期可能是用一种词汇形式表达,到另一个时期则可能上升为一种句法规律。(石毓智,2000)近代汉语时期是汉语谓语结构发生转变的重要时期,中古时期表示有界的"放"可以直接用词汇形式"放"来表示,而到了近代汉语中,则发展为借助其他成分来实现。例如:放下(动趋式)、放好(动结式)、放了/着(体标记)、放了一放(重叠式)、放一个(数量词)、放三日(时间词)、放在桌上(介词结构)、放一边(处所词)。

唐代以后,"放"的用法更加灵活,因放置动作蕴含"致使"义,常常与新兴句法格式处置式搭配使用,例如:

[例2-21]师举南泉向火次,南泉问师:"不用指东指南,本分事直下道将来。"师便把火箸放下。(《祖堂集》卷十四)

[例2-22]公只是将那头放重,这头放轻了,便得。(《朱子语类》卷一百一十八)

[例2-23]将棺材放在近所,截了一角为记,要人取赎。(《牡丹亭》第三十七出)

王力(1989)指出:"在处置式产生的初期,宾语后面可以只有一个单音节的动词,如'把琴弄'、'把卷看',等等。到了后代,除了在歌曲唱词中还可以沿用这种结构外,一般不能再用单音节动词放在宾语后面,而是用使成式(如'把绢子打开')或连动式(如'把钱倒了出来')。这种结构的形成,至少在宋代就已经产生了……如果宾语后面不是使成式或连动式,那就是动词结构后面带结果补语('得'字结构)、动量补语、处所补语等。总之,不能在宾语后面光秃秃地只带一个动词。"使成式、连动式、结果补语、动量补语、处所补语,都是结构实现有界化的手段。可见,处置式同样要求谓语成分是复杂的形式,整个结构的性质必须是有界的。所以,"放"字谓语句不但在致使语义上与处置式契合,而且在对结构有界性的要求上也一致,"放"和处置式搭配使用,无论是在近代汉语还是现代汉语中,都很常见。与新兴句法格式的组合运用,使得"放"的用法更加灵活完备,更具有优势。

5. 搁(阁)

"搁"的本字是"阁","搁"的写法后起,是表"放置"义的专用字。《说文解字·门部》:"阁,所以止扉也。"《礼记·内则》"大夫七十而有阁",郑玄注:"阁,以板为之,庋食物也。""阁"为放置食物的厨柜,引申指"放置"这一动作。《汉语大字典》引《三国志·魏志·王粲传》"精意覃思,亦不能加也",南朝宋裴松之注引三国魏鱼豢《典略》:"钟繇、王朗等虽各为魏卿相,至于朝廷奏议,皆阁笔不能措手。""阁笔"即停笔、放下笔。

"阁"是由名词引申为动词的。居延汉简中出现名词"阁"活用为动词"放置,搁"的现象,裘锡圭(1981)指出:"从居延简看,戍卒的衣服钱物常常'阁官',即存放在候官处。'阁'(搁)这些东西的具体地点,无疑就是候官治所的阁。"转引裘文如下:

[例2-24]居延简中屡见戍卒衣物名籍的散片。破城子出土的214·93(《居》7344)残存的三排衣物名,第二排末一行作"·右十一物阁官"。大湾出土的509·26(《居甲》2049)记戍卒史国的衣物。在九种衣物里,有两种注明"不阁"("县官袭一领不阁","县官革□二两不阁"),其余各种应该都是阁官的。此外提到阁衣物的还有以下二简①:

☑ 二、官袭一、绔一,阁。(146·23,《居》1082)

☑ 纠八两,省珍北,未阁衣袭言之。(259·14,《居》5702)

居延汉简时代大致在西汉武帝末期至东汉初期,是研究汉代语言的"同时资料"。可见,汉代口语中已见"存放,放置"义"阁"的活用例,专指"存放在邸阁",之后词义扩大为一

---

① 裘锡圭(1981)云:"汉简的几种著录书用简称。《居甲》指考古研究所《居延汉简甲编》,《居》指劳干《居延汉简》(图版之部1957年出版,考释之部1960年出版。本文引劳干的释文和考证皆据此版)……所引之简的释文中,原简断缺处用'·'表示,不可辨认的字用'□'表示,据文义补出的字外加'[☑]'号。有些字虽然释了,但把握不大,就在后面加'(?)'号。"

般的"存放，放置"。但"阁"的动词用法在中古文献尚不多见，北魏贾思勰《齐民要术》中另见两例，是时代明确的较早用例，但是用法相对单一：

[例 2-25]若毡多无人卧上者，预收柞柴、桑薪灰，入五月中，罗灰遍着毡上，厚五寸许，卷束，于风凉之处阁置，虫亦不生。（《齐民要术·养羊第五十七》）

[例 2-26]三七日出外，日中曝令燥，曲成矣。任意举、阁，亦不用瓮盛。瓮盛者则曲乌肠，乌肠者，绕孔黑烂。（《齐民要术·造神曲并酒第六十四》）

上揭"阁"的用例，皆出现在北方话文献中，我们推测"阁"很可能是个兴起于北方的口语词。近代"阁"迅速发展，无论在使用频率还是功能用法上都相当活跃，又造"搁"字专表"放置"义，与名词"阁"相别。与"放"相似，"搁"也可以用于处置式，将宾语提前加以强调。例如：

[例 2-27]朱恩寻扇板门，把凳子两头阁着，支个铺儿在堂中右边，将荐席铺上。（《醒世恒言》第十八卷）

[例 2-28]宝玉湘云等看着丫鬟们将攒盒搁在山石上，也有坐在山石上的，也有坐在草地下的，也有靠着树的，也有傍着水的，倒也十分热闹。（《红楼梦》第四十一回）

（二）"放"对"置"的替换及其原因

1. "放"至迟在元代完成对"置"的替换

"放"开始活跃是在中古时期，主要出现在部分口语性较强的文献中。宋元时期，"放"的用例大增，"置"的用例减少，以下重点讨论"放"对"置"的替换（见表 2-1）。

表 2-1　近代汉语阶段"置""放""搁"的使用情况

词例	唐五代				宋代		元代	明代	清代	
	南史	行记	敦煌	祖	汇编	朱	元杂剧	金	醒	红
置	52/50	35/19	16/11	11/8	1/1	79/72	0	3/3	6/1	8/7
放	7/7	0	8/6	26/10	3/0	199/109	28/28	590/379	232/194	249/164
搁	0	0	0	0	0	1	0	11/10	10/9	57/57

注：此表所用文献除《南史》外使用简称，从左至右依次为《入唐求法巡礼行记》、《敦煌变文校注》、《祖堂集》、《三朝北盟会编》[《近代汉语语法资料汇编》(宋代卷)所录 6 篇]、《朱子语类》、《新校元刊杂剧三十种》、《金瓶梅》、《醒世姻缘传》、《红楼梦》。斜线前为所有词语，斜线后为单音词。

调查显示，敦煌变文中"置"仍然占据优势，但在《祖堂集》中，"置"仅 11 见，而"放"出现 26 例；《朱子语类》中，"放"也远远超过了"置"的用例，两词的用例差距更加明显。关于二书的语言性质，前贤已有论述，《祖堂集》[①]"以当时的通语为基础，掺有禅僧个人或编者个人、禅僧集团活动所在地的方言特色"（张美兰，2002），而"《朱子》的语言性质主要是通语（包括通用书面语成分）加闽北方言成分"（杨永龙，2001），所以为免受方言因素的影响。本文选择通语或北方话文献中"放"占优势的文献作为"放"完成对"置"替换的依据，即至

---

① 关于《祖堂集》的方言背景，学界意见不一。衣川贤次（2014）通过对书中异文别字的音韵分析，"认定此书的方言背景（基础方言）确实是闽语"。

迟到元代《元刊杂剧三十种》中,"放"已经在北方话文献中完成了对"置"的替换。

2."放"替换"置"的原因

"放"为何能在口语中取代"置"而成为表"放置"义的常用词呢?原因大致有以下两个。

一是表义的明晰度高。"一个常用词被另一个形象更鲜明的词来替代,是词汇演变中的一个重要类型。"(平山久雄,2012)发展到近代汉语阶段,随着"置"的高频使用,语义发生磨损,动作性减弱,被表义明晰度更高的"放"所取代。语言表述明晰度、准确性应该是"放"替换"置"的主要原因。此外,"词汇系统可能存在着一种自我调节机制,通过词义的分担来不断求得系统内新的平衡。一个词使用频繁往往会引申出许多新的义项,词义负担不断加重,表义的明晰性受到影响,这时就会把某些义项卸给其他词"(汪维辉,2017)。分析"置"的词义系统,可以看出它的义项相当丰富,也是其他语义场的重要成员,如"官职任免"语义场,近代汉语中又常用于"购买,置办"语义场。词汇系统是相互关联的,多义词内部基本义项地位的升降会影响该词语在特定语义场内地位的变化。若某个义项并非多义词在某个时期的常用义,那它就不太可能成为其所在语义场的主导词。

二是易知性高。"汉语中的单音节基本词一定是一组同音词中'音义结合度/语义感知度'最高的一个词,在汉语社团中,人们一听到这个音节首先就会联系到那个语义。因此它在人们的语感中是最熟悉、最容易感知的音义结合体。这就是'易知性'。""在汉语的音节系统中,一批核心词就占据了这样的地位,人们一听到一个音节,首先想到的就是对应的那个核心词。"(汪维辉,2015)"放"便是如此,"放"在《广韵》中是多音字,有上、去两读,与本文讨论有关的是去声"放",与之同小韵的其他三字"舫""防""魴"都不是常用字,对表义的明晰性没有影响。而"置"的情况则比较复杂,其同音字也有常用词,而且由于近代语音变化,即使上古时期不同音的,后来也变得同音,如"至"和"置",一为章母脂韵,一为知母之韵,本不同音,唐五代时期"支""脂""之"合并,"知""章"合流后就变成了同音字,而且使用频率都不低。但"放"在现代汉语中,强势地独占一个音节,没有同音字,地位十分稳固。

三、北京话中的"搁"

元代以降,"放"在北方话文献中占据了主导地位,但到清代北京话中,"搁"又展开了与"放"的角逐,在方言中取代"放",一跃成为北方方言中的常用词。

威妥玛《语言自迩集·散语章》说:"搁 ko[1],这是一个来路可疑的汉字;最初意思是'耽搁'(to delay),而今口语里作'摆放'(to put)、'安置'(to place)讲。"其实,早在南北朝时,"搁"已见于北魏贾思勰《齐民要术》中,只是后代用例较少。直到清代,它才常见于北方文献,尤其是北京话口语中。

早期《红楼梦》和《儿女英雄传》中"搁"的用例都仅次于"放",此后"搁"在北京话文献中逐渐行用开来。蔡友梅的京味小说《小额》中"搁"占据了主导地位,共 11 见,而"放"仅出现在作者自注的评语中 1 次,且用于熟语"放下屠刀,立地成佛"。"这一现象,我们猜测与蔡友梅的个人语言风格有关。另外,是否当时'搁'的语体更为口语仍有待进一步推究。"(宋小磊,2013)《小额》中"搁"的大量使用究竟是作家个人的语言风格,还是当时口语的真实反映? 我们认为是后者。关于《小额》的语言性质,太田辰夫(1991)指出:"使用的语言忠实地反映了旗人的口语,作为了解清末旗人话实态的绝好资料,是极为重要的。"

域外汉语教科书文献也为我们的结论提供了佐证。我们调查了日本明治时期的《官话指南》和《官话急就篇》两部汉语教科书,表示"放置"义,均用"搁"不用"放"。《官话指南》(1882 初版)"搁"共 17 见,其中 15 例用于"放置"义,而"放"虽然 25 见,但无一例表此义。《改良民国官话指南》后附"释义"收录"搁",释为"放也",即"以通语释方言"之属。兹举《官话指南》数例,例如:

[例 2-29]赶他们到了银号,就这么一骂,把柜上的一个伙计,他揪出来给打了,把拦柜上搁着的算盘也给摔了。(《官话指南》第二卷《官商吐属》)

[例 2-30]若是平常掉下来的果子不多,那就在地下搁着,等包果子的多咱去了,告诉他就是了。(《官话指南》第二卷《官商吐属》)

[例 2-31]可是你昨儿个迷迷糊糊的搁了有多少茶叶,那个茶沏的殼多么酽,苦得简直的喝不得了。(《官话指南》第三卷《使令通话》)

宫岛大八著《官话急就篇》也只用"搁",共 4 见。例如:

[例 2-32]是了,你搁在我那屋里去罢。(《官话急就篇·问答之下》)

[例 2-33]"我那个胰子盒搁在那儿?""在脸盆架子上搁着哪,您没看见么?"(《官话急就篇·问答之下》)

此外,宋小磊(2013)考察了《燕京妇语》,同样是只用"搁",未见"放"的用例。江蓝生(1994)认为此书的"语言十分生活化、口语化,是当时当地活生生的语言的真实记录"。日本明治初期的汉语学习,由南京官话转而学习北京官话,"搁"在这一时期日本汉语教科书中的用法正记录了这一变化。

朝鲜后期汉语教科书也是如此。根据任玉函(2013)的考察,"搁"在朝鲜后期汉语教科书[①]中用例占优势,这与早期汉语教科书中 4 种版本《老乞大》"放置"义词主要用"放",无一例用"搁"的情况形成了鲜明对比。朝鲜后期汉语教科书的用例,也反映出"搁"在北方方言中的通行。

汉语教科书是对日常口语的真实记录,应当反映了当时地道的北京话口语的真实面貌。基于此,我们认为,"搁"是当时北京话(北方话)口语的真实反映,这也正与"搁"在现代北方方言中的分布相应。

综上,汉语"放置"义词包括"置""放""搁"等几个上位成员,至迟到元代,"置"一直是表示"放置"义的主导词,此后,"放"逐渐行用,逐渐占据主导地位。"放"在元代北方话文献中替代了"置"以后,晚清又被在北京话中更具口语基础的"搁"所取代。当然,这只是方言中的情况,通语中还是"放"占据主导。

---

① 任玉函(2013)调查的朝鲜后期汉语教科书包括《骑着一匹》《关话略抄》《华音撮要》《华音启蒙谚解》《中华正音》几部文献。

基本词汇演
变的动因

第四节 "世""代"更替
——基本词汇演变的动因

基本词汇具有稳固性,像汉语的"人""天""地""山""水""风""雨"等词语,已经沿用了很久,至今没有发生过改变,基本词汇的稳定性保证了语言系统的稳定和平衡,使交际能够正常进行。随着社会的变革,现存的语言结构及其语法构造和核心词汇,是否会随着上层建筑的消灭而消亡呢?汪维辉(2018)引用了斯大林的一段话,此处转引如下:"如果每次革命之后,都把现存的语言结构及其语法构造和核心词汇像对待上层建筑一样消灭掉,并创造新的来代替,的确又有甚么必要呢?譬如:把'水''地''山''森林''鱼''人''走路''作事''生产''做生意'等等不叫水、地、山等等,而叫作旁的名称,又有甚么必要呢?"如此看来,语言中的基本词汇是没有必要随着上层建筑的消亡而发生根本改变的,既然稳固性是词汇的基本属性,对于发生改变的词语,应该是某些原因促使其发生了演变替换。根据汪维辉(2018)及其他相关研究,以下因素值得注意,本节略做转引介绍。

一、同音竞争

同音竞争,或称"同音冲突",指的是为争夺一个语音形式而开展的两种意义(所指)之间的斗争。根据岩田礼(2009)的研究,假定有词义不同而形式相同的两个词,P(x)与P(y),处在发生同音冲突的危机中,其结局会有以下3种。

(1)一个意义x得胜,而另一个意义y被击败或逃亡以致其形式被另一形式Q所代替:P(x)→P(y)>P(x)/Q(y)。

(2)两个意义企图妥协,或者单纯共存,或者双方都改变形式:$P_1(x)/P_2(y)$

(3)两个意义形成地理上的互补分布以回避冲突:P(x)/P(y)。

同音冲突一般发生在属于同一意义范畴或邻近范畴的词语之间,在相同环境中出现的两个词不必回避同义冲突。如果一个意义强势而另一个相对比它弱,其结局一般是(1),即胜者x占据P的地位,而败者y改其外貌,成为Q。如表示人体部位的"头"替换"首"可能就是缘于同音竞争。"首""手"在上古和中古时期都同音,而且它们的分布相似,容易产生同音冲突,导致表意不明确,所以后来"首"就让位于"手",改用"头"来称呼了,"头"从秦汉起,一直沿用至今。即对二者共同的语音形式来说,意义x{hand}获胜,占据原语音形式,而另一个意义y{head}则换用另外一个形式"tóu"(头)来表示。

所谓的强弱一般是由该意义的使用频率决定的。使用频率大致平衡的两种意义斗争时,其结局往往是(2),比如蚊子和苍蝇,使用频率大概相同,假如都取同一形式"蚊子",可能永远也不分胜负。有一些方言是用"蚊子"既指蚊子又指苍蝇,但是对大多数方言而言,是在前面加上修饰性的成分以示区别。同音冲突也会形成地理上的互补分布以回避冲突。如"走"这个词形在古汉语中曾表示"疾趋,奔跑"的含义,如"弃甲曳兵而走",后来用以表示"人或鸟兽的脚交互向前移动"。此外"跑"字由"足刨地"发展出〈人跑〉的意义,

"走"表示 walk,"跑"表示 run。根据《汉语方言解释地图》中地图 45(走)和地图 46(跑),动词"走"的所指在地理上的分布是互补的:

[例 2-34]北方的"走—跑"势力扩大到南方的"行—走"地域时,在以江苏南部为主的地区很难接收"走"以 walk 义使用,因为在这一带"走"本来是 run 的意思。因此为了避免同音冲突,"跑"代替"走"承担 walk 义,形成了"跑—走"地区。北方的势力更增大以后,"跑"再"跑—走"地区也以 run 义开始使用,变成了"跑—跑"地区。目前在扬州、杭州等 10 地点"跑"保存 run、walk 两个意义,可以推测,这是"跑—跑"时代的痕迹。在其他 11 个地点"跑"已经失去了 run 义,为了回避同音冲突,run 的词义范畴由别的动词来表示,比如"奔""逃"等。

在《汉语方言解释地图》的地图 10 中,"夜来"和"夜里"这两种形式在长江流域至淮河一带用来表达"晚上"或"夜里"义,而在北方则表达"昨天"义。

同音冲突一般是由方言内部的因素引起的,如语音变化、类音牵引、所指的转移等,但也有由外部压力引起的同音冲突,如《汉语方言解释地图》(地图 29)"大豆"和"小豆"表现的这种情况。栽培植物的大豆在华北地区原来说"大豆",是与"小豆"配对,但后来经过丝绸之路带来了蚕豆的新品种。这种蚕豆由于其豆粒比大豆大,以致占据了"大豆"的地位,其演变路径为:大豆〈大豆〉/小豆〈小豆〉＞大豆〈蚕豆〉/小豆〈小豆〉。

这也可以认为是〈大豆〉和〈蚕豆〉为了争夺同一形式[ta tou]展开的斗争,是一种同音冲突。被蚕豆夺取了其"配偶"的大豆,它再套上了"黄""白""黑"等花色的外衣(岩田礼,2009)。

二、避讳

人们在说话行文的过程中,凡遇到与君主、尊长者名字相同的字面或字音,不得直接写出或说出,而必须采用其他方式来替代,这种变换称呼的方式就是避讳,其中,必须避讳的名字,称作"讳"。避讳现象在我国封建社会时期尤为多见,大约起源于周代,流行于秦汉,盛行于隋唐,在两宋时期最为严格。

汉语中存在着丰富的避讳现象,有避君讳、避家讳、避圣贤、避憎恶等,历代因避讳而改变他人姓名、地名、官名、物名、书名的情况屡见不鲜。如唐初因避唐太宗李世民的讳,用"代"替换"世",《旧唐书》举《齐民要术》,改称《齐人要术》。又如汉文帝名恒,恒山改称为常山。晋简文帝郑太后名阿春,《晋书》引《春秋》改称《阳秋》。隋炀帝名广,曹宪注《广雅》,改称为《博雅》。

在汉语中,通常会采取以下几种办法避讳一些不能说的词:一是改字,即采用同义词替换,改用与之意义相同或相近的字。二是空字,空其字而不写,或用空围(□)、"某""讳"来代替。三是缺笔,在原字的基础上缺最后一两笔。四是改音,通过改变字音来回避。比如"蛋"取代"卵"可能就是由于避讳而引起的同义词替换,所以后来指禽类所生的卵就被蛋(弹)所替换了,在有些方言中则被改称为"春"(如客家话和粤语等)。这是避讳替换成功了的例子。还有的避讳的代用词并没有真正取代原词,而且原词连语音形式也不改变。比如"舌"字,东汉之前指称辨别滋味、帮助咀嚼和发音的器官,"舌"是唯一的词。现代方言用词多样,舌、舌头、舌子、舌嬷、口舌、脷、脷钱、赚头等在方言中都有使用。其中,"脷"

和"朏钱"是因避讳取吉的文化心理而产生的代用词。比如在广州,"舌"字因与"折本"的"折"同音而改称"利",俗字又写作"朏",而"赚头"为谑语。这些避讳取吉词其实并没有真正取代"舌/舌头",只是在一定场合使用,比如主要用于指称作为食物的动物舌头。

在语言使用中要回避一些词(包括亵词、脏字眼、不吉利的词等),这是人们的普遍心理,而且会持久地发挥作用,因此避讳换词或者改音往往不能一劳永逸。比如"蛋"原来是替代亵词"卵"的,可是在今天的北方话里"蛋"又成了一个带有亵词意味的词,常用作骂人话,渐渐地又需要避讳了,或许新一轮的词汇替换又将在不久的将来开始,就像表示厕所的词不断需要"更新"一样,只是目前还不知道将会替换"蛋"的候选新词是哪一个。

三、通语基础方言的变动

在漫长的中国历史中,随着朝代的更迭、都城的转移,通语的基础方言也随之改变,这也是引起基本词汇发生更替的原因之一。以近代汉语阶段为例,通语的基础方言大致经历了几次大的变动:西安(唐)—开封(北宋)—杭州(南宋)—北京(元)—南京(明至清)—北京(清后期/19世纪中叶以后)。随着社会的变革,通语的基础方言也会发生相应的变化,一些词语受此影响发生了更替,比如"站"在明代以后不长的时间里,在广大的官话区替换了"立",可能就跟明代初期曾经建都南京有关。从文献来看,"站"的早期用例主要集中于江淮官话区作家的作品,北方官话文献中几乎看不到。明代以后,"站"借助江淮官话的优势地位向北向西扩散,有些地区已被完全覆盖,有些还处在两者并存的竞争阶段,有的则尚未波及。又如"喝",据吕传峰(2006)的研究,"喝"在北方官话区取代"吃"和"饮"的过程大致是:元朝时表示"把液体或流食咽下去"的"喝"字开始使用,作为一个北系方言词,在18世纪中叶以前一直没有竞争优势,18世纪中叶以后发展迅速并在19世纪末20世纪初成为"喝"类语义场的主导词,其直接动因也是通语基础方言的变动。

四、文化因素

特定的社会文化背景也可能引起核心词发生变化,如汪维辉(2018)所说,由于古代社会的等级观念,古汉语中表述"死"的词语非常丰富,如《礼记·曲礼下》:"天子死曰崩,诸侯曰薨,大夫曰卒,士曰不禄,庶人曰死。"《新唐书·百官志·礼部》:"凡丧,三品以上称薨,五品以上称卒,自六品达于庶人称死。"这种异称在古代一般是要严格遵守的,但随着封建时代的结束也就消失了。这是古今汉语的一大差异,其间起关键作用的是文化因素。

五、语言的"经济原则"

此外,特定的社会文化背景、语言的经济原则、语体等因素也可能引起核心词发生变化。词汇替换可能不是一种因素在起作用,而是语言内外多种因素综合作用的结果。

语言的经济性原则有时也会对核心词的演变起作用。比如"羽—毛"的变化。鸟类身上的毛有两种:一种是羽茎较硬的长毛,有翮,古称"羽",又称"翎";一种是柔软的细毛,通称"毛",也可以叫作"羽"。在实际的语言交际中,有时无须如此细分,则可以笼统地称为"毛"。久而久之,"羽"就逐渐被淘汰了,"毛"的义域扩大,包罗了原来由"羽"所指称的对象。在这个变化里,语言的"经济原则"起了主要作用。现代汉语有"羽毛"这个双音词,是指称"鸟类身体表面所长的毛"的最准确的词,但口语里并不常用。"羽毛"最初是一个类义词组,指"鸟兽的毛",是鸟毛(羽)和兽毛(毛)的合称;后来词化为一个双音词,意思也发生了转化。现代口语一般都是笼统地说"毛",必要时可以在前面加上限定性成分如"鸟""鸡""鸭""硬""细"等,同样可以达到准确化的目的。

　　以上我们主要介绍了汪维辉对汉语核心词演变动因的总结,汪维辉《汉语核心词的历史与现状研究》一书对核心词替换的基本类型、演变规律及相关问题进行了深入的讨论,并以汉语一百核心词的历史与现状为中心,为读者呈现了它们的来龙去脉、前世今生。

▶ 小结

　　基本词汇中的词表达的是人们日常生活中最不能缺少的概念,是稳固不易起变化的,但是,在语言发展中也有被逐渐替换的。有些被替换掉的古词不再作为独立的词使用,但它们大多降格为语素,以词根的身份参与后起词语的构造。所以,尽管词汇中的新旧更替、新陈代谢在持续进行,但词汇系统的核心及构词的材料是十分稳固的,这保证了交际的连续进行。对于基本词汇发生替换的原因,学者目前指出了同音竞争、避讳、通语基础方言的变动、文化因素、语言的经济原则等因素,还有哪些方面可能会影响词汇的替换?目前我们还不可能对演变的因素做全面总结,这些问题值得我们去深入探究。

📄 第二章思考与练习

外来词及其
结构类型

第三章

异域文化的使者——外来词

第一节　有朋自远方来,不亦乐乎

——外来词及其结构类型

爱德华·萨丕尔说:"语言很少是自给自足的。"我们经常进行着跨语言文化式的词语代码转换,从而生成民族化的外来词。如我们熟悉的英语,在最权威的《牛津英语词典》(1989 年第 2 版)中,以汉语为来源的英语词语就有 1300 多个,涉及各个领域。如 cheongsam(长衫、旗袍)、coolie(苦力)、ginseng(人参)、gobi(戈壁)、kungfu(功夫)、litchi(荔枝)、ping-pong(乒乓球)、sampan(舢板)、silk(丝)、typhoon(台风)、wonton(馄饨)、running dogs(走狗)、play hide and seek(躲猫猫/捉迷藏)、get soy sauce(打酱油)、long time no see(好久不见)等。

汉语历史悠久,内部民族交流与对外民族交流活动频繁,因此外来词来源广泛,数量大。如源于张骞通西域带来的外来词胡瓜(黄瓜)、胡麻(芝麻)、胡豆(蚕豆)、胡蒜(大蒜)、胡桃(核桃)、胡椒、葡萄、苜蓿、石榴、珊瑚、玛瑙、骆驼、狮子等,源于佛教传播的佛、劫、禅、魔、塔、菩萨、比丘等,源于基督教文化的耶稣、基督、弥赛亚、玛利亚、弥撒、亚当、夏娃、伊甸园等,源于少数民族语言的哈达(藏语)、巴扎(维吾尔语)、敖包(蒙古语)、哈巴狗(蒙古语)、胡同(蒙古语)等。

那么,什么是外来词呢?外来词有哪些结构类型?接下来我们先讨论这两个问题。

一、什么是外来词

关于外来词的界定,学界还有分歧,不过这是就外来词的整体而言的。从外来词的局部看,有些类型的词,像音译词(如戈壁、夜叉、哈达、比丘、巴士、蒙太奇、厄尔尼诺、佛陀、芭蕾等)、音译加注词(如沙皇、酒吧、鲨鱼、吉普车、啤酒、芭蕾舞、毛瑟枪等)、半音译半意译词(如娑婆世界、道林纸、冰激凌、沙文主义、爱克司光等)、音译兼意译词(如因特网、绷带、乌托邦、奔驰、可口可乐等)、字母词(如 VCD、DVD、DNA、NBA、UFO、WTO、MBA等)等,将它们看作外来词,学界几乎没有不同意见。我们所说的分歧,主要是在意译词(含仿译词)和借形词上,有时候分歧会很大。我们看看以下 5 种意见,就不难发现这个问题。

(1)意译词和借形词都不是外来词①。

(2)意译词和借形词都是外来词②。

(3)借形词属于外来词,意译词不属于外来词③。

(4)意译词不是外来词,区别对待借形词④。

(5)借形词应看作外来词,区别对待意译词(如仿译词属于外来词)⑤。

从这5种意见不难发现,大家的分歧主要集中在意译词和借形词上。其中,第(3)种意见是目前国内比较统一的看法。我们认为,将借形词看成外来词应该是合理的,虽然借形词用的是汉字的书写形式,但它的概念是外来的(主要从日语引入)。至于意译词,我们同意第(5)种意见,主张将其中的仿译词看作外来词。因为像蜜月(honeymoon)、马力(horsepower)、冰箱(icebox)、世界(loka-dhātu)等词,其构成成分是对外语原词的对应翻译,保留了外语原词的结构和意义,如将"honey"直译为"蜜",将"moon"直译为"月",结构形式也是直接照搬的——同外语原词同构,外来语色彩是非常强烈的,所以应当作为外来词看待。至于纯意译词,像飞机、火车、轮船、面包、自行车等,其结构形式同外语原词不一样,如"飞机"(aeroplane,美式作airplane),其中"aero"义为"空中","plane"义为"平面",但我们没有(也不可能)将它译作"空中平面"。虽然这类词所反映的概念是外来的,但其构词成分的选择、翻译过程中的结构安排则完全是汉语的,其外来色彩几乎没有,因此应该看作汉语新造词而不是外来词。

接下来我们根据外来词的结构特征,对外来词做一个简单的分类,便于大家理解汉语外来词的总体面貌。

二、外来词的结构类型

(一)音译词

其实通常所说的外来词,主要指从另一种语言中连音带义借过来的"音译词"。从词形上看,"连音带义"包含全音译式,也包含只有部分音译成分(节译)的外来词,这些都属于典型的外来词,又可细分为4类。

1.纯音译词

这是根据外语词的发音特征,用汉语的同音或近音字对译外来语的音节产生的外来词。需要注意的是,纯音译词不管它在外族语中有几个语素,到了汉语中一律看成单纯词,作为一个语素来理解。比如坦克(tank)、巴士(bus)、肯德基(Kentucky)、麦当劳(McDonald's)、巧克力(chocolate)、咖啡(coffee)、沙发(sofa)、蒙太奇(montage)、白兰地(brandy)等。

---

①　俞忠鑫."回归词"论[J].词库建设通讯,1996(10):26-27.

②　吴传飞.论汉语外来词分类的层级性[J].语文建设,1999(4):12-15.

③　胡裕树.现代汉语(重订本)[M].上海:上海教育出版社,2011:252.

④　刘叔新.汉语描写词汇学[M].北京:商务印书馆,2005:238-240.

⑤　张永言.词汇学简论[M].武汉:华中工学院出版社,1982:95.

2.音译加注词

这是指在音译的基础上附加解释性注释形成的外来词,附加的注释成分具有提示词的语义范围、类别或事物范畴等的作用。如酒吧(bar)、芭蕾舞(ballet)、啤酒(beer)、爵士乐(jazz)、吉普车(jeep)、卡片(card)、沙丁鱼(sardine)、道林纸(Dowling)、逻辑学(logic)、须弥山(Sumeru)、弥勒佛(Maitreya)。

3.半音译半意译(音译兼意译)词

这是指将外来词(通常是复合词)分为两部分进行翻译,一部分采用音译,另一部分采用意译产生的外来词。如索玛花(杜鹃花的彝语名)、引得(index,索引)、因特网(internet)、绷带(bandage)、乌托邦(utopia)、迷你裙(miniskirt)、剑桥(Cambridge)、浪漫主义(romanticism)、马克思主义(Marxism)、爱克司光(X-ray)。

4.字母词

这是完全用字母或者字母与汉语语素组合而构成的词。字母词是由拉丁字母、希腊字母等西文字母构成的,或由它们与符号、数字或汉字混合构成的词。字母词包括外来字母词,也包括汉语自身用西文字母创造的词。其中字母外来词通常是对外语原词加以缩略而形成的。根据构词成分的差异,字母外来词又可分为3种。

(1)纯字母词(外语原词的缩略形式)。即原汁原味地引进外语中的首字母缩略词,读音和意义不变。这是字母词的主流,在已进入汉语词汇系统的字母词中占绝对比重。例如:

[例 3-1]Karaoke Television—KTV

　　　　Music Television—MTV

　　　　World Trade Organization—WTO

　　　　Master of Business Administration—MBA

　　　　Unidentified Flying Object—UFO

　　　　National Basketball Association—NBA

　　　　Asia-Pacific Economic Cooperation—APEC

　　　　Bulletin Board System—BBS

　　　　Chief Executive Officer—CEO

　　　　Computed Tomography—CT

　　　　Deoxyribo Nucleic Acid—DNA

　　　　Digital Video Disc—DVD

　　　　Gross Domestic Product—GDP

　　　　Global Positioning System—GPS

　　　　Very Important Person—VIP

(2)字母汉字组合词。即在外语词首字母缩略词之后,再添加一个与原词意义有关联的汉语语素,这些语素有些可看作外来词的意译,如 X 光、γ 射线、e 经济、O 抗体、V 形谷、Y 染色体、A 股、A 调、AA 制、B 超、BP 机、IP 卡、IC 卡、IP 电话、IT 业、SIM 卡、O 型(血)、T 形(台)、T 恤衫、卡拉 OK、PC 机、维生素 C、pH 值等。

由外语词缩写形式加汉语语素(词)构成的字母词,意义主要靠汉语部分提示,其外文缩写部分的词义已逐步弱化,交际过程中人们也无意了解它们的确切含义了。

(3)字母加符号或数字。也就是在原词字母缩略的基础上,将原词具有的数字或符号一起翻译过来。这些符号或数字通常具有某种特定的意义。如 R&D(research and development,研究与开发)、MP3(moving picture experts group audio layer III,动态影像专家压缩标准音频层面)、Win98(Windows 98 系统)、3D(3 dimensions,三维)、F1(formula one,一级方程式)。

(二)仿译词

通常,意译词的构成材料和规则都是本民族的,只吸收了外来词意义,没有连带语音一起翻译过来。如上文所说,意译词算不算外来词,目前还有争议。但其中的仿译词,一般都承认它们是外来词。朱庆认为:"仿译(calque)是一种保留源头语内部形式不变,采用目的语的材料逐词或逐词素地意译源头语词语和句子的各单个组成部分的翻译方法,它的结果又叫'借译'(loantranslation)。"①因为,仿译保留了外语词原来的内部结构形式,一般也看作外来词。如源于英语的蜜月(honeymoon)、马力(horsepower)、蓝牙(blue tooth)、黑板(blackboard)、热狗(hot dog)、篮球(basketball)、快餐(fast food)、超市(supermarket)"等。

仿译以外的意译词不宜看作外来词,目前基本上没有争议。虽然意译词是受外语的影响而产生的新词,但造词受到的触发或影响,与其他方式产生的外来词性质不同,因此,像火车(train)、轮船(steamer)、飞机(airplane)、自行车(bicycle)之类的意译词,就不宜看作外来词,而是土生土长的汉语新造词。

(三)借形词

主观、干部、机构、表决、母校、法庭、法律、机械等词为借形词。这种借用只借字形、词义,不借音,也应归属于外来词的范畴。像干部(cadre)、客观(objective)、抽象(abstract)、消极(negative)等词,本来是日语用汉字翻译英语产生的外来词,汉语再从日本辗转借入的,汉语在借用这些词时,连带词形和词义一起借入,但未保留日语的读音,仍按照汉语的习惯来读。

第二节　远近高低各不同
——外来词的层次

外来词的
层次

上面我们主要讨论了汉语外来词的结构类型,也就是汉语译借外来词语的 8 种方式,具体如下。

(1)纯音译词。

(2)音译加注。

---

① 朱庆之.论佛教对古代汉语词汇发展演变的影响[M]//吴福祥、王云路.汉语语义演变研究.北京:商务印书馆,2015:543.

(3)半音译半意译。

(4)纯字母词。

(5)字母加汉语词(语素)。

(6)字母加符号或数字。

(7)仿译词(直译)。

(8)借形词。

综合以上分析,根据外来性质的高低(也就是保留外来语特征的程度),可以将 8 种结构类型的借用等级由高到低划分为 4 个层次,借用度最高为四级(保留外来词特点的程度最高),最低的为一级(保留外来词特点的程度最低)。对应关系如下。

四级:借形词、纯字母词。

三级:音译词。

二级:半音译半意译、音译加注、字母加汉语词(语素)、字母加符号或数字。

一级:仿译词。

接下来,我们以音译词、半音译半意译词、纯字母词、借形词为例谈谈外来词的层次问题,以及它们在汉语外来词系统中的地位、作用及影响。

一、音译词——外来词的较低级形式

就外来词的发展过程来说,音译词常常成为外来词定型过程中的初级形式、过渡形式,因此,由音译词转化为其他类型的外来词在汉语外来词中比较普遍;反之则少见。由音译词转化为其他类型的词,主要有以下几种情形。

(一)转化为半音译半意译词

如"Benz"[汽车之父卡尔·本茨(Karl Benz)之名]汽车在刚进入中国市场时,音译作"本茨",20 世纪 80 年代初又改译为音译兼意译的"奔驰",沿用至今。"Dipterex"最初音译为"敌普特莱克斯",后转化为音译兼意译词"敌百虫"或"敌敌畏",同样沿用至今。

(二)转化为借形词

如英语的"telephone","五四"以前音译为"德律风","五四"以后从日语中借入"电话"(借形词),"德律风"就逐渐被取代了。其他如"赛因斯"被"科学"所取代、"德谟克拉西"被"民主"所取代,都属于这类转化。

(三)转化为意译词

汉语中音译词转化为音译兼意译和转化为借形词的情况,总体上不如转化为意译词常见。

我们现代汉语中有不少常用的外来词,都经历过类似的发展过程,举例如下。

[例 3-2]士担(stamp)—邮票

　　　　伯理玺天德(president)—总统

　　　　伯林思(prince)—王子

　　　　康拜因(combine)—联合收割机

　　　　盘尼西林(penicillin)—青霉素

布拉吉(Braji,源自俄语 платье)—连衣裙

音译词虽然处于借用等级的低级形式,但由于翻译过程操作简单,方便快捷,一直是汉语使用较多的借词方式。

二、半音译半意译词——理想的外来词形式

在具体操作过程中,这种翻译方式以音译为基础,同时也考虑用接近外语语素义的汉语语素为辅助手段,尽量做到音意双关、形神兼备。于是这类外来词内部的语素划分,几乎和汉语一样,每一个音节差不多代表一个含有外语特色的汉语语素。因此,这种音译兼顾的翻译方法产生的外来词,很容易让汉语使用者忘却其外来身份,按照母语的习惯,从字面理解这类词内部的语义结构,以至"望文生义"地理解该词的概念义。例如:

[例 3-3]utopia—乌托邦

vitamin—维他命

mango—芒果

index—引得

club—俱乐部

tenant—佃农

甚至有些本民族词也会被这类词取代。如汉语中固有的词语"袖珍""微型"等,正逐渐被"迷你"所取代。

必须注意,少数半音译半意译词还会进一步转化,最终被借形词或本民族词所取代。如"index",蔡耀堂先生 1922 年将其译作"引得",是一个半音译半意译词,在新中国成立前广泛流行。而日本人坪井五正郎在 1902 年时,将英语的"index"译作"索引",这个翻译 1920 年代以后被汉语借入,成为汉语的一个借形词。新中国成立以后,"索引"得以广泛推广,适用范围逐步扩大,于是"引得"就逐渐退出历史舞台了。

半音译半意译外来词是 20 世纪 80 年代以来在数量上仅次于音译词和字母词的一种外来词,由于它兼有来源语和汉语见形知义的特点,也是汉语译借外来词的常见方式。

三、字母词——汉语词汇系统的新成员

就层次而言,字母词与借形词一样处于最低层次,相当于外语词的照搬照用,比音译词还缺少技术含量。20 世纪 80 年代以前,为人熟知的字母词只有 SOS、pH 值等少数几个。新中国成立后直到 20 世纪 80 年代,大家在情感上都不太接受汉语中夹杂一些外文字母,因此,此前报纸和各种文献中很难找到字母词的印记。字母词是随着对外交流的高速发展、思想文化的频繁接触而出现的,直到当今才在汉语词汇系统中占有一席之地。

20 世纪 80 年代以后,字母词开始在汉语中大量涌现,并在 90 年代达到高峰。就全民性和常用性来看,现在不少字母词实际上已经或正迈入汉语基本词的行列,像 WTO、VCD、ID、DNA、KTV 等,早已成为尽人皆知的常用词了。1994 年完成全面修订的《现代汉语词典》,以"附录"的形式收录了 38 个"西文字母开头的词语",说明字母词已经被汉语词汇系统接纳,成为汉语词汇系统中的有益成分,丰富了汉语的表达方式。

现在,网媒中的"字母词"泛滥成灾,例如:

[例 3-4]emo(emotional,情绪化硬核,网络指"抑郁了"或"心情不好了"等)

xswl(笑死我了)

fyp(for your page,上热门、热搜)

pyq(朋友圈)

四、借形词——同类型文字语言之间的借用

这种词汇借用现象,在印欧语系诸语言之间比较普遍,如英语借自法语的词 accident (事故)、breakfast(早餐)、bureau(办公室)、domaine(范围)、film(电影)、grave(严重的)、hotel(旅馆)、medicine(医学)、message(便条)、patient(耐心的)等。

前面我们说过,借形词只发生在使用相同类型文字的语言之间。由于日语还有很多单词使用汉字,因此汉语的借形词主要来自日语(但从本质上讲,汉语与日语使用的并不是相同类型的文字)。随着中日社会政治经济文化交流的不断发展,就可能在两种语言之间产生借形词。汉语中的借形词,应该是在清朝晚期以后(也就是日本明治维新以后)开始大量产生的。19 世纪六七十年代以后,日本率先向西方欧美各国学习先进思想文化,因此在思想、科技、经济文化等领域获得了快速发展,自然科学和社会科学等各方面都领先于当时闭关锁国的大清王朝。当时,一大批有志青年赴日本求学,在带回西方思想文化的同时,也带来了许多用汉字书写的科技词汇,给汉语词汇系统带来了一批特殊的新成员——借形词。

就现有研究而言,把借形词看作外来词,目前已为学界共识。那么,是不是只要日语中有,汉语中也有,且意义相同的词就是汉语借自日语的借形词呢?这实际上涉及借形词的界定问题,要充分考虑这类词语的来源,才能合理判断它们是汉语词还是借形词。目前,大家基本上根据以下 3 个标准来确定借形词。

第一,有些词,在日语和现代汉语中常见,但不见于古代汉语,20 世纪初才出现在汉语中,这类词一般认定为借形词。如"母校"一词,可追溯到 1907 年京师大学堂(北京师范大学前身)宇之吉给第一届毕业生讲话时使用的日语词"boko"(母校),而汉语中没有与之对应的词,当时担任翻译的范源濂就用"母校"对这个词进行直译,后来,"母校"这个借形词便风靡开来。[①] 类似的词还有图案、音程、银行、意译、营养、游离、原罪、远足、舶来品、原动力、优生学、总动员等。

第二,日语、现代汉语、古代汉语中都有的词,现代汉语与日语词意义相同,而与古代汉语中的词义截然有别,一般也认为是借形词。如"博物"在日语和现代汉语中的意义是指"动物、植物、矿物、生理等学科的总称"[②],而古汉语是指"博学多识,通晓众物"(如《左传·昭公元年》:"晋侯闻子产之言,曰:'博物君子也。'")古今用法差异很大,现代用法是自然科学发展的产物,因此"博物"是从日语借过来的"借形词"。其他像法庭、发明、反对、分子、封锁、机关、经济、理事等也是如此,都应看作借形词。

第三,现代汉语、日语、古代汉语都使用,且意义基本相同或相近,这些词就不宜看作

① 王建辉,易学金.中国文化知识精华[M].武汉:湖北人民出版社,1989:328.

② 刘正埮,高名凯,麦永乾,等.汉语外来词词典[M].上海:上海辞书出版社,1984:55.

借形词(当然,就日语而言,这些词是来自古代汉语的借形词)。例如,有人认为,表"由立法机关制定,国家政权保护执行的行为规则"之义的"法律"一词是借形词,但类似用法的"法律",从先秦至晚清,历代文献典籍中常见,应当看作汉语自身的传承词而非借形词。其他如计划、机械、精神、游弋、元帅、运动等,均应看作是本民族土生土长的传承词。

外来词的
语义发展

第三节　履不必同,期于适足
——外来词的语义发展

随着社会的发展,进入汉语的外来词,其语义也会随之发生变化。影响外来词发生语义变化的原因是多方面的,比如社会发展导致思想文化的发展、认识深化、科技进步,从而要求相应的词汇做出反应,以适应社会发展和交际的新要求。此外,语言自身的发展,如构成要素(字、词)的语义变化等也会导致外来词的语义发生变化。由于外来词源于外来文化,借入以后要受到汉语习惯、汉文化的影响和规范,因此其语义不可避免地要发生变化。

接下来,我们主要从 5 个方面谈外来词的语义变化。

一、多义单义化

多义的外来词最初借入时,往往只有某个义项满足借入语的需要。因此,很多外来词从源出语借入汉语的过程中,呈现出明显的单义化倾向。如我们熟悉的"鲨鱼"(shark),在英语中除了指"一种生活在海洋中的凶猛的鱼"外,还有引申义"坑蒙拐骗的人、诈骗者",由于汉语词汇系统中有常规表示该引申义的词语(如"骗子"),因此汉语在借入"鲨鱼"时,只保留了前一个义项,用法至今如此。

再如"humour"音译到汉语中形成的译名"幽默",只有"有趣或可笑而意味深长"这一义项,而其他义项,如"脾性""情绪""心绪""(动物)体液、(植物)汁液""古怪的念头"等,汉语音译词"幽默"没有借入进来。

又如"bus"在英语中有很多义项,如"公共汽车,飞机,汽车,机器脚踏车,汇流条、母线,乘公共汽车去,当餐馆里的服务员助手,用公共汽车接送"等,而汉语借入的"巴士",只保留了"公共汽车"一个义项。

二、语义偏离

如"扑克"(poker)在英语中指"扑克牌游戏",在汉语中指"纸牌";"迪斯科"(disco)在英语中指迪斯科舞厅或舞会,在现代汉语中则指一种节奏快而强烈的舞蹈。

再如现代汉语中的类词缀"×门"(-gate),来源于 20 世纪 70 年代导致美国总统尼克松被弹劾下台的"水门"(Watergate Scandal)事件。本来在英语中,"-gate"的语义范畴因其来源而仅限于政治领域,但汉语借入以后,迅速延展到社会生活的各个层面,如以之构成的词"家父门""虎照门""学位门""解说门"等,暗指所涉及的事件、事情等与业内知名人士有关(但一般不是政治领域的知名人士)。

三、语义关系调整

先看一个例子:"拜拜"与"再见"。"再见"是汉语中的客套话,在与他人分手时表示希望以后再见面。"拜拜"(bye-bye)在最初借入时,跟"再见"同义,也是分手时的客套话,不过通常用于不太正式的场合。随着"拜拜"在日常生活中使用频率的提高,"再见"和"拜拜"二者在语义和语用空间开始有所调整,而且感情色彩也发生了分化。"拜拜"一般用在比较随意的场合或年轻人之间,很少用于正式场合(特别是中老年人之间),具有比较随意的色彩;而"再见"两种场合均可通用,但在正式场合非"再见"莫属,倾向于正式色彩。而且"拜拜"在汉语的使用中还逐渐引申出与"再见"互补的义项,表示"断绝关系,中断往来,不再有任何联系"。

再如"秀"(show)与"表演"。音译词"秀"的广泛使用使同义词"表演"的使用范围有所缩减。同时由于单音节词能产性强,使"秀"与其他语素组合时相对自由,具有很强的构词能力,现在已成为活跃的构词语素,围绕"表演"义,产生了不少新词,如脱口秀、时装秀、歌舞秀、模特秀、真人秀、秀场、走秀等,其中"秀"很难替换为"表演"。因此相对而言,"表演"的使用范围缩小了。

四、词义引申

例如英语中的"model",指"雕塑家和画家所用的人体模特"或"时装模特"。汉语音译作"模特",除原义外,在语用中产生了词义引申现象,指商店内陈列服装用的人体模型,但在英语中,表达这一意义的词是 mannequin,而不是 model。

再如"劫"是梵语"kalpa"(劫波、劫簸、劫跛)的音译,原义指"极久远的时节"。根据古代印度神话,梵天的一个白天是一个"劫",等于人间的 43 亿 2000 万年(一说 432 万年)。"劫"后有"劫火"出现,能烧毁一切,重创一切。"劫"传入汉语后引申出"大灾祸"的意思,如"劫难、劫数"等。

再如"夜叉",是梵语 yakṣa 的音译,又译为药叉、悦叉、阅叉、野叉,意译形式有轻捷、勇健、能啖、贵人、威德、祠祭鬼、捷疾鬼等,指一种形象丑恶、狂暴凶恶之鬼,食人。在汉语的使用过程中,这些翻译形式逐渐固定在音译式"夜叉"上,并引申出世俗义,比喻凶恶丑陋之人。例如:

[例 3-5]唐玄奘《大唐西域记·迦毕试国》:"其中多藏杂宝,其侧有铭,药叉守卫。有欲开发取中宝者,此药叉神变现异形,或作师子,或作蟒蛇、毒虫,殊形震怒,以故无人敢得攻发。"

[例 3-6]清袁枚《新齐谐·罗刹鸟》:"罗刹鸟如灰鹤而大,能变幻作祟,好食人眼,亦药叉修罗薛荔类也。"

中土文献中的世俗意义,则几乎脱落了佛教文化色彩。如:

[例 3-7]唐张鷟《朝野金载》:"尝逢饿夜叉,百姓不可活。"

[例 3-8]宋吴曾《能改斋漫录·记事一》:"建中靖国元年,侍御史陈次升言章,以蔡元度为笑面夜叉。"

此外,"夜叉"在语用中常常与语素"母"组合成"母夜叉",以比喻凶悍的妇女,至今常用。例如：

　　[例 3-9]明施耐庵《水浒传》第二七回："只因义勇真男子,降伏凶顽母夜叉。"

　　[例 3-10]老舍《骆驼祥子》十五："他哼了一声,没法子! 他知道娶来一位母夜叉。"

再如借形词"低调",在日语中只有"音调低,不热烈、不活泼,水平(质量)低"这样一些意义。在汉语中还引申出"不张扬"一义。如"做人要低调"。

再如字母词"OK",随着使用范围的扩大也引申出新义。"OK"本来表示"同意、应允、赞同"之义,后来还发展出表示"顺利完成"等的动词用法,如"我的作业 OK 了!"等。

五、词义概念范围的变化

吸收外来词的目的是为汉语所用,外来词是因汉语的语用需要而产生的。因此,可以把外来词与外语原词在词义范围、感情色彩方面的差别看作外来词语义的汉化。表现在以下几个方面。

(一)词义缩小

如汉语中的借形词"道具",在日语中原指"用处或用具",汉语吸收进来后,仅表示戏剧、舞台表演等所用的器具,指称范围缩小了。

又如汉语的"卡车"(最早译自英语单词"car"),"car"在英语中可泛指任何 motorcar (汽车),而汉语中的"卡车"专指用于运输货物的载重汽车,所指比英语的"car"范围小。

(二)词义扩大

有的外来词在某个义项上所指范围比外语原词大,是在借指或引申中发生的语义变化。例如汉语中的"塔",为梵语 stūpa 的音译,也作率堵波、率睹波、率都婆、素睹波、数斗婆、数偷婆、私输簸、数斗波、输婆、塔婆、兜婆、浮屠等。其本义为供奉佛骨和安置经书的地方,又意译为大聚、灵庙、圆冢、大冢、方坟等,不过被汉语继承下来的主要是"塔"(偶尔也作浮屠)。受中国建筑文化的影响,塔的形制逐渐与中国的建筑相结合,成为富有汉民族特色的建筑文化,衍生了一系列塔形的建筑物,如水塔、雁塔、灯塔、六和塔、吊塔、指挥塔等,因此"塔"的概念指称范围扩大了,不再限于"供奉佛骨和安置经书的地方"。

再如"紧张"是来自日语的借形词,日语中仅有"精神兴奋不安""激烈或紧迫,使人紧张(如工作紧张)"义,都与人的精神紧张有关。但在汉语中,"紧张"衍生出"供应不足"义(如电力紧张、供应紧张),词义范围扩大了。

再如"沙发"(sofa),英语中指较长的软椅,范围很具体。但汉语借入以后,指称范围扩大,现代汉语中的"沙发",可以说单人沙发、双人沙发或三人沙发。

再如"motor"一词刚进入汉语时只指"内燃发动机",后来可以指"装有内燃发动机的两轮车或三轮车",所指范围扩大。

(三)附加色彩的变化

上面我们说"夜叉"(yaksa)在汉语中引申出了新义,实际上伴随着新义的产生,其感情色彩也发生了变化。梵语"夜叉"看不出明显的贬义色彩,而到了汉语中则"用来比喻相貌丑陋、凶恶的人",贬义色彩比较明显,当然词义也发生了转移。

"哈巴狗"是从蒙古语借入的词,指一种供玩赏的狗,现在也常这样用,是一个中性词。

《西游记》第五十回:"后边跳出一个哈巴狗儿来,望着行者汪汪地乱吠。"在现代汉语中,这个词多了一个义项——比喻卑顺的奴才、谄媚奉承的小人,变成了一个贬义词。如:"你那些部属都是哈巴狗,没一个对你是真诚的。"

外来词的
语言影响

第四节　朝为田舍郎,暮登天子堂
——外来词的语言影响

一、构词影响

一些外来词随着汉语的发展成为汉语的常用构词语素,有些甚至发展为汉语的类词缀,举例如下。

(一)前缀

超(super)+××:超可爱、超喜欢、超爱、超自然、超能力、超想象。

准(日语借形词)+××:准博士、准媳妇、准新娘、准词缀、准硕士、准爸爸、准妈妈。

佛系+××("佛系"源于日语"佛系男子"):佛系生活、佛系买家、佛系青年、佛系人生、佛系少女、佛系运动、佛系旅游。

胡+××:胡琴、胡桃、胡椒、胡萝卜。

洋+××:洋火、洋钉、洋铲、洋葱、洋芋、洋瓷盆。

(二)后缀(来自日语)

××+族:打工族、工薪族、飞车族、月光族、暴走族。

××+控:女王控、御姐控、萝莉控、包包控、美食控、电影控、动漫控、漫画控。

××+式:日式、西式、欧式、洋式、新式、旧式、西洋式、金婚式、中国式。

××+化:商品化、长期化、成熟化、经济化、巨大化、利益化、一般化、特殊化。

二、语音影响

对汉语语音方面的影响最直观的表现是为汉语增加了新的语音形式或读音。如翻译过程中为保留外来语的韵味,将"伽马刀""伽马射线"的"伽"(jiā)字读作 gā,这是音译希腊字母 γ 的读音"gamma"而产生的新读音;再如"佛"读作"fó",也是从梵文翻译而来的新读音,并且这是汉语此音段唯一的汉字。

其他如可汗(hàn—hán,后者为新读音,下同)、冒顿(mào dùn—mò dú)、龟(guī—qiū)兹、打的(de—dī)、拜拜(bài—bái)、戛(jiá—gā)纳电影节等,都是外语词进入汉语后对汉字语音产生影响的体现。

三、字形及书写形式的影响

(一)创造新字

汉语音译时,译者总是尽量选择汉语中已有的汉字。但有些新概念,在汉字库里一时找不到现成的字来记录。于是,译者就根据语音对应原则,依照原词的语音,根据汉字结构方式创制新的汉字作为记音符号,以满足翻译的需要。如现代化学元素译名差不多都是新创制的译音汉字。这些字均采用形声字的构造方法,符合汉语造字"见形知义"的基本特征,为汉语带来了不少新字。

(二)改变字形

汉语有不少词是从日语借过来的,其中不少汉字根据汉语习惯进行了调整。如借形词"図书馆"(日语),后来写成"图书馆";"人気"(日语)后来写作"人气";"瓩"(kilowatt)、"糎"(centimeter)等因为不符合汉语一字一音节的习惯,后分别写作"千瓦""厘米"等。

四、对汉语词义发展的影响

外来词的输入也会影响汉语词义的发展,这种现象也比较常见。举例如下。

(一)行者

"行者"一词,秦汉以前指"出行之人或在道路上行走之人"。例如:

[例 3-11]《左传·僖公二十四年》:"行者甚众,岂唯刑臣!"

[例 3-12]《吕氏春秋·慎势》:"积兔满市,行者不顾,非不欲兔也,分已定矣。"

也可以指某种行为的实施者,甚至法律政策的实施者。例如:

[例 3-13]《左传·僖公二十八年》:"不有居者,谁守社稷,不有行者,谁扦牧圉。"

[例 3-14]《老子·四十九章》魏王弼注:"如此,则言者言其所知,行者行其所能。"

但佛经中"行者"的用法不同于以上两义。先看一组同经异译:

[例 3-15]东汉安世高译《长阿含十报法经》卷 2:"行者,若在郡在县在聚亦余处,依行清朝起,着衣持应器,入郡县求食,意计,当得多可意啖食。已行不得多可啖食,便念今日自不得多可意啖食,身羸不能坐,当倾卧便倾卧。不复求度世方便,未得当得,未解当解,当自知不自知。是为一矒矒种不精进道。"

[例 3-16]后秦佛陀耶舍译《长阿含经》卷 9:"比丘乞食不得食,便作是念:'我于今日下村乞食不得,身体疲极,不能堪任坐禅,经行。今宜卧息,懈怠比丘即便卧息,不肯精勤未得欲得,未获欲获,未证欲证。是为初懈怠。'"

同经异译可知,"行者/比丘"当为梵语"bhiksu"或巴利语"bhikkhu"之不同汉译形式。然诸辞书"比丘"条未见"行者"这一意译式,"行者"条亦未见"比丘"这一音译式。《佛学大辞典》"苾刍"条:"又云煏刍。同于旧译之比丘。译曰乞士、除士、除馑男、熏士、道士等。出家为佛弟子,受具足戒者之都名也。以此方无正翻之语,故经论中多存比丘。苾刍之梵名,或以乞士,破烦恼之二义解之,或以净乞食、破烦恼、净持戒、能怖魔之四义释之。乞士者,以彼自无所营,乞人之信施而清净活命故也。破烦恼者,以修圣道而破烦恼故也。净持戒者,以受持尽形净戒故也。能怖魔者,以必入涅槃使魔畏怖故也。"因此"比丘"有"乞人之信施而清净活命"之特征。后秦鸠摩罗什译《大智度论》卷3《序品》:"比丘名乞士,清净活命故。"

这一特征影响到"行者"词义的发展。北宋释道诚集《释氏要览》卷1载:"《善见律》云:'有善男子,欲求出家,未得衣钵,欲依寺中住者名……经中多呼修行人为行者。'""行者"即"行脚乞食的苦行僧",若在寺院,则为杂役、侍者,故义与"比丘"通。故借"行者"意译"比丘",使"行者"产生了新义,一直沿用至今,甚至可以泛指修行佛道之出家人,例如:

[例3-17]宋佚名撰《宣和遗事》:"花和尚鲁智深,<u>行者武松</u>。"

[例3-18]明施耐庵《水浒传》第五十七回:"新有个<u>行者武松</u>,都有万夫不当之勇。"

佛教借用该词时,无疑充分考虑了"行"的语义特征。由于"行"的基本义为"出行",故"行者"也具有"出行"的特征。

(二)软

汉语中"软"是与"硬"相对而言的,指物体的坚硬程度低,比较柔软。这个词相当于英语中的"soft",因此汉语常常以"软"翻译英语的"soft"。同时受"软件"等外来词的影响,汉语自发生成了软包装、软饮料、软盘、软广告、软环境、软科学、软水、软通货、软武器、软着陆、软资源、软安全、软刀子等新词。这些新词中的"软",其意义还是相对于"物理实体"的坚硬程度而言的吗?显然不是。这是在意译词"软"的影响下,随着使用范围的不断扩大而产生的新用法,换句话说,汉语原有的"软"语义范围扩大了,实际上是英语词"soft"汉化的表现和结果。

(三)强人

汉语中原有的"强人"一词,本义为"强盗",后来以"强人"翻译英语的"strongman",指"强有力的人,坚强而有能力的人"。有趣的是,在词义竞争中,外来的"强人"成为现代汉语的主要用法,使汉语原有的"强人"退居其次,甚至弃而不用。这个过程主要与人们习惯于用字面意义的加合来理解词义有关,也与汉语固有的"强人"义的逐渐"衰落"有关。

(三)台

来自日语的借形词"台"(量词,是车辆、机器、设备的单位),在汉语中原本没有这种用法,从日语借入以后便落地生根,沿用至今,使人难知其外来面貌。2005版《现代汉语词典》未将表示量词的"台"与汉语中原有的"台"分立词条,说明这一量词已经完全汉化,以至于让人难以觉察其外来身份。

五、语用影响

不少外语词被原样借入,作为造句单位在语用中直接参与交际。如:

[例3-19]Hi(嗨),你好呀!

I(我)服了U(you,你)!

太cool了(酷)!

Ow(噢),你给了我好大一个surprise(惊喜)!

我emo(emotional,忧郁)了!

第五节　海纳百川,有容乃大

——外来词的汉化

外来词的
汉化

汉语在吸收外来词的过程中,结合汉语特点及文化特征所进行的种种改造,称之为汉化。现代汉语中成功翻译的案例较多,举例如下。

[例 3-20]托福

音译自英语 TOEFL,是美国的一种外国学生英语水平考试的名称。"托福"是中国人的日常口头语,含有吉利话的意味,比如"托你的福"。"考托福,靠托福",不管托谁的福,考生都希望顺利通过考试,不用说,这个翻译精当无比。

[例 3-21]雪碧

音译自英语 sprite,原意为"妖怪、精灵"。作为一种饮料,把它译为"雪碧"可谓一字千金。雪,有寒意,凉快;碧,像大海一样清澈碧蓝。在酷热的夏天,碧澈清爽的饮料名,其引发的想要赶紧喝下去的欲望,是不言而喻的。如今看来,"雪碧"这个外来词,一般人已忘记其原始意义、外来身份,彻底汉化为汉语常用词了。

[例 3-22]迷你裙

音译兼意译词,译自英语 miniskirt,"迷你"为音译,"裙"为意译。本义为"超短裙",翻译为"迷你裙"真可谓冠绝千古,意为"使你着迷的裙子"。既富有生活情趣,又韵味无穷。

现代汉语中这样的例子很多,如幽默(humor)、雷达(radar)、波音(mordent)、可口可乐(Coca-Cola)、马拉松(marathon)、维他命(vitamins)、蒙太奇(montage)、草根(grass root)等,都是结合汉语特点及汉文化习惯精心加工产生的外来词。现在,这些外来词已完全融入汉语,成为汉语常用词了。

事实上,外来词的汉化通常要经历长期的演化过程,往往不是一蹴而就的。以下我们主要从语音、词形、语法 3 个方面来了解外来词的汉化。

一、语音汉化

(一)音节的简化

梵语、印欧语等的原词通常是多音节的,与汉语一字一音节的形式差异较大,且汉语词语主要以单双音节为主,一般不超过三音节,与印欧语截然不同。因此在翻译过程中,多音节外来词通常要减缩为双音词甚至单音词,有的早期翻译为多音节词,后来往往要被双音或单音形式所取代。如之前提到的"塔"(梵语"stūpa"),在汉语中音译多作对应的三音节形式,如窣睹婆、窣堵婆、窣都婆等,或略译作双音节词塔婆、兜婆、佛图、浮图、浮屠、佛塔等。后又意译作高显处、功德聚、方坟、圆冢、大冢、冢、坟陵、塔庙、庙、归宗、大聚、聚相、灵庙等。但发展到现在,繁多的翻译形式已基本被单音节音译词"塔"所取代,且作为语素不断参与构造新词。汉语中也偶见"浮屠"(如"胜造七级浮屠")的用法,但范围比较有限。

来源于印欧语中的外来词,音节简化的情况也很常见。例如:

[**例3-23**]gramme(法)—克兰姆—克

metre(法)—米突—米

romantic—浪漫蒂克—浪漫

radium(新拉)—镭

benzene—偏苏里—苯

(二)音素的替换

所谓音素的替换是指外语词中的某个音是汉语语音体系中所没有的,在吸收外语词时就用汉语的某个相似音去对译,这在语音学上叫"音的代替"。①

1.[r]—[1]

例如:

[**例3-24**]ramifon—léi mǐ feng(雷米封)

radar—léi dá(雷达)

rifle—lái fú(来福枪)

2.[v]—[f][w]

例如:

[**例3-25**]vaseline—fán shì lín(凡士林)

volt—fú tè(伏特)

Venus—wéi nà sī(维纳斯)

vitamine—wéi tā mìng(维他命)

二、词形汉化

以外国人名的音译为例,同一个音节的翻译,女性名同男性名所使用的书写形式就不同,往往体现中国名字的文化特点。在文字层面,有提示性别的特征,女性则体现女性特征,男性则体现男性特征。如"Ma(r)",女性名常译作"玛",如玛拉、玛格丽特、玛杰里、玛吉、玛戈、玛丽亚、玛丽安、玛丽安娜、玛丽、玛丽娜、玛丽恩、玛乔里、玛莎、玛瓦等,而男性名字则常译作"马",如马库斯、马里恩、马克、马林、马丁、马文、马修等。此外,女性名字的音译中常包含妮、娜、珍、琼、琳、珊、莉、莎、娅、丽字,或带"女"字形符,或为传统汉族女性常用字,让人一看便知名字指称对象的性别。例如:

[**例3-26**]Jenny—詹妮

Joanna—乔安娜

Rena—里娜

Ramona—雷蒙娜

Jeanne—珍妮

Janet—珍妮特

---

① 李荣嵩.谈外来词的汉化[J].天津师大学报,1985(2):94-97.

Joan—琼

Linda—琳达

Susan—苏珊

Shirley—雪莉

Lily—莉莉

Louise—路易莎

Lucia—露西娅

Sophia—索菲娅

Jerry—杰丽

　　汉字见形知义的特点,在外来词的翻译过程中充分展现了它的魅力,同时也展示了译者高超的语言技巧。

三、语法汉化

　　在英语中,history 是名词,historic/historical 是形容词,historically 是副词;criticize 是动词,criticism 是名词,critical 是形容词,critically 是副词。但汉语只用一个"批判""历史"对译这些不同词形、不同功能的英语词,就不可避免地改变了"批判""历史"的语法分布,使汉语原有的"批判""历史"产生了新的句法位置。

　　受日语影响产生的语义关系为"受事＋动作"的偏正结构(如理论学习、食品储藏)就是日源外来词带来的新的词语结构形式。而仿译英语产生的乡村中国、城市中国、文化中国、魅力中国、后现代主义、后现代派之类的词语,也大有普遍化或得到普遍应用的趋势。这类外来词语结构方式逐渐融入汉语,是一个逐渐被汉语社会所接受的过程,即"汉化"。

> **小结**

　　本章我们对汉语外来词的情况做了一个基本介绍。外来词既是一种语言现象,同时也是一种文化现象,是不同民族、不同文化相互碰撞、相互渗透与相互融合的产物。作为汉语词汇系统中的有益成分,外来词对汉语词汇系统、语音系统和语法系统都产生了不同程度的影响,同时也在一定程度上改变了汉语的面貌,丰富、活跃了汉语的表达方式和手段。

　　当今世界是一个开放的世界,国际交往的深度与广度空前,由此导致语言接触异常频繁。因此,怎样规范外来词的使用成为亟待解决的问题。像汉语交际中大量使用英文字母词、交流过程中汉英夹杂,以及网络环境中随意创制的字母词等语言现象,如何正确引导、科学规范,都是正确对待外来词亟须研究解决的问题。

第三章思考与练习

第四章

民俗文化的折射——语言禁忌

语言禁忌的
界定

第一节　宗教？法律？还是迷信？
——语言禁忌的界定

　　禁忌，是一种极为普遍的民俗文化现象，存在于人类社会的每一个发展阶段。它作用和反映在语言上，语言禁忌也就应运而生。其定义为"语言禁忌是自人成为人、对主客观及其区别有了认识之后，基于对大自然的敬畏和对人、物之别的认识所产生的词语回避"。了解了定义之后，语言禁忌与几组概念的关系也需廓清。

一、语言禁忌与塔布

　　禁忌是人类社会普遍具有的文化事象，如有些物品只允许酋长、巫师或头人使用；有些场合只有男性成年人才能出入，女性、儿童不得进入等，也称为"塔布"或"塔怖"。航海家詹姆斯·库克将该词引入欧洲。随着民族学和人类学的产生与发展，人们发现"塔布"现象几乎存在于世界任何民族的生活中。于是，该词成为专门的学术用语。

　　在汉语词汇中，"禁忌"是"塔布"的对应词。东汉班固《汉书·艺文志·阴阳家》中："阴阳家者……敬顺昊天历象日月星辰，敬授民时，此其所长也。及拘者为之，则牵于禁忌，泥于小数，舍人事而任鬼神。"①恐怕是关于"禁忌"一词的最早记载。

二、语言禁忌与宗教

　　学界对于禁忌的起源众说纷纭，简单归纳为 4 种学说，即灵力说、欲望说、仪式说和教训说。

　　文明之初，先民对宇宙、对人类的起源和归宿一无所知。出于恐惧、困惑和对自然的崇敬，先民向原始宗教寻求答案，比如我国的萨满教等，认为万物皆有灵。西方学者，比如涂尔干等，也持这种观点，把原始人的崇拜和图腾看作初级宗教。禁忌来源于原始宗教，和后世宗教存在着多方面的本质区别。比如，崇拜的偶像是否多元化、有无教规教义、偶像崇拜的本质心理差异等。

　　所以，语言禁忌来源于原始宗教中万物有灵的观念。

---

　　① 　上海古籍出版社，上海书店. 二十五史[M]. 上海：上海古籍出版社，1986：530.

三、语言禁忌与法律

弗洛伊德在《图腾与禁忌》中说过:"温德特形容塔怖(即禁忌)是人类最古老的无形法律。"①在法律产生之前,依靠社会习俗和禁忌对人的言行起约束作用。

国家产生之后,法律应运而生。禁忌得到了国家机器的保证。例如在我国古代,以国讳为代表的避讳就是其中的典型。而在西方国家,许多语言禁忌被明文规定不得出现在公开出版物里。一些猥亵语和骂詈语如"shit"等,直到20世纪70年代才收入到《韦氏词典》当中。

禁忌在原始社会部分地充当了法律的角色;在国家机器诞生后,法律对于禁忌来说仍然有着一定的保障意义。

四、语言禁忌与避讳

作为具有中国特色的语言禁忌的特殊形式,避讳受到了学者们的青睐,对其研究已经相当完善。清代钱大昕的避讳研究首开先河,近代陈垣的《史讳举例》将避讳发展为专门的学科。

避讳,由于是个人意志的体现,因此无法进入全民语言禁忌的范畴。例如,国讳就是以当时统治者的意志为主宰,与禁忌相去甚远。比如,"清风不识字,何故乱翻书",清朝"文字狱"的例子即为明证。而家讳,更是因人而异。鲁迅笔下的阿Q,因生有癞疮,最忌讳"光""亮"。这属于个人情况,不是语言禁忌。

几千年前"入境而问禁,入国而问俗,入门而问讳"②,就反映了这类禁忌的局限性。

五、语言禁忌与语言迷信

受语言灵性观的影响,语言被赋予超自然的魔力,降灾添瑞兼而有之,这就是语言迷信(语言崇拜)。在触犯语言禁忌或碰到不祥事端时,人们使用吉利的语言来禳灾避凶,并相信语言文字可以带来好运。

语言祓禳活动,有民间盛行的"姜太公在此""泰山石敢当"等。结婚时贴双喜、"青龙见喜"、"福"字等,以及商家贴"招财进宝"等字符组合,都是语言迷信的体现。

语言迷信与语言禁忌的不同在于人们使用时的心态和方式的不同。前者人们采取积极的方式,用语言去谋求;后者则以消极方式,以达到防备避免的目的。

六、语言禁忌与委婉语

语言禁忌是禁忌这种民俗文化现象在语言上的体现,需要禁忌的语言我们称为"禁忌语"。人们不敢说、不愿说这些禁忌语,但是对于客观现实存在的事物不得不说的时候,就创造出了它的替代品。我们将与禁忌语同义的、代替禁忌语行使语义职能的含蓄礼貌的语言,称为"委婉语"。其定义为:作为禁忌语的替代成分,以委婉含蓄的形式,凝固地充当表达禁忌语理性意义作用的词及短语。

---

① 弗洛伊德.图腾与禁忌[M].杨庸一,译.北京:中国民间文艺出版社,1986:32.
② 阮元.十三经注疏(附校勘记)[M].北京:中华书局,1980:1251.

语言禁忌的
普遍特征

第二节　平民怎能"弃天下"?

——语言禁忌的普遍特征

一、阶级性

语言禁忌不是阶级社会的产物。但是随着社会的不断发展,其性质也被烙上了阶级的印记。

例如,我们可以从表示"死亡"这个禁忌事象中清晰地看到这个特质。

同是"死亡",帝王后妃、士大夫、平民所使用的委婉语就迥然有异。"咽气""老""入土"这样的委婉语词是绝不可能用于君王的;同样平民的死亡也不能使用"崩""大行""薨""千秋万世""晏驾"等帝王后妃专用的委婉词语;圣人贤人亦有专门的委婉语词,如"泰山颓""哲人萎""玉摧兰折"等。

据张拱贵《汉语委婉语词典》统计,有关"死亡"的委婉语有 481 个,而用于皇帝王侯后妃的就有 42 个,占同类委婉语的 10% 左右,可见阶级性在语言禁忌上的影响力。

二、民族性

作为一种民俗现象,语言禁忌必然会受到民族文化的影响。人类在不断地认识自己和改造客观环境的同时,也在构建各自的精神家园,形成独特的文化模式。

语言禁忌也不可避免地会受上层建筑的影响,具有民族特色。因此也就出现了许多从属于不同民族的不同禁忌习俗。比如,岁数、属相禁忌就是汉民族所具有禁忌。再比如,汉语语言禁忌中谐音禁忌占据了相当的比例。又如,汉语委婉语多为词或者短语,但是有些少数民族语言中的委婉语多采用短句的形式,如哈萨克族和藏族等。

三、宗教性

语言禁忌来源于原始宗教的万物有灵的观念,具有本原上的宗教性。不仅如此,后世宗教对于语言禁忌的影响也非常深刻。但是这种影响并不适用于汉语语言禁忌。许嘉璐在《未了集》中说过:"中国是一个没有宗教的国家,这是着眼于几千年的中华文化不是根植于宗教信仰这一点说的,特别是着眼于中华文化的根底、它的最深层内涵而言的。"[①]所以后世宗教在汉语语言禁忌中产生的影响寥寥。但是,世界上很多国家、地区全民信教,宗教对于他们的语言禁忌的影响是深刻和久远的。

四、传承性

语言禁忌的原始宗教性质,慢慢演变成为世俗本质的民俗特征。通过历时和共时的考察,可以得知某一具体的语言禁忌在形成以后,就获得了顽强的生命力,不仅横向传播

---

① 许嘉璐. 未了集[M]. 贵阳:贵州人民出版社,2002:273.

到一定的地域,而且纵向传承给一代又一代人。

　　比如明代学者陆容的笔记《菽园杂记》中对于语言禁忌的记录:"民间俗讳,各处有之,而吴中为甚,如舟行讳翻,以箸为筷儿;幡布为抹布;讳离散,以梨为圆果,伞为竖笠;讳狼籍,以榔槌为兴哥;讳恼躁,以谢灶为欢喜。"[①]其中很多的禁忌语和委婉语,全国很多地区语言中均有存在,而且几百年来也未断绝。

语言禁忌的
分类

第三节　不能"分梨"与不能"分离"
——语言禁忌的分类

　　语言禁忌的分类可以从内容和构成手段这两个角度来考虑。

一、按照语言禁忌内容的分类

　　语言禁忌表现复杂,中国第一本委婉语辞典所使用的科学分类方法,可以将其全貌较为完整地展现出来。《汉语委婉语词典》古今兼收,共收委婉语近 3000 条。辞典共分 13 大类,表现如下:①死亡与殡葬;②疾病与伤残;③分泌与排泄;④性爱与生育;⑤身体器官与生理变化;⑥犯罪与惩罚;⑦战乱与灾祸;⑧家庭与婚配;⑨人际关系与称谓;⑩职业与境遇;⑪钱财与经济;⑫品质与性情;⑬动植物名称。

二、按照语言禁忌构成手段的分类

　　按照构成又可分为语音、词汇和修辞这 3 个层次。

(一)语音层次的分类

　　利用语音手段进行语言禁忌的回避,或者创造出委婉语,可以从听觉上和视觉上消除给人们带来不好联想的语言符号,从而委婉地表明语意。如汉语中祝寿不送钟,吃梨不分梨。变音,就是寻找另一个发音与禁忌词不同的词语来替换它。意思不变,但是发音变化,就失去了需要禁忌的特质,可以被接受。

　　比如广州商业发达,人们忌讳"输","通书"就是历书,但粤语中"书"与"输"同音,所以改叫"通赢",也叫"通胜"。还有"杠"和"降"同音,广州人把"竹杠"称为"竹升",希望"步步高升"。又如,江浙一带的养蚕户忌说"酱",因为"酱"谐"僵"音,而"僵蚕"是一种蚕病。因此称"酱油"为"颜色"。

(二)词汇层次的分类

　　这一层次的分类将语言禁忌的替换形式委婉语分为专门委婉语和曲折委婉语两个小类。

　　在词汇层次上对语言禁忌的分类,仍然是针对委婉语而言的。

---

　　①　陆容.菽园杂记(卷一)[M].北京:中华书局,1985:8.

1.专门委婉语词

例如"死",很早以前人们就为社会各阶层人士专门创造了不同的委婉语词来指称。《礼记·曲礼》云:"天子死曰崩,诸侯曰薨,大夫曰卒,士曰不禄,庶人曰死。"①从宗教的角度来看,道教创造出了"羽化""飞升""蓬岛归真"等委婉语;佛教创造出了"涅槃""圆寂""坐化"等委婉语词;基督教则创造出了"上天堂""见上帝"等委婉说法。专门委婉语一般集中在表示凶祸和不洁等意义的语言禁忌类别上。

2.曲折委婉语

这类委婉语词是通过语义派生演化而成的,多数由多义词充当,其基本语义并不具有禁忌语所具有的含义,后被借用词语外壳,赋予新的委婉义。如某某"不在了""走了""老了"都属于这类委婉语。

(三)修辞层次的分类

修辞委婉语。修辞委婉语是指利用修辞格创造出的固定委婉语。比如,用比喻这种修辞方式创造了委婉语"山陵崩",比喻帝王之死犹如山崩;用"香消玉殒"喻指少女夭亡;用摹状方式创造了委婉语"长眠""安息"等;用反语创造了"棺材"的委婉语"寿材""长生板"等。

汉语语言禁忌
的本质属性

第四节 "溷""茅厕"到"卫生间"的演化
——汉语语言禁忌的本质属性

一、本质属性一:汉语语言禁忌的延展性

在同一社会范畴内,使用同一语言的人对语言符号的理解基本一致,因此语言禁忌一经提出,在宁可信其有、不可信其无的心理影响下,易为大众接受成为约定俗成的观念。

进入阶级社会后,语言禁忌发生演变,经历了圣人治理,其性质和功能发生了转变:由"俗"(通俗)上升为"雅"(文雅);也由"俗"(俗规)演变成"礼"(礼制)。比如我国的"三礼"就是民间俗规受到统治者规约后的成文礼制。

而当人们熟知了某种礼仪,以至于习焉不察的时候,就是再度延展的开始,呈现出循环往复的过程。中华民族由于其独特的人文环境、历史背景,使得语言禁忌呈现出由俗到雅,再从雅变俗的独特发展轨迹,被称为汉语语言禁忌的延展性。

二、本质属性二:汉语语言禁忌的替换性

禁忌语代表着令人恐惧和厌恶的事象,人们把语言符号和所代表的事物等同,于是连代表这类事物的词语也拒绝提起。如果所有禁忌都一概不提,交流将无法实现。所以委

---

① 阮元.十三经注疏(附校勘记)[M].北京:中华书局,1980:1269.

婉语被用来达成交际。随着岁月流逝,委婉语被频繁使用,又引起了同样的情绪,委婉语也变成了新的禁忌语。

埃德蒙·利奇也曾指出:"从事物的本质上来说,委婉语只是一种治标剂,而不能从根本上解决问题。一个词的不愉快的内涵毕竟不是这个词本身的缺陷,而是由于这个词所指的内容引起的,所以代替原来那个词的委婉语很快就变得和原来的词语没有什么差别了。"[①]因此,从历时的角度看,委婉语词是处于不断创造—废弃—再创造的新陈代谢之中。

比如,从古到今厕所的名称的演变,就是替换性的见证:溷、厕、便所、毛司、灰圈、茅厕、茅坑、粪坑、西间、舍后、更衣室(唐代已有)、雪隐、厕屋、一号、大号、洗手间、卫生间、盥洗室、化妆间等。

三、本质属性三:汉语语言禁忌的单向性

汉语语言禁忌的单向性包含以下两种情况。

表现一:语言禁忌从一种类型转变成为另一种类型是单向转变的过程。它的典型表现就是宗教语言禁忌向世俗语言禁忌的流动。宗教语言中也有关于"死亡"的替代语资源,通过教众这一管道,延展到了普通民众口中,并进入到世俗语言禁忌中来。下列委婉语就来源于宗教,比如佛教的"登莲界""归真""涅槃""圆寂"等,道教的"归道山""羽化"等。但是世俗语言禁忌向宗教语言禁忌流动的例子却极为罕见。

表现二:汉语语言禁忌语义语音的单向性。这种单向流动表现更为明显一些,即一个词语使用之初并无禁忌义,后来被赋予禁忌的含义,于是人们逐渐认同并使用后起的禁忌义,放弃或减少使用本原意义的现象。

比如,乌龟这种动物的象征意义的改变就生动地说明了该特征。因为寿命长,龟被汉民族等多个民族作为图腾尊崇。它寿命久长,物老成精,因此占卜问蓍,常依赖龟甲,后来成为书契崇拜的开始。到了我国宋代以前,龟还是美称。长寿称为"龟龄",姓名多用"龟年"。但到了元代情况发生了变化。"龟"成为讳称,用来指代老婆偷情的男子。"龟"从褒义变成讳词,就是语言禁忌语义单向流动的结果。单向性,即不可逆转。我们多看到中性或褒义词语向禁忌语的转变,而相反的情况为数不多。

第五节　规范、传播与阻滞
——语言禁忌的功能

■ 语言禁忌的
功能

一、积极的规范功能

语言禁忌的合理因素是显而易见的,像礼貌礼仪方面的禁忌语和曲折含蓄的委婉语

---

① 利奇.语言的人类学:动物范畴和骂人话[M]//20世纪西方宗教人类学文选(上卷).上海:上海三联书店,1995:343.

等,就表现了人们创造文明社会、密切人际关系的深层愿望,起到了稳定社会秩序的作用。

(一)语言禁忌可以调整人与自然的关系

语言禁忌调整着人与自然的关系。比如,人们对自然界中动植物的尊崇,体现在禁止捕猎某些动物、禁止砍伐某些植物上,具备促进人与自然和谐相处的积极功能。比如,我国鄂伦春等民族,将熊视作原始图腾崇拜,尊称它们为"祖父""祖母";黎族的原始图腾动物是猫,他们也尊称猫为"猫祖父""猫祖母";此外苗族人忌讳砍枫树,并且尊称枫树为"妈妈树"等。具有积极功能的语言禁忌,起到了调整人与自然的关系,使二者和谐相处的作用。

(二)语言禁忌可以调整人与社会的关系

语言禁忌习俗有利于公共秩序有条不紊地发展。语言禁忌对言语行为有导向作用,体现在人的社会化过程中。人自开口讲话伊始,社会就要通过语言禁忌规范他们的言语行为,使其形成一定的价值取向和道德评判。比如在汉语称谓系统中,不得对长辈直呼姓名,要使用尊称,就包含着能使家庭稳定、具有凝聚力的积极内涵,所以禁忌具有使社会更加规范有序的功能。

(三)语言禁忌可以调整人与人的关系

语言禁忌习俗有利于人们彼此之间确立平等、友爱、和谐、互助的关系。比如说不揭别人的隐私,这种语言禁忌就会带给人安全感。又比如面对生理上有缺陷的人,如果我们能在言语上尽量回避,或者以适当的委婉语词代替,应该会给他们带来安慰和鼓励,达到协调人与人之间关系的目的,进而使社会环境和谐美好。

二、合理的传播功能

禁忌能够传承至今,是人类生物性和社会性的集中体现。其具备的积极功能,可以为自己、他人和社会带来好处。所以,人们才有意无意地将它们纵向传递和横向传播。

比如说,我国很多民间故事记载了不少语言禁忌的来历,寄托着人们的爱憎情感、道德操守。这也说明并非所有的禁忌都是对复杂现象的初级解释和联想附会,而应看到禁忌中还凝结着人们对生活的独特理解与对传统的道德评价。

三、消极的阻滞功能

客观地说,语言禁忌在一定程度上会对人们的思想和行为产生不良影响。《史记·太史公自序》说:"尝窃观阴阳之术,大祥而众忌讳,使人拘而多所畏。"[①]首先,在语言构词上,由于委婉语数量众多。为了防止触犯禁忌而在语言上的创造,会影响人们的思维方式,造成了国人言语上的含蓄内敛。一方面,这可以说是社会文明程度高的表现;另一方面,迂回曲折的言语也会影响人们的开拓性,构成行动上的束缚。

其次,由于与社会政治的联系,禁忌对人们的思维模式也有一定的影响。詹姆斯·弗雷泽在《迷信与社会诸制度》一书中说:"在某一种族及某个时代,迷信是加强对于政治,特

---

① 司马迁.史记[M].北京:中华书局,1982:3289.

别是加强对于君主政治尊重的念头。"①语言禁忌从约定俗成的信仰转变成社会规范,封建国家的政令起到了决定性的作用,在某种程度上,会有阻滞人们思维的消极作用。

▶ 小结

对于千禧一代的年轻人,现在仿佛已经"百无禁忌"了。但是了解和丰富关于语言禁忌的知识,不但可以提升语言文化修养,对于营造和谐社会也有着建设性的意义。

第四章思考与练习

---

① 赵建伟.中国古代禁忌[M].北京:新华出版社,1991:114.

第五章

语言之树的奇异果——同义复词

同义复词的
概念及判定

第一节　"艰，亦难也"
——同义复词的概念及判定

一、同义复词的概念

　　《尚书·多方》中"克堪用德，惟典神天"的"克堪"，《左传·僖公四年》"一薰一莸，十年尚犹有臭"中的"尚犹"，《孟子·滕文公上》"后稷教民稼穑，树艺五谷"中的"树艺"，《荀子·儒效》"积反货而为商贾"中的"商贾"，分别是能够、尚且、种植、商人的意思。这种现象对汉语词汇系统和语义系统影响深刻，但由于人们对这一现象认识上的差异，学界至今对其名称仍然存有分歧，因而有必要首先谈谈同义复词的名称。

　　对同义复词这种语言现象，古代的学者早已有所注意。

　　先说汉代的情况。《诗经·王风·中谷有蓷》："嘅其叹矣，遇人之艰难矣。"西汉毛亨的《毛诗诂训传》（以下简称《毛传》）曰："艰，亦难也。"显然，毛亨是将"遇人之艰难矣"中的"艰难"当作同义词来看待的。至于《诗经·小雅·六月》："有严有翼，共武之服。"《毛传》："严，威严也。"则径直用包含被释词的双音节同义词来释词。类似的还有东汉的高诱，他对《淮南子·原道训》"其神不躁，其魂不娆"注曰："娆，烦娆也。"许慎的《说文解字》中也有不少这样的例子，如《欠部》："欺，诈欺也。"《尸部》："屏，屏蔽也。"《人部》："债，债负也。"

　　到了晋代，杜预对《左传·成公十三年》"芟夷我农功，虔刘我边陲"一句作注："虔、刘，皆杀也。"对《左传·宣公三年》"桀有昏德，鼎迁于商，载祀六百"一句作注："载、祀，皆年。"明确指出了"虔刘""载祀"属于意义相同的双音词。

　　唐代对这种语言现象有了更进一步的认识。有的学者直接对双音同义词加以解释，如颜师古对《汉书·司马相如传》"浸淫衍溢"注曰："衍溢，言有余也。"吕向对《文选·枚乘〈七发〉》"衍溢漂疾"注曰："衍溢，平满貌。"有的学者则用双音同义词来释词，如杨倞对《荀子·非相》"然而身死国亡，为天下大僇"注曰："为天下大僇辱也。"以"僇辱"释"僇"。玄应《一切经音义》卷十九曰："趁，谓趁逐也。"以"趁逐"释"趁"。孔颖达在《毛诗正义》中释《诗·大雅·桑柔》"凉曰不可，覆背善詈"曰："望王受而用之，反背我而大骂詈。"以"骂詈"释"詈"。尤其是孔颖达，其《五经正义》中有大量的相关论述，在《毛诗正义》中解释"致王业之艰难也"曰："'艰'亦'难'也，但古人之语，字重耳。"在《尚书正义》中解释"自朝至于日中昃，不遑暇食"曰："'遑'亦'暇'也，重言之者，古人自有复语，犹云'艰难'也。"在《春秋左传正义》中解释"谓其畜之硕大蕃滋也"曰："'硕大''蕃滋'，皆复语也。"可以看出，孔颖达已经提出了"字重""重言""复语"这些概念。还值得一提的是，李贤在对《后汉书·南匈奴列传》"况种类繁炽,不可单尽"作注中提出了"重语"的概念:"单犹尽也。犹《书》云'漠谋'。即古书之重语。"

宋代学者延续了前人的释义方式。阮逸注《中说·天地》"凝也挺"曰:"挺,谓挺特。"以双音同义词来解释单音词;陈彭年等编纂的《广韵》也有不少这样的例子,《黠韵》:"黠,黠慧也。"《清韵》:"侦,侦候。"《东韵》:"穷,穷极也。"胡三省注《资治通鉴·魏纪十》"禅赖正相导宜适"曰:"宜,当也;适,亦当也。"显然认为"宜适"是同义词。

清代学者对同义复词的认识水平达到了前所未有的高度。顾炎武《日知录》卷二四指出:"古经亦有重言之者……《左传》'一薰一莸,十年尚犹有臭',尚即犹也。'周其有鼙王,亦克能修其职',克即能也。《礼记》'人喜则斯陶',则即斯也。"在继承孔颖达"重言"概念基础上,补充了更多的实例。高邮王氏父子对此现象的认识可谓非常深刻。王念孙在《读书杂志·荀子六》"岂钜知"条下曰:"钜亦岂也。古人自有复语耳。或言岂钜,或言岂遽,或言庸讵,或言何遽,其义一而已矣。"在《读书杂志·汉书十六》中认为:"凡连语之字,皆上下同义,不可分训,说者望文生义,往往穿凿而失其本指。"在前人"复语"概念基础上,不仅提出了"连语"的概念,更重要的是指出了这种现象的本质特征和学者误解的原因,对后人启发极大。王引之的《经义述闻》卷三十二《通说下》有"经传平列二字上下同义"条,内曰:"古人训诂不避重复,往往有平列二字,上下同义者。解者分为二义,反失其指。"并列举了《尚书》《毛诗》《周礼》《左传》等书中的60多则容易误解的例子,以引起读者的重视。朱骏声《说文通训定声》中说:"凡鸿鹄连文者即鹄。"提出了"连文"的概念。俞樾的《古书疑义举例》举有"语词复用例"和"两字一义而误解例"两类,前者主要讲虚词,"古人用助语词,有两字同义而复用者",后者主要讲实词,用大量的实例分析加深了读者对这种容易误解的语言现象的认识。刘师培在其《左盦集》卷八"古用复词考"和《左盦外集》卷十三"文例释要"中列举了大量用例,探讨了这种现象的产生原因:"古人属词虽以达词为主,然句法贵齐。若所宣之蕴已罄而词气未休,则叠累其意,以复词足其语。"

以上是古代学者对同义复词的一些代表性看法。

现代以来,关注和研究这种语言现象的学者日益增多,其中代表性的主要有杨树达、姚维锐、马叙伦、张相、王力、徐复、杨伯峻、郭在贻、王宁、王锳、韩陈其、朱诚、徐流、董志翘等,对这种语言现象的定名探讨也日益深入,出现了"同义重言""同义复用""同义复词""同义连用""同义连文""同义词连用""同义字复用""同义复合词""同义并行复合词"等多种定名。

二、同义复词的判定

正如程湘清所言:"所谓相同意义联合,主要指构成复音词两个语素的基本意义(基本义素的总和)是相同的,至于附属意义(附属义素的总和),诸如应用范围、意义轻重、行为情态、事物表象、感情色彩、风俗习惯等方面则存在细微的差别。"[①]例如《易·兑·象传》"君子以朋友讲习",孔颖达疏曰:"同门曰朋,同志曰友。朋友聚居,讲习道义。相说之盛,莫过于此也。"孔颖达之疏突出了"朋"和"友"的细微区别,显然属于"析言"。但在语言的实际使用中,"朋"和"友"连用后往往略去了这种细微区别,突出了共同具有的"交谊深厚"

---

① 程湘清.汉语史专书复音词研究[M].北京:商务印书馆,2003:107.

这一意义,即"上下同义,不可分训"。因此,"朋友"一词属于同义复词,表示彼此有交情的人。又如"疾病"一词,古人多认为"病"重于"疾",清郝懿行《尔雅义疏·释诂》:"古人疾病连言,病甚于疾。故《说文》训为'疾加',《论语》郑注'病,谓疾益困也。'包咸注'疾甚曰病'。皆其义也。"大家学过的《扁鹊见蔡桓公》:"君有疾在腠理,不治将恐深……君之病在肌肤,不治将益深。"这里的"疾"和"病"就有程度上的细微区别,但是当"疾""病"连用后就没有了这种区别,而是泛指毛病,如李密《陈情表》:"臣少多疾病,九岁不行。"

当然,除了意义和结构两个标准外,修辞特点、出现频率等亦可作为判定同义复词的参考标准,此不赘述。

同义复词的
特点及类型

第二节　"具备"为何能说"备具"

——同义复词的特点及类型

一、同义复词的特点

(一)语素组合灵活

例如,表害怕义的"惧"字,就能与同义的怯、怖、怕、悚、惮、慑、骇、震、恐、惶等单音词组合成惧怯、惧怖、惧怕、惧悚、惧惮、惧慑、惧骇、惧震、恐惧、惶惧、怯惧、怖惧、怕惧、悚惧、慑惧、骇惧、震惧等同义复词。

单音词"让"有"责备"之义,故能与具有此义的责、诮、数、诋、诘、诛、诟、谯、谴等单音词组合成让责、让诮、数让、责让、诋让、诘让、诛让、诟让、诮让、谯让、谴让等同义复词,"让"又有"谦让,退让"之义,故能跟谦、退、逊等单音词组合成谦让、让谦、退让、让退、逊让等同义复词。

(二)词序能够颠倒

例如:

[例 5-1]两造具备,师听五辞。(《尚书·吕刑》)

[例 5-2]昔平王东迁,吾七姓从王,牲用备具。(《左传·襄公十年》)

[例 5-1]中的"具备"是完备、齐备之义,[例 5-2]中的"备具"是"具备"的同素异序词,词义完全相同。

类似的同义复词还有不少,兹举数例如下:知闻—闻知、竞争—争竞、更改—改更、租赁—赁租、责怪—怪责、欺诈—诈欺、积聚—聚积、声音—音声、疾病—病疾、穷困—困穷、富饶—饶富、细微—微细、尚犹—犹尚。

(三)意义呈现完整

训诂学上有"浑言""析言"两个相对的概念。"浑言"指笼统地说,重在强调同类事物的相同之处;"析言"则是对同类事物细加分别,重在强调同类事物的相异之处。就拿同义复词"府库"来说,郑玄注《礼记·曲礼下》"在府言府,在库言库"曰:"府,谓宝藏货贿之处也;库,谓车马兵甲之处也。"也就是说,"府"是国家收藏财货的地方,"库"是国家储藏战车兵器的地方,这就是所谓的"析言有别"。但当"府"和"库"组合成同义复词"府库"以后,表示的是仓库的意思,忽略了两者的细微差别,突出了两者的共同特点,使词义变得更显豁、更单一,也就是所谓的"浑言则同"。

（四）语法功能单一

同义复词是汉语复合词的一种。从语法上说,它跟其他复合词一样能充当句子的主语、谓语、宾语、定语、状语等。例如:

［例5-3］怠慢忘身,祸灾乃作。（《荀子·劝学》）

［例5-4］百姓怨望,而海内叛矣。（西汉贾谊《过秦论》）

［例5-5］若有患难,则使百人处于前,数百于后。（《墨子·贵义》）

［例5-6］边陲之急慢,粮草之虚实,兵卒之强弱,城壁之坚脆,历然在目,朗然在心。（宋陈亮《与王季海丞相书》）

［例5-7］王氏姑定省扶持,自扬州至于京师,道路遇疾,遂馆于陈氏。（唐柳宗元《伯祖妣赵郡李夫人墓志铭》）

［例5-3］中的"怠慢"和"祸灾"在句中作主语,［例5-4］中的"怨望"在句中作谓语,［例5-5］中的"患难"在句中作宾语,［例5-6］中的"边陲"和"兵卒"在句中作定语,［例5-7］的"道路"在句中作状语。

（五）词义构合多样

1.同义复词的词义构合方式分类

同义复词的词义构合方式呈现丰富多样的特点,具体说来主要有以下几类。

（1）本义＋本义

这里说的本义,主要是指字词最早的有文献可证的意义。例如《管子·国蓄》:"然而民有饥饿不食者何也,谷有所藏也。"句中的"饥饿"就属此类。《说文解字·食部》:"饥,饿也。""饿,饥也。"许慎用互训的方式指出了"饥"和"饿"的同义关系,这是我们确定"饥饿"词义构合方式的依据。

（2）本义＋引申义

引申义是指从本义发展出来的意义。《尚书·五子之歌》:"惟彼陶唐,有此冀方。今失厥道,乱其纪纲,乃底灭亡。"句中的"灭亡"就属"本义＋引申义"的构合方式。《说文解字·水部》:"灭,尽也。"可见除尽、消灭是"灭"的本义。《说文解字·亾部》:"亡,逃也。"可知"亡"的本义是逃跑,消灭、除尽是其引申义。

（3）引申义＋本义

这是与上类相反的一种词义构合方式。《韩非子·难二》:"必壤地美,然后草木硕大。"句中的"硕大"就属此类。《说文解字·页部》:"硕,头大也。"段玉裁注:"引申为凡大之称。"显然,高大、巨大是"硕"的引申义。

（4）引申义＋引申义

《尚书·无逸》:"厥父母勤劳稼穑,厥子乃不知稼穑之艰难。"句中的"稼穑"是种植、耕种的意思,用的是"稼"和"穑"的引申义。《说文解字·禾部》:"稼,禾之秀实为稼。""穑,谷可收曰穑。"可见,"稼"的本义是禾穗,"穑"的本义是指庄稼成熟。

（5）本义＋假借义

《汉书·循吏传·朱邑》："遭离凶灾,朕甚闵之。"句中的"遭离"是遭遇的意思。《说文解字·辵部》："遭,遇也。"可见,此处"遭"用的是本义。《说文解字·隹部》："离,离黄,仓庚也。"可见"离"的本义是一种叫黄莺的鸟。此处"遭离"的"离"通"罹"（《字汇·隹部》："离,遭也。与'罹'同。"），是遭遇的意思,用的是假借义。

（6）假借义＋本义

《左传·襄公三十一年》："譬如田猎,射御贯,则能获禽。"句中的"田猎"是打猎的意思。"田"的本义是指耕种用的土地,《说文解字·田部》："田,陈也。树谷曰田。象四口,十,阡陌之制也。""田猎"的"田"通"畋",用的是假借义。"猎"的本义是打猎,《说文解字·犬部》："猎,放猎,逐禽也。""田猎"的"猎"显然用的是本义。

（7）引申义＋假借义

《淮南子·时则训》："牛马畜兽有放失者,取之不诘。"句中的"放失"是散失的意思。"放"的本义是驱逐,《说文解字·放部》："放,逐也。""放失"的"放"是散失、丢失之义,用的是引申义;"失"的本义是丧失、失去,《说文解字·手部》："失,纵也。""放失"的"失"通"逸",散失的意思,用的是假借义。一说通"佚",亦通。

（8）假借义＋引申义

《左传·昭公元年》："楚王汰侈而自说其事,必合诸侯。"句中的"汰侈"是奢侈的意思。"汰"的本义是淘洗,《说文解字·水部》："汰,淅瀚也。"段玉裁注："或写作'汰',多点者误也。若《左传》汰侈、汰辀字,皆即'泰'字之假借。"由段注可知,"汰侈"的"汰"通"泰",奢侈的意思,用的是假借义;"侈"的本义是自高自大,《说文解字·人部》："侈,掩胁也。"段玉裁注："掩者,掩盖其上。胁者,胁制其旁。凡自多以陵人曰侈,此侈之本义也。"故此处"汰侈"的"侈"用的是引申义,即奢侈之义。

2.同义复词词源角度分类

除此之外,学界也有从同义复词来源角度加以分析的,主要有下面两种情况。

（1）通语＋方言

"通语"是指各地通行的词语,是一个跟"方言"相对的概念。南朝宋刘义庆《世说新语·德行》："(祖纳)性至孝,常自为母炊爨作食。""炊爨"是烧火煮饭的意思。"炊"的本义是烧煮食物,《说文解字·火部》："炊,爨也。"属于通语;"爨"也是烧煮食物的意思,但属于方言,《说文解字·爨部》："爨,齐谓之炊爨。"段玉裁注："各本'谓'下衍'之'字……齐谓炊爨者,齐人谓炊曰爨。"

（2）方言＋通语

《说苑·建本》："夫谷者,国家所以昌炽,士女所以姣好,礼义所以行,而人心所以安也。"句中的"姣好"是容貌美丽的意思。"姣"的本义是貌美,来自方言,《方言》卷一："娥,嬴,好也……自关而东河济之间谓之媌,或谓之姣。""好"的本义是也是貌美,属于通语。

二、同义复词的类型

同义复词的类型可以概括为实词型和虚词型两类。实词型同义复词主要包括名词、动词、形容词、代词、数词、量词等 6 种类型,虚词型同义复词主要包括副词、连词、介词等 3 种类型。

(一)实词型同义复词

1. 名词

[**例 5-8**]芟夷我农功,虔刘我边陲,我是以有辅氏之聚。(《左传·成公十三年》)

[**例 5-9**]商贾在朝,则货财上流。(《管子·权修》)

[**例 5-10**]斧斤以时入山林,林木不可胜用也。(《孟子·梁惠王上》)

[例 5-8]的"边陲"是边境的意思。"边"本有边疆之义,"陲",《增韵》曰:"疆也。"也有边疆之义,故能组合成同义复词。[例 5-9]的"商贾"是商人的意思。《左传·宣公十二年》"商农工贾"孔颖达疏曰:"行曰商,坐曰贾。"意思是贩运得利的叫"商",坐地经营的叫"贾",即所谓"行商坐贾"。因此,"商贾"为同义复词。[例 5-10]的"斧斤"是斧子的意思。《说文·斤部》:"斤,斫木斧也。"段玉裁注:"斫木之斧,则谓之斤。"因此,"斧斤"为同义复词。

2. 动词

[**例 5-11**]若以邪临民,陷而不振,用善不肯专,则不能使,至于殄灭,而莫之恤也,将安用之? (《国语·鲁语上》)

[**例 5-12**]文章不成者,不可以诛罚。(《战国策·秦策一》)

[**例 5-13**]刳腹折颐,首身分离,暴骨草泽,头颅僵仆,相望于境。(《战国策·秦策四》)

[例 5-11]的"殄灭"是灭亡的意思。"殄"有灭亡之义,《文选·沈约〈奏弹王源〉》"而斯风未殄"吕向注:"殄,灭也。"故"殄灭"为同义复词。[例 5-12]的"诛罚"是惩罚的意思。"诛"有惩罚之义,《玉篇·言部》:"诛,罚也。"《礼记·杂记下》"不敢辟诛"郑玄注:"诛,犹罚也。"故"诛罚"为同义复词。[例 5-13]的"僵仆"是倒下的意思。"仆"为前仆后继之"仆",倒下的意思;"僵"也义同"仆",倒下之义,《广韵·阳韵》:"僵,仆也。"《史记·苏秦列传》"详僵而弃酒"司马贞索引:"僵,仆也。"故"僵仆"为同义复词。

3. 形容词

[**例 5-14**]尉佗知中国劳极,止王不来,使人上书,求女无夫家者三万人,以为士卒衣补。(《史记·淮南衡山列传》)

[**例 5-15**]今富给者以要期,贫穷者燔券书以捐之。(《史记·孟尝君列传》)

[**例 5-16**]是故选择天下贤良圣知辩慧之人,立以为天子。(《墨子·尚同中》)

[例 5-14]的"劳极"是疲劳、疲惫的意思。"极"义同"劳",也是疲劳之义。《荀子·非相》:"文久而灭,节族久而绝,守法数之有司,极礼而褫。"王先谦集解引刘台拱曰:"极,疲困也。"西汉王褒《圣主得贤臣颂》:"庸人之御驽马……胸喘肤汗,人极马倦。"此处的"极"与"倦"相对为文,可证"极"为疲倦义。因此,"劳极"是同义复词。[例 5-15]的"富给"是富足的意思。"给"有富足之义,《说文·糸部》:"给,相足也。"《玉篇·糸部》:"给,足也。"故"富给"为同义复词。[例 5-16]的"辩慧"是聪明的意思。"辩"义同"慧",也是聪敏之义,《广雅·释诂一》:"辩,慧也。"《荀子·非十二子》:"言无用而辩,辩不惠而察。"王念孙《读

书杂志》曰:"辩者,智也,慧也。"

其他实词型同义复词还有代词、数词、量词3种,因不够普遍和典型,不复赘述。

(二)虚词型同义复词

1. 副词

[例5-17]故智士贤者相与积心愁虑以求之,犹尚有管叔、蔡叔之事与东夷八国不听之谋。(《吕氏春秋·察微》)

[例5-18]故上从泰始,下迄恭安,一操可称,一艺可纪,咸皆撰录,为之传云。(《晋书·列女传》)

[例5-19]仆怀欲陈之,而未有路,适会召问,即以此指推言陵之功。(西汉司马迁《报任少卿书》)

[例5-17]的"犹尚"是尚且的意思。"犹"义同"尚",《广韵·尤韵》:"犹,尚也。"故"犹尚"为同义复词。[例5-18]的"咸皆"是全都的意思。"咸"和"皆"都有全都之义,故能组合成同义复词。[例5-19]的"适会"是恰好的意思。"适"有恰好的意思,刘淇《助字辨略》卷五:"适,恰好。""会"义同"适",也有恰好之义,刘淇《助字辨略》卷四:"太史公《报任安书》'会东从上来',此'会'字犹'适'也。"故"适会"为同义复词。

2. 连词

[例5-20]邹之群臣曰:"必若此,吾将伏剑而死。"(《史记·鲁仲连邹阳列传》)

[例5-21]如其克也,得畅名绩;脱若不捷,命也在天。(《魏书·奚康生列传》)

[例5-22]臣闻人君有事于范围,唯仲秋西郊,顺时讲武,杀禽助祭,以敦孝敬。如或违此,则为肆纵。(《后汉书·陈蕃传》)

[例5-20]的"必若"是如果的意思。"若"有如果之义,不必赘述。"必"也有如果义,吴昌莹《经词衍释·补遗》:"必,若也。"《史记·廉颇蔺相如列传》"王必无人,臣愿奉璧往使"之"必",即为如果之义。故"必若"为同义复词。[例5-21]的"脱若"是如果的意思。"脱"义同"若",刘淇《助字辨略》卷五:"脱,或辞,犹傥也。"《吴子·励士》"脱其不胜,取笑于诸侯"之"脱"即为如果之义。故"脱若"为同义复词。[例5-22]的"如或"是如果的意思。"或"义同"如",也是如果之义,吴昌莹《经词衍释》卷三:"或,犹如也,若也。"故"如或"为同义复词。

3. 介词

[例5-23]及至葬,四方来观之,颜色之戚,哭泣之哀,吊者大悦。(《孟子·滕文公上》)

[例5-24]比及三年,可使有勇且知方也。(《论语·先进》)

[例5-25]逮及商周,文胜其质。(《文心雕龙·原道》)

[例5-23]的"及至"是等到的意思。"及"义同"至",《广雅·释诂一》:"及,至也。"《仪礼·聘礼》"及期"郑玄注:"及,犹至也。"故"及至"为同义复词。[例5-24]的"比及"也是等到的意思。"及"有等到之义,前已论及。"比"义同"及",《正字通·比部》:"比,及也。"《史记·殷本纪》"比九世乱,于是诸侯莫朝"的"比"就是及、等到的意思。故"比及"为同义复词。[例5-25]的"逮及"也是等到的意思。"逮"义同"及",《广韵·代韵》:"逮,及也。"《国语·周语上》"道相逮也"韦昭注:"逮,及也。"故"逮及"为同义复词。

第三节　"朽木"为何改成"腐朽之木"？

——同义复词的作用及成因

一、同义复词的作用

（一）能够使表义更加清晰

单音词"存"有"生存、保全、问候、寄托、止息、观察、思念"等十多个义项，单音词"问"也有"询问、论难、过问、审讯、追究、打听、慰问、馈赠"等十多个义项，不仅义项繁多，而且不乏生僻之义。文本中碰上这样的单音多义，有时就会对读者的正确理解造成一定的困难。但当"存"和"问"组成同义复词"存问"后，其词义反而会变得显豁，如《史记·高祖本纪》："病愈，西入关，至栎阳，存问父老。"根据同义复词的判定标准，显然不难看出这里的"存问"是问候、慰问之义。因此，同义复词能有效避免单音词表义不明显的不足，使词义表达变得更加清晰和准确。

（二）具有一定的修辞作用

前人对此已有一定的认识。早在唐朝时，孔颖达就曾指出同义复词具有"圆文"的作用。《左传·成公十三年》："芟夷我农功，虔刘我边陲。"孔颖达正义："'刘，杀'，《释诂》文。《方言》云：'虔，杀也'。重言杀者，亦圆文耳。"诚如孔颖达所说，"虔刘我边陲"的"虔刘"，是借助双音词以求文意更加全面和圆满，并达到音节和谐、句式整齐的修辞效果。晚清学者刘师培在其《古用复词考》一文中也指出："古人属词虽以达词为主，然句法贵齐。若所宣之蕴已罄而词气未休，则叠累其意，以复词足其语……所用复词大抵义同而字异，然推阐之意得复词而益充。"[①]刘师培在肯定用词以达意为主的同时，强调了同义复词在句式整齐和语意增强方面所起的作用。显然，同义复词在音节、句式、语意等方面都有一定的修辞功用。

（三）促进汉语的复音化

单音词向复音词发展是汉语词汇发展的基本规律。我们知道，以单音词为主的古代汉语，由于音节数量的限制，势必导致一词多义和大量同音词的产生，造成词义模糊难以确定等困难，影响社会交流。在这种情况下，复音词的大量产生和发展成为必然，同义复词也因而成为复音词中一种重要的构词形式。据程湘清先生对《尚书》《诗经》《论语》《韩非子》等四部先秦重要文献的统计，复音词共有 586 个，其中居首位的是并列式复音词，共307 个，占 52.4%；其他如偏正式、支配式、补充式、表述式复音词总计为 279 个，占47.6%。[②] 又据对《论衡》一书的统计，"《论衡》中联合式复音词数量居各类复音词之冠，

---

①　刘师培.刘师培全集（第三册）[M].北京：中共中央党校出版社，1997：88.

②　程湘清.汉语史专书复音词研究[M].北京：商务印书馆，2003：34.

共计 1404 个,占全书总复音词数的 61.4％"。① 尽管这里讲的并列式复音词和联合式复音词与同义复词并不完全等同,但也大致可看出同义复词在复音词中占有很大的比重。

二、同义复词的形成原因

(一)同义词的产生和训释是同义复词形成的必备条件

西周、春秋时期是中国封建社会的开始,社会日新月异,人的认识能力也不断提高。随着人们对事物认识的深入和细化,大量的同义词就应运而生。诚如《庄子·知北游》所言:"周、遍、咸三者,异名同实,其指一也。"与此同时,单音词的意义也越来越丰富,不同词之间出现同义的概率大大增加。这些都为同义复词的产生和形成提供了必要条件。据毛远明先生的《左传词汇研究》统计,《左传》中的同义词有 539 组,其中单音节同义词就高达483 组,占《左传》同义词总数的 90％。② 这说明先秦时同义词已经大量产生,初具规模。

从训诂角度说,用同义词训释词义是我国古代一种重要的词义训释方法。我国最早的字典《说文解字》中就有不少利用同义词来进行词义训释的例子,如"珍,宝也""追,逐也""过,度也"。正因为这些被释词和训释词之间具有同义关系,所以在语言发展过程中能够组合成同义复词"珍宝""追逐""过度"。最早的词典《尔雅》也是如此。据统计,《尔雅》前三部分的《释诂》《释言》《释训》收有 578 组同义词,涉及 2028 个字词。其中《释诂》就是将若干具有同义关系的词类聚在一起作为被训释词,然后用一个当时的通用词去加以解释。如"战、栗、震、惊、竦、恐、慑,惧也"。正因被释词和训释词之间具有同义关系,由此产生同义复词也就不难理解了。仅以"战"字为例,就能组成"战栗""战惊""战竦""战恐""战慑""战惧""惊战"等同义复词。显然,同义词互相训释对同义复词的形成和使用起了极大的推动作用。

(二)复音化和节奏的讲求是同义复词形成的内在动力

在汉语的起始阶段,单音词占据主导地位。随着社会的发展和人们认识水平的不断提高,单音词在表达功能上的不足和局限愈发显现出来,亟须依靠语言内部的自我调节机制加以改变和完善。延长词形、扩大音节、限制词义的复音词自然承担起了这一任务。正如《荀子·正名》所言:"单足以喻则单,单不足以喻则兼。"复音词依靠固有的单音词为构词语素,通过偏正、并列、支配、补充、附加等结构方式组合新词,以实现准确周密地表情达意的目的。据程湘清先生《先秦双音词研究》统计,"先秦复音词占总词数的比例,《论语》达到 25.1％,《孟子》达到 29％"。③ 说明汉语复音化在先秦时期已经有了迅速发展。而采用两个同义语素并列组合而成的同义复词,具有凸显词义,使词义变得清晰明确的功能。如"切"字,本是一个单音节的多义词,有"贴近""符合""急迫""诚恳"等 20 多个义项,既不易记,也不易区别。但当"切"字跟其他单音同义词组合在一起构成同义复词后,其词义反而变得显豁明确,如"切近"表示的是贴近义,"切合"表示的是符合义,"急切"表示的是急

① 程湘清.汉语史专书复音词研究[M].北京:商务印书馆,2003:105.
② 毛远明.左传词汇研究[M].重庆:西南师范大学出版社,1999:224.
③ 程湘清.汉语史专书复音词研究[M].北京:商务印书馆,2003:87.

迫义,"恳切"表示的是诚恳义,"忧切"表示的是忧虑义。

另外,汉语的音节节奏讲求整齐和谐,往往通过添加音节、重叠音节等调节手段来达到音节和谐匀称的效果。这符合汉语的审美心理。《马氏文通》曰:"按古籍中诸名,往往取双字同义者,或两字对待者,较单辞只字,其辞气稍觉浑厚。"①这里的"双字同义者"指的就是同义复词,它能在音节调整和结构对称方面起到与添加音节、重叠音节相同的表达效果,同时不会造成理解上的困难。例如《论语·公冶长》中的:"子曰:'朽木不可雕也,粪土之墙不可圬也!'"到了《汉书·董仲舒传》中则改成了:"孔子曰:'腐朽之木不可雕也,粪土之墙不可圬也。'"《论语》中用的是单音词"朽",在《汉书》里改成了同义复词"腐朽"。不但表义更加明确,而且跟后面的复音词"粪土"相互对应,节奏也显得更加整齐和谐。

(三)联想思维是同义复词形成的心理基础

语言的发展,既有其自身的内在规律和原因,也有语言外部的影响和制约,尤其与使用该语言的社会成员的思维、心理、文化等因素密切相关。德国著名语言学家威廉·冯·洪堡特说过:"语言的特性是民族精神特性对语言不断施与影响的自然结果。一个民族的人民总是以同样的独特方式理解词的一般意义,把同样的附带意义和情感色彩添加到词上,朝同一个方向联结观念、组织思想,并且在民族智力独创性与理解力相协调的范围内同样自由地构造词语。"②中国传统思维具有重整体而轻具体、重直觉而轻逻辑的特点,注重事物之间的联系和辩证关系。这使汉语词汇在组合和运用过程中容易产生相似或相关的联想,而联想是词汇发展变化的心理基础。索绪尔指出:"任何一个词都可以在人们的记忆里唤起一切可能跟它有这种或那种联系的词。"③同义复词的形成符合人们的联想心理。在语言的实际使用过程中,一个单音词容易唤起人们记忆中与之意义相同的其他词,从而构成同义复词。如当需要表达喜悦之义时,人们会很容易地联想到能够表达这一意义的其他词:"欢""喜""乐""快""悦""忻""畅""娱""欣""愉"等,从而组成"欢喜""欢乐""欢快""欢悦""欢忻""欢畅""欢娱""欢欣""欢愉"等同义复词,极大地丰富和充实了复音词。这说明语义的共同点是产生这种联想的桥梁。

第四节　"翼蔽"的"翼"是名作状吗?

——掌握同义复词有助于古代汉语的学习

🎬 古代汉语的
同义复词

一、匡正教材错误的注解

(一)翼蔽

《鸿门宴》是高中文言文的传统课文,也常被一些大学古汉语教材选录,里面有这样一

---

①　马建忠.马氏文通[M].北京:商务印书馆,1983:38.
②　洪堡特.论人类语言结构的差异及其对人类精神发展的影响[M].北京:商务印书馆,1999:204.
③　索绪尔.普通语言学教程[M].北京:商务印书馆,1980:175.

句话:"项庄拔剑起舞,项伯亦拔剑起舞,常以身翼蔽沛公,庄不得击。"对于"翼蔽"一词,不少教材都注解为:"像鸟的翅膀张开那样掩护。翼:名词用作状语。"似乎"翼"是鸟的翅膀,在这儿名词活用为状语。高中课本还用练习来强化这一观点,并配了一幅项伯伸展两臂,用身子挡在刘邦前面的图画。

这种说法言之凿凿,影响广泛,似乎已成确诂。其实不然。所谓名词活用作状语,就是将普通名词放在动词的前面,起修饰限制作用。它表达的意义是多种多样的,或表示比喻,或表示处所,或表示工具,或表示对人的态度。我们这儿仅讨论与此例有关的表示比喻的名作状。请看下面这些例子:

[例5-26]射之,豕人立而啼。(春秋左丘明《左传·庄公八年》)

[例5-27]嫂蛇行匍伏,四拜自跪而谢。(西汉列向《战国策·秦策一》)

[例5-28]其后秦稍蚕食魏(西汉司马迁《史记·魏公子列传》)

[例5-29]潭西南而望,斗折蛇行,明灭可见。(唐柳宗元《小石潭记》)

[例5-30]少时,一狼径去,其一犬坐于前。(清蒲松龄《聊斋志异·狼》)

[例5-31]操刀挟盾,猱进鸷击(清徐珂《清稗类抄·冯婉贞》)

以上例句中加点的字都属于表示比喻的名词作状语。它用普通名词所代表的事物的某些特征作比喻来修饰动词,描绘动词所表示的行动的方式或状态,有"像……那样地"的意思。如"人立"就是像人那样地站立,"蛇行"就是像蛇那样地爬行,余可类推。其次,我们也不难发现,用"普通名词所代表的事物的某些特征作比喻来修饰动词"中的"某些特征"是这个"普通名词所代表的事物"的整体特征,而不是以事物的某一部分为特征的。所以,如果说"翼蔽"的"翼",是翅膀的话,因它只是鸟身上的一个部分,不能增文成义为"像鸟的翅膀张开那样"。显然,"翼"是名词作状语的说法是不能成立的。再次,我们若将"以身翼蔽"译成现代文,就成了"用身子像鸟的翅膀张开那样掩护",不但拖沓累赘,而且难以理解:身子怎么像鸟的翅膀那样张开来?

那么,"翼蔽"的"翼"该作何解释呢?

《正字通·羽部》:"翼,卫也。"《汉语大字典》释"翼"为"遮蔽、保护。"可见,"翼"古有动词覆蔽、遮护义。《诗经·大雅·生民》:"诞置之寒冰,鸟覆翼之。"《左传·哀公十六年》:"胜如卵,余长而翼之。"《聊斋志异·梦狼》:"丁乃以身翼翁而进。"这些句中的"翼"都是覆蔽、遮护义。当表此义的"翼"和同义词"蔽"结合在一起时,就构成了同义复词"翼蔽"。《二十五史》里除本文讨论的《史记》一例外,还有十处用了"翼蔽"一词:

[例5-32]庄入为寿,寿毕,曰:"军中无以为乐,请以剑舞。"因拔剑舞,项伯亦起舞,常以身翼蔽沛公。(《汉书·高帝纪》)

[例5-33]元桂力疾登城,坐北门亭上督战,矢石如雨,力不能敌。吏卒劝之避去,不从。有以门廊鼓翼蔽之者,麾之使去。(《宋史·陈元桂列传》)

[例5-34]延祐间,汀州宁化人赖禄孙,母病,值蔡五九作乱,负母从邑人避南山。盗至,众散走,禄孙守母不去。盗将刃其母,禄孙以身翼蔽曰:"勿伤吾母,宁杀我。"(《元史·樊渊、赖禄孙列传》)

[例5-35]沙、鹰二船,相胥成用。沙船可接战,然无翼蔽。鹰船两端锐,进退如飞。(《明史·车船志》)

[例 5-36]燧益怒,急起,不得出。宸濠入内殿,易戎服出,麾兵缚燧。逮奋曰:"汝曹安得辱天子大臣!"因以身翼蔽燧,贼并缚逮。二人且缚且骂,不绝口。(《明史·孙燧列传》)

[例 5-37]元末,(曾)鼎奉母避贼。母被执,鼎跪而泣请代。贼怒,将杀母,鼎号呼以身翼蔽,伤顶肩及足,抱母不舍。(《明史·钱瑛、曾鼎列传》)

[例 5-38]后有刘静者,万安诸生。嘉靖间,流贼陷其县,负母出奔。遇贼,将杀母,静以身翼蔽求代死,贼怒,攒刃杀之,犹抱母不解,尸阅七日不变。(《明史·容师偓、刘静、温钺列传》)

[例 5-39]经孚,平阳人。倭至,负母出逃,遇贼索母珥环,欲杀之。经孚以身翼蔽,贼怒,挥刃截耳及肩而死,手犹抱母颈不解。(《明史·王在复等列传》)

[例 5-40]福祥大怒,欲杀虎恩,荣禄以身翼蔽之,乃免。(《清史稿·余虎恩列传》)

[例 5-41]王尊德妾唐,临桂人,尊德年八十,病剧,邻家火,唐欲负以避,力不胜。火迫,尊德挥使出,唐身翼蔽尊德,皆死。(《清史稿·王尊德妾唐列传》)

排比、分析这 10 个"翼蔽"用例,不难发现,它们跟《鸿门宴》中的"翼蔽"一样,都是遮蔽、掩护之义,而不是所谓的"像鸟的翅膀张开那样掩护"。

另外,朱起凤《辞通》收有"翼蔽"一词,列于"屏蔽"条内:

[例 5-42]屏蔽:《汉书·樊哙传》"项庄拔剑舞座中,欲击沛公,项伯常屏蔽之。"肩蔽:《史记·樊哙传》"项庄拔剑舞坐中,欲击沛公,项伯常肩蔽之。"翼蔽:《史记·项羽本纪》"项庄拔剑起舞,项伯亦拔剑起舞,常以身翼蔽沛公。"(朱起凤)按:剑锋极利,不能蔽以肩,肩乃屏之讹字也,翼又承肩之义而误。

朱起凤的"按语"其实只说对了一半。"肩蔽"的"肩"固然是"屏之讹字",今中华书局出版的标点本《史记》已做了纠正:"项伯常(肩)[屏]蔽之。"但说"翼又承肩之义而误"则不确。这或许是朱起凤惑于"翼"的常见义,不知"翼"古有遮蔽义所致吧。

(二)翔集

部编本《语文》九年级上册收有范仲淹的名篇《岳阳楼记》,其中"沙鸥翔集,锦鳞游泳"一句,教材注"翔集":"时而飞翔,时而停歇。集,停息。"粗粗一看,文从字顺,但细加推敲,却让人疑窦丛生:"锦鳞游泳"写水中鱼自由自在地游动,只有一个动作,岸上的沙鸥却"时而飞翔,时而停歇",有两个动作,这样描写显然缺少对应;为了把沙鸥既飞翔、又停歇的意思讲明白,教材添加了"时而……时而……"的句式,殊不知犯了文言文注解"增文成义"的大忌;"游泳"是一个双音节词,照理相对应的"翔集"也应该是双音节词,但教材的注解似乎将之理解成一个短语了,这符合汉语的构词规律吗?

众所周知,汉语的字词大多是多义词。我们阅读古代作品,碰到疑难字词,如果直接按照现代汉语的常用义去理解,往往会犯望文生义的错误。"翔集"的"翔"除了现代常用义"飞,飞翔"外,在古代还有行走、上涨、栖息等意义。请看"翔"的栖息义,《淮南子·览冥训》:"凤皇翔于庭,麒麟游于郊。"高诱注:"翔,犹止也。"高诱说的"止",就是栖止、栖息的意思。此句是说凤凰在庭院中栖息,麒麟在城外行走,这是一种吉兆,后来就以"凤翔""麟游"表示祥瑞的景象。又如桓宽《盐铁论·未通》:"故'代马依北风,飞鸟翔故巢',莫不哀其生。""飞鸟翔故巢"是说飞翔的鸟只愿意栖息在原有的窝巢里,"翔"显然也是栖息义,而不会是飞翔的意思,因为飞鸟不可能在巢里飞翔。另外祢衡《鹦鹉赋》:"飞不妄集,翔必择林。"写鹦鹉高飞时不随便与众鸟合群,栖息时必定选择合适的树林,"翔"仍然是栖息的意思。今天的权威工具书《汉语大字典》和《汉语大词典》都收有这个义项和上举的主要例句。

"翔"既然有栖止、栖息的意思,根据汉语构词的规律,它通常就能跟同义语素"集"组合成同义复词"翔集",表示栖止、栖息。

[例5-43]翔集而不择木者,必有离爵之禽矣。(晋葛洪《抱朴子·良规》)

意谓栖息如果不选择树木的话,必然会有落入罗网的飞鸟了,从反面证明了祢衡"翔必择林"观点的正确。

[例5-44]华子冈,麻山第三谷。故老相传,华子期者,禄里先生弟子,翔集此顶,故华子为称也。(晋谢灵运《游名山志》)

这是介绍"华子冈"的得名缘由。因为禄里先生的弟子华子期曾在这座山的山顶上栖居,因而用"华子"来称呼这座山。这里的"翔"明显不能理解为飞翔,因为这个动作的发出者是人,所以"翔集"一词属于同义复词,表示栖居。

[例5-45]开皇初,梁主萧琮新起后,有鸲鸟集其帐隅。未几,琮入朝,被留于长安,梁国遂废。大业末,京师宫室中,恒有鸿雁之类无数翔集其间,俄而长安不守。十三年十一月,乌鹊巢帝帐幄,驱不能止,帝寻逢弑。(唐魏征《隋书·五行下》)

古人把自然界禽鸟出现的异常现象,叫做"羽虫之孽"或"羽孽",认为是上天对人的一种示儆。这里分别写了鸲鸟、鸿雁、乌鹊栖居在统治者的床帐里或宫廷上的三件事,用的是"集""翔集""巢"三个表义相近、前后照应的动词,可以看出"翔集"应该也是栖息的意思,而不能理解为飞翔停息。

[例5-46]哀至则哭,有乌鸟数百翔集于林木,麋鹿六七驯扰墓所,相与鸣号,若乎哀者。(明李时勉《顾东起庐墓承旌表序》)

这里写几百只乌鸟栖憩在树林里,六七头麋鹿驯服地站在墓地,相互鸣叫,好像很悲伤的样子。

[例5-47]山东颜君召,武孝廉也,生八子,一为侍卫于朝。颜没,家人设斋,有雀十九只盘旋庭际,一雀翔集庭中,移时始著。(清景星杓《山斋客谭·设斋致雀》)

这里的"雀"同"鹤"。句末是写有只鹤栖息在庭院里,过了一段时间才飞走。

同理,具有栖息义的"翔"跟同义语素"栖""止"也能分别组合成同义复词"翔栖"和"翔止"。例如:

[例5-48]时有鹁鸽千数集麟德殿廷树,翔栖浃日。(宋欧阳修等《新唐书·让皇帝宪传》)

[例5-49]既着身,化为乌,振翼而出。见乌友群集,相将俱去,分集帆樯。舟上客旅,争以肉向上抛掷。群于空中接食之。因亦尤效,须臾果腹。翔栖树杪,意亦甚得。(清蒲松龄《聊斋志异·竹青》)

[例5-50]有白乌翔止厅前,乳子而后去。(唐李延寿《北史·豆卢勣列传》)

[例5-51]上梁之日,有二鹤翔止于梁上,观者千人,皆以为吉祥。(明归有光《重修承志堂记》)

不难看出，[例5-48]至[例5-51]中的"翔栖"和"翔止"都是栖息的意思，这从另一方面印证了同义复词"翔集"构词的合理性。

此外，我们还可从文献异文得到旁证。所谓异文，是指同一书的不同版本或同一件事的不同记载，出现文字上的差异。它能帮助我们考求、确定词义。请看下面的例子：

[例5-52]永平十七年，公卿以神雀五采，翔集京师，奉觞上寿。上召逵，敕兰台给笔札，使作《神雀颂》。(《东观汉记·贾逵传》)

[例5-53]时有神雀集宫殿官府，冠羽有五采色，帝异之，以问临邑侯刘复，复不能对，荐逵博物多识，帝乃召见逵问之，对曰："昔武王终父之业，鸑鷟在岐，宣帝威怀戎狄，神雀仍集，此胡降之徵也。"帝敕兰台给笔札，使作《神雀颂》，拜为郎，与班固并校秘书，应对左右。(《后汉书·贾逵列传》)

《后汉书·贾逵列传》是以《东观汉记·贾逵传》为史料依据撰写的，比较两书对同一事情的记载可以发现，一作"翔集"，一作"集"，根据异文求义的方法可知，《东观汉记·卷十五·贾逵》中的"翔集"就是《后汉书·卷三十六·贾逵》里的"集"，是栖息的意思。

最后来看语境，"沙鸥翔集，锦鳞游泳"用的是四字对偶句，描写成群的鸥鸟在沙滩上栖息，各色的鱼儿在水里游弋，一静一动，一闲适一自由，可谓景中寓情，情景交融，写出了"春和景明"的乐景乐情。如果将"翔集"拆分理解为飞翔栖息，不仅形式上难以跟"游泳"相俪偶，而且在内容上也破坏了"沙鸥"和"锦鳞"的静一动对照描写。

因此，综合工具书、构词法、异文、语境等多方面的证据，我们认为，"沙鸥翔集"的"翔集"应理解为"栖息"，是一个同义复词，课本注解应加以修正。

二、补释教材未注的词语

(一)惊忙

《木兰诗》："出门看火伴，火伴皆惊忙。同行十二年，不知木兰是女郎。"对"惊忙"一词，中学课文未加注解，学生则容易按字面理解为"惊慌急忙"，《汉语大词典》即持此解。这不正确。试想，当打扮一新的花木兰以女儿貌出现在伙伴面前时，这些粗莽的汉子突然发现朝夕相处、生死相依的战友竟是一个风姿绰约的女子，其惊诧慌乱是可想而知的，但要说"急忙"就难以理解了。看来，我们不能简单地用现代汉语词义来解释"惊忙"的"忙"。

据考证，忙，古同"忙"。《广韵·唐韵》："忙，怖也。忙，上同。"《字汇·心部》："忙，失据貌。""失据貌"即惊慌失措的样子。显然，"忙"在古代有害怕、惊慌之义。唐李世民《冬狩》诗："兽忙投密树，鸿惊起砾洲。"诗中"忙"与"惊"相对为文，当是惊慌之义。敦煌文献《父母恩重经讲经文》："孩子未降，母忧性命逡巡；及至生来，血流洒地。浑家大小，各自忙然。只怕身命参差，急手看其好恶。"文中写全家老小被产妇的大出血吓得手足无措，"忙然"就是惊慌的样子。明冯梦龙《警世通言》卷二十一："言犹未毕，草荒中钻出一个人来，手执钢叉，望公子便搠。公子会者不忙，将铁棒架住。""会者不忙"乃一成语，指行家应付自己熟悉的事情不会慌乱，"忙"也是惊慌的意思。

"忙"既然有惊慌、害怕之义，就能跟"惧""怕""惊"等同义词构成同义复词，如《太平广记》卷三八五引《河东记·崔绍》："三冤家号泣不已，称崔绍非理相害。天王向绍言：'速开口与功德。'绍忙惧之中,都忘人间经佛名目,唯记得《佛顶尊胜经》,遂发愿,各与写经一卷。"《搜神记》卷十四:"父行,女以邻女于皮所戏,以足蹙之曰:'汝是畜生,而欲取人为妇耶! 招此屠剥,如何自苦!'言未及竟,马皮蹶然而起,卷女以行。邻女忙怕,不敢救之,走告其父。"《西游记》第三十回:"饮酒至二更时分,醉将上来,忍不住胡为,跳起身大笑一声,现了本相,陡发凶心,伸开簸箕大手,把一个弹琵琶的女子,抓将过来,挖咋的把头咬了一口。吓得那十七个宫娥,没命的前后乱跑乱藏,你看那——宫娥悚惧,彩女忙惊。"

结合语境,我们不难看出上述例句中的"忙惧""忙怕""忙惊"都是害怕、惊慌的意思。"忙惊"既为同义复词,因而可以倒序为"惊忙",敦煌文献《燕子赋》:"雀儿怕怖,悚惧恐惶;浑家大小,亦总惊忙。"唐孙元晏《甘宁斫营》诗:"夜深偷入魏军营,满寨惊忙火似星。"宋范成大《夏日田园杂兴》诗之十:"家人暗识船行处,时有惊忙小鸭飞。"这些句中的"惊忙"应当也都是害怕、惊慌的意思。当然,《木兰诗》中"火伴皆惊忙"的"惊忙"也当作此理解。

"惊忙"作惊慌解,还可从异文得到确证。我们知道,现在通行的《木兰诗》选自宋郭茂倩的《乐府诗集》。由于《木兰诗》在历史上的影响很大,不少古代诗歌选本都选入了这首诗,如宋蔡正孙《诗林广记》、明冯惟讷《古诗纪》、明陆时雍《古诗镜》、明高棅《唐诗品汇》、明钟惺《古诗归》等。其中《诗林广记》和《古诗纪》皆将"惊忙"录作"惊惶",当代学者逯钦立辑校的《先秦汉魏晋南北朝诗》和朱东润主编的《中国历代文学作品选》也据以定为"惊惶"。"惊惶"即惊慌之义,这可成为"惊忙"是惊慌义的旁证。另外,《全唐诗》收录了题为韦元甫所作的《木兰歌》,所述故事基本相同,其中与《木兰诗》"出门看火伴,火伴皆惊忙"内容类似的语句是:"今者见木兰,言声虽是颜貌殊。惊愕不敢前,叹息徒嘻吁。"此处的"惊愕"写出了木兰战友惊诧不已的状貌,与《木兰诗》中的"惊忙"恰相对照,亦可说明"惊忙"当作惊慌解释。

综上所述,无论从语词的词义发展,还是从诗歌的版本演变、文意的准确理解上来考量,将"惊忙"释为惊慌、慌乱都是最为妥帖恰切的。

(二)试用

诸葛亮《出师表》:"将军向宠,性行淑均,晓畅军事,试用于昔日,先帝称之曰能,是以众议举宠为督。"对"试用"一词,不少教材都未加注解,可能认为与今义无别吧。《中学文言文索引词典》的注解就颇有代表性:"在正式任用以前先任用考察一个时期。"对"试用于昔日"一句,中学教学参考书翻译为"从前试用他的时候",齐鲁书社出版的《古文观止今译》翻译为"从前曾试用过"。显然都是以今义的"试用"来理解《出师表》中的"试用"。这不正确。

那么,《出师表》中的"试用"应作何解释呢? 我以为应从"试"的古义入手来探求"试用"的正解。许慎《说文解字》:"试,用也。从言,式声。《虞书》曰:'明试以功。'"《尔雅·释言》:"试、式,用也。"邢昺疏:"皆任用也。"《礼记·缁衣》:"子曰:好贤如《缁衣》,恶恶如《巷伯》,则爵不渎而民作愿,刑不试而民咸服。"郑玄注:"试,用也。"《荀子·宥坐》:"是以威厉而不试,刑错而不用。"杨倞注:"试亦用也。"可见,"试"古有用、任用义,"试"和"用"连用往往构成同义复词,义为"任用"。例如,《墨子·尚同下》:"然无不赏使家君,试家君,发宪布令其家。"《汉书·东方朔传》:"朔上书陈农战强国之计,因自讼独不得大官,欲求试用。"《颜氏家训·涉务第十一》:"吾见世中文学之士,品藻古今,若指诸掌,及有试用,多无所堪。"宋苏轼《举赵德麟状》:"使其生于幽远,犹当擢用,而况近托肺腑,已蒙试用者乎!"《资治通鉴》卷二十九:"上令房上弟子晓知考功、课吏事者,欲试用之。"清平步青《霞外捃屑·论文下》:"至其登朝未久,试用不尽,则如范希文。"以上六例中的"试用",都是任用的意思。

同理,《出师表》"试用于昔日"的"试用"也应理解为"任用"。《汉语大词典》在"试用"这一词条下,即以"任用"解释《出师表》的"试用",亦可作为旁证。因此,《出师表》"试用于昔日"的"试用",各类文言文教材应加补注:任用。

据考证,"试用"表示正式任命前先任用考察一个时期(今之"试用"义),似从唐朝才开始。宋高承《事物纪原·官爵封建》:"《职林》曰:唐武后天授二年,凡举人无贤不肖,咸加擢拜,大置试官,则官之有试,自唐始也。"汉魏时表示试用的未正式任命的官员,一般用"守"或"试守"。例如,《汉书·鲍宣传》:"鲍宣字子都,渤海高城人也。好学明经,为县乡啬夫,守束州丞。"《汉书·朱云传》:"平陵朱云,兼资文武,忠正有智略,可使以六百石试守御史大夫,以尽其能。"唐宋开始也用"试官""试秩"等来表示。如《新五代史·杂传十六·李琪》:"琪所私吏当得试官。"《宋史·职官志十》:"试秩则大理司直、评事、秘书省校书郎。"

三、完善教材已有的注解

(一)悲摧

《孔雀东南飞》:"兰芝惭阿母:'儿实无罪过。'阿母大悲摧。"高中语文教材注释"悲摧":"悲痛。摧,伤心、断肠。"摧,今天的常用义是摧毁、摧折,作动词使用,故课文在解释"悲摧"为悲痛后,特意对"摧"字加以补充说明。教材编者的用意是帮助学生理解古今异义词"摧",但用"伤心、断肠"来解释,虽说不上错误,却颇不便学生理解和掌握,反而会增加学生的记忆负担。我们认为"悲摧"是一个同义复词,宜这样解释:"悲痛。摧,同'慀',悲痛。"

首先,"摧"同"慀",悲痛义。朱骏声《说文通训定声·手部》:"摧,字亦作慀。"《玉篇·心部》:"慀,悲伤也。"《广韵·灰韵》:"慀,伤也。"汉苏武《诗四首》其二:"长歌正激烈,中心怆以摧。""摧"与"怆"对举,显然是悲痛之义。唐李白《丁都护歌》:"一唱《都护歌》,心摧泪如雨。""心摧"即是心悲的意思,"摧"也是悲痛之义。其次,具有悲痛义的"摧"能够跟"悲"组合成同义复词"悲摧",《北史·列传第四十五·周宗室》:"至于岁时称庆,子孙在庭,顾视悲摧,心情断绝。"宋曾敏行《独醒杂志》卷一:"哀殒庭兰,悲摧舞鸾。"明文徵明《金宪伊先生感事诗叙》:"至于事变恩移,不能无悲摧感蘁之情,其事足慨也。"细研文意,可以发现这些句中的"悲摧"都是悲痛之义。因而《孔雀东南飞》"阿母大悲摧"的"悲摧"也当作此解释。值得一提的是,近年来"悲催"一词在网络上盛行,有人认为它是由短语"悲惨得催人泪下"缩略而成。这纯属牵强附会。实际上,"悲催"就是"悲摧"的误写,也就是通假现象,是汉语发展过程中记音不记形的自然体现。当然,网络词"悲催"的含义较古语词"悲摧"有所扩展变化,通常表示不称意、失败、伤心、悔恨等意思,带有一定的戏谑成分。

（二）岩阻

《隆中对》："将军既帝室之胄,信义著于四海,总揽英雄,思贤如渴,若跨有荆、益,保其岩阻,西和诸戎,南抚夷越,外结好孙权,内修政理。"初中语文教材注"岩阻"："险阻,指形势险要的地方。"此注并无错误,但为什么"岩阻"有险阻的意思,尤其是"岩阻"的"岩"是什么意思,可能不少师生都会感到困惑。

其实,这儿的"岩"也是险要、险阻的意思。《广韵·衔韵》："岩,险也。"希麟《续一切经音义》卷二"岩岫"注引《切韵》："岩,峰险也。"下面句中的"岩"都是险要义。《左传·隐公元年》："制,岩邑也,虢叔死焉。"《孟子·尽心上》："是故知命者,不立乎岩墙之下。"唐戴叔伦《听霜钟》诗："仿佛烟岚隔,依稀岩峤重。"都有险要义的"岩"和"阻"结合在一起时就构成了同义复词"岩阻",如三国魏曹植《鹖赋》："美遐坼之伟鸟,生太行之岩阻。"《新唐书·苑君璋传》："太原而南多岩阻,今束甲深入,无踵军,有失不可偿。"这两例中的"岩阻"就是险要或险要之地的意思,课文《隆中对》"保其岩阻"的"岩阻"亦当如此理解,故教材"岩阻"的注解宜改为："险阻。'岩'也是险阻的意思。"

现代汉语的
同义复词

第五节 "瑕疵"是微小的缺点吗？

——掌握同义复词有助于现代汉语的学习

一、有助于纠正《现代汉语词典》的释义错误

（一）瑕疵

《现代汉语词典》第7版1411页释"瑕疵"："名微小的缺点。"这个解释容易使读者误以为"瑕疵"是偏正结构,"瑕"是"微小的"意思,这不正确。

从词义上说,"瑕"本指玉的暗斑,即玉之疵病,《广韵·麻韵》："瑕,玉病也。"《礼记·聘礼》"瑕不掩瑜"郑玄注："瑕,玉之病也。"《诗经·豳风·狼跋》"德音不瑕"孔颖达疏："瑕者,玉之病也。"由此可引申为缺点和过错,《现代汉语词典》"瑕"字条下释曰："玉上面的斑点,比喻缺点。"可谓得之。"疵"本义是毛病,《尔雅·释诂下》："疵,病也。"亦可引申为缺点、过错。韩愈《读荀》："孔子删《诗》《书》,笔削《春秋》,合于道者著之,离于道者黜去之,故《诗》《书》《春秋》无疵。"这里的"无疵"就是指没有缺点,"疵"即缺点、错误之义。由于"瑕""疵"具有同义关系,因而可组成同义复词"瑕疵",如北齐颜之推《颜氏家训·省事》："或有劫持宰相瑕疵,而获酬谢。"唐白居易《同微之赠别郭虚舟炼师五十韵》："直躬易媒孽,浮俗多瑕疵。"宋王安石《思王逢原》："我善孰相我,孰知我瑕疵。"这些句中的"瑕疵"均是"缺点,过失"之义,而不是"微小的缺点"。

在古代文献中要表示"微小的缺点"之义,可说"小瑕",如《旧唐书·昭宗本纪》："勿以小瑕,遂妨大礼。"也可说"小疵",如《韩非子·大体》："不吹毛而求小疵,不洗垢而察难知。"也可说"小瑕疵",如宋王安石《美玉》诗："美玉小瑕疵,国工犹珍之。"甚至还可说"小小瑕疵",如元姚燧《留别奉御李侯》："拱璧巳云旷代珍,小小瑕疵何足指。""瑕""疵""瑕

疵"都能用"小""小小"加以修饰,说明其只是"缺点,过失"之义,而无"微小的"之义。

现代汉语的使用情况同样如此,请看:

[例5-54]如此成句,意思并不难明白,但似乎也存在着语法上的毛病;小瑕也……(《人民日报海外版》2004年10月15日第7版《诗性写作的脉迹》)

[例5-55]他释《赠邬其山》诗有小疵,据鲁迅手稿,第二句后应为冒号,不是逗号。(《人民日报海外版》2000年6月14日第10版《写,写,写,写到生命的尽头》)

[例5-56]2010年暑假,陈逸华在地铁做了一个多月的志愿者,细心的陈逸华常常针对地铁的一些小瑕疵,或填写意见卡,或去总服务台沟通意见。(《人民日报海外版》2011年6月17日第10版《广州仔陈逸华》)

[例5-57]当然,如果不是使用大型的等离子屏幕播放,这样的小小瑕疵也是很难察觉到的。(《江南时报》2002年9月16日第20版《DVD录像机时代来临》)

显然,古今相承、意义和用法始终不变是"瑕疵"一词的基本特点。不仅"瑕疵"一词如此,其同素倒序词"疵瑕"也是如此,汉王符《潜夫论·实贡》:"虚张高誉,强蔽疵瑕,以相诳耀。"清吴沃尧《二十年目睹之怪现状》第五十回:"这部书作得甚好,只这一点是他的疵瑕。"崔笑愚《联合国新课题:怎样与时俱进?》:"改革是为了更加合理与公正,公证对于联合国这个充满疵瑕却庞大重要的机构来说,是其生命力的源泉,也是它今后在全球范围内更好地履行其职责的保证。"(《国际金融报》2005年9月16日第15版)这些句中的"疵瑕",意思跟"瑕疵"一样,都是"缺点,过失"之义。这也是"瑕疵"为同义复词的旁证。

那么,两本词典在解释"瑕疵"时,为什么会将"微小的"这个限定语强加在中心词"缺点"之前呢?这或许是词条编写者在理解"瑕"字含义时产生了误解,以为"瑕"既然是玉上的斑点,那一定是"微小的",不是有"白璧微瑕""瑕不掩瑜"这类成语吗?岂不知"白璧微瑕"中已有"微"字表示"微小的"之义,用不着叠床架屋、画蛇添足地再在"瑕"字上赋予"微小的"含义,况且"瑕"字在古今词义的发展演变中也没有产生过"微小的"之义。因此,《现代汉语词典》"瑕疵"条当改释为"缺点,过失"。

(二)嗜好

《现代汉语词典》第7版1199页释"嗜好":"名特殊的爱好(多指不良的):他没有别的～,就喜欢喝点儿酒。"此释不够确切,容易使读者误以为"嗜好"是偏正结构,"嗜"是"特殊的"意思。说它释义不确,我们从下面的例子就可看出:

[例5-58]《十字架报》在名为《法国的嗜好》的社论中说,几十年以来,甚至几百年来,法国人对中东问题就有一种独特的嗜好,因此,中东问题既是国际问题,又是国内问题。(《人民日报》2000年3月5日第7版《若斯潘自中东返法后(综述)》)

[例5-59]我发现他们大多数人有一个特点,就是除了外交以外,他们自己还有特别的嗜好。(《人民日报》2009年3月8日第2版《就中国外交政策和对外关系答中外记者问》)

[例5-60]"没什么特殊保养,也没有特殊嗜好,就是不抽烟不喝酒,不去无限制地玩乐。"(《人民日报》2011年12月19日第20版《翟光明:找油六十年(关注·走近院士⑨)》)

如果"嗜好"是"特殊的爱好",试问上面例句中的"嗜好"前为何还要用"独特"、"特别"和"特殊"来修饰呢?这岂非叠床架屋、多此一举吗?其实,例句中"嗜好"的用法并无不妥,而是《现代汉语词典》对"嗜好"的解释有不妥之处。我们认为"嗜好"属于同义复词,宜释为"爱好,喜好"。

同义复词是两个意义相同的语素连在一起使用,表示一个完整的意义。下面我们从意义和结构两个方面来判定"嗜好"为同义复词。

从意义上考虑,要看其组成语素是否意义相同,是否共同表示一个完整的意义。"好"有爱好之义,当无异议。关键是"嗜"字,许慎《说文解字》:"嗜,嗜欲,喜之也。"汤可敬《说文解字今释》:"嗜,嗜欲,喜爱它。"可见"嗜"的本义为喜欢、爱好。《后汉书·党锢列传》:"孔子曰:'性相近也,习相远也。'言嗜恶之本同,而迁染之涂异也。"李贤注:"嗜,犹好也。"《大戴礼记·保傅》:"故择其所嗜,必先受业,乃得当之;择其所乐,必先有习,乃得为之。"王聘珍解诂:"嗜,好也。"李贤、王聘珍等人的注疏进一步明确了"嗜"的喜爱义。《汉语大字典》是目前最大最权威的字典,它也将喜爱、爱好义列为"嗜"的本义。

不仅古今字典和注疏收有"嗜"的喜爱义,历代文献中也不乏这样的用例。《诗经·小雅·楚茨》:"苾芬孝祀,神嗜饮食。"《管子·入国》:"问所欲,求所嗜。"宋梅尧臣《依韵和永叔劝饮酒莫吟诗杂言》:"我生无所嗜,唯嗜酒与诗。"清阮元《小沧浪笔谈》卷二:"工诗文书画,尤嗜金石。"这些例句中的"嗜"无疑都是喜爱的意思。

根据汉语构词的规律,"嗜"和"好"既然都有爱好的意思,就能组合成同义复词"嗜好"来表示爱好之义。《尹文子·大道下》:"夫佞辩者……探人之心、度人之欲、顺人之嗜好而不敢逆,纳人于邪恶而求其利。"晋葛洪《抱朴子·至理》:"岂能弃交修赊,抑遗嗜好,割目下之近欲,修难成之远功哉!"宋范仲淹《奏陕西河北攻守等策》:"盖汉多叛人,陷于穷漠,衣食嗜好,皆不如意。"这些句中的"嗜好"显然都是爱好、喜好的意思。

从结构上考虑,要看其组成语素是否属于并列关系。"嗜"与"好"具有相同的语素义,因而其组合后的结构方式一定属于并列式。《现代汉语词典》将"嗜好"释作"特殊的爱好",且不说"嗜"从无"特殊"之义,仅从构词方式上来看,就将"嗜好"误作了偏正式,明显不正确。其次,由于组成同义复词的两个语素意义相同,因而其词序往往可以颠倒,形成同素异序,且词性和意义都不会发生变化。"嗜好"既为同义复词,通常便可颠倒为"好嗜",表达的仍是爱好、喜好之义。如汉赵晔《吴越春秋》卷三:"专诸曰:'凡欲杀人君,必前求其所好。吴王何好?'(公子)光曰:'好味。'专诸曰:'何味所甘?'光曰:'好嗜鱼之炙也。'"清屈大均《广东新语·食语》:"粤地故多灵泉甘液,终年花果鲜美芬芳,而当时人民饶裕,户户为酒,争以奇异相高,故名贤迁谪至此,多好嗜之。"清李圭《鸦片事略》卷下:"英人于好嗜之物,更加征两倍,亦与赎刑遗意相近。"以上例句中的"好嗜"显然义同"嗜好",这是"嗜好"为同义复词的有力旁证。

综上所述,《现代汉语词典》"嗜好"条的释义当作相应修改:"爱好,喜好。"当然,"嗜好"的释义之所以有误,原因还在于编写者对"嗜"的误解,该词典将"嗜"释为"特别爱好",因而也须作相应的订正。

(三)淹留

《现代汉语词典》第 7 版 1504 页释"淹留":"〈书〉团长期逗留:～他乡。"

此释显然将"淹"理解成了"长期"的意思,即把"淹留"看作是偏正结构的词语,这从

《现代汉语词典》"淹"字义项④的解释亦可看出:"〈书〉久;迟延:～留。"

"淹"的久义,古已有之。《尔雅·释诂》:"淹,久也。"《左传·僖公三十三年》:"敝邑为从者之淹。"杜预注:"淹,久也。"《公羊传·宣公十二年》:"王师淹病矣,君请勿许也。"何休注:"淹,久矣。"南朝梁江淹《去故乡赋》:"横羽觞而淹望,抚玉琴兮何亲?"当"淹"为久义时,可与"病""疾""望""困"等语素组成"淹病""淹疾""淹望""淹困"等偏正结构的词语,但当跟"留""泊""驻""系"等语素组合时,其意义则是停留、逗留,检《汉语大词典》"淹留""淹泊""淹驻""淹系"等并列结构的词条即可知晓。这跟同义复词的组词原则有关。当两个意义相同的语素组合在一起时,就构成了同义复词,其目的是凸显词义。"淹留"一词即如此,其中的"淹"义同"留","淹留"属于同义复词。那么"淹"有动词逗留义吗?古代文献给予了肯定的回答。《集韵》:"淹,留也。"《左传·宣公十二年》:"将郑是训定,岂敢求罪于晋,二三子无淹久。"杜预注:"淹,留也。"《楚辞·离骚》:"日月忽其不淹兮,春与秋其代序。"南朝宋颜延之《秋胡行》:"高节难久淹,揭来空复辞。"唐孟浩然《口号赠王九》:"日暮田家远,山中勿久淹。"清冒襄《影梅庵忆语》:"客春三月,欲长去盐官,访患难相恤诸友。至邗上,为同社所淹。"这些句子中的"淹"都是逗留之义。

现代汉语对"淹留"一词的理解和使用跟古汉语毫无二致。

[例5-61](1)相传南宋嘉定十七年(1224年),宁宗之子理宗自邵州诣京师(杭州)继位过此,忽遇石门潭伏涨,淹留竟日,故名小淹。(《人民日报海外版》2014年8月23日《从"建玲"看安化黑茶的前世今生》)

[例5-62]戏台上的一招一式,一问一答,都在这叙述中风神凸现,一个与勇猛、憨直相伴的善良而可爱的形象便永远地淹留在读者的心中了。(《读书》1990年第5期《"读"京剧》)

[例5-63]但也有些人,穷得不名一钱,以借贷做工度日;或家庭像醒秋一般多故,函电纷驰的叫他们回去,他们还是一再淹留;即勉强言归,而三宿空桑,犹有余恋,这又是什么缘故呢?(苏雪林《棘心》,北京燕山出版社1998年第1版)

[例5-61]中的"淹留竟日"是滞留终日的意思,如果将"淹留"解释为"长期逗留",显然不能跟"竟日"搭配。[例5-62]、[例5-63]中的"淹留"一词前用了"永远地""一再"加以限制,若"淹留"是"长期逗留"的话,岂非叠床架屋?从这些现代汉语用例可看出,"淹留"在人们的交际过程中是作为"逗留""停留"之义来使用的。

因此,我们认为《现代汉语词典》"淹留"的释义宜改为"逗留"。

二、有助于纠正《中国成语大辞典》的释义错误

(一)恶贯满盈

《中国成语大辞典》311页释"恶贯满盈":"贯:钱串。盈:满。谓罪恶累累,就像钱串已满,末日亦到……"此释将"恶贯满盈"的"贯"释作"钱串",《汉语成语辞海》《中华成语大词典》等不少语文工具书也作同样解释,但都不够确切,有必要进行辨析考订。

先说"恶贯"。"恶"是罪恶的意思,当无异议。"贯"是什么意思呢?几本成语词典都理解为"钱串",即"古代穿铜钱的绳子",大误。"贯"固然有钱串义,如陆游《太息》:"百

钱斗米无人要,贯朽何时发积藏?"但在"恶贯满盈"一语中,则是"罪恶"的意思。《韩非子·说林下》:"有与悍者邻,欲卖宅而避之。人曰:'是其贯将满矣,子姑待之。'答曰:'吾恐其以我满贯也。'遂去之。"陈奇猷集释:"《书·泰誓》'商罪贯盈',谓商罪满盈也。引申之,则凡罪恶满皆谓之贯,再引申之,则凡罪恶皆曰贯。"陈奇猷指出了"贯"之罪恶义的由来。下面这句话中的"贯"也是罪恶的意思。《左传·宣公六年》:"使疾其民,以盈其贯,将可殪也。"正因为"贯"有罪恶义,故可跟同义语素"罪""恶"等构成同义复词"罪贯""贯恶""恶贯",表示罪恶之义。"罪贯"的语例有《大金吊伐录》卷四:"悲衔去国,计莫逃天,虽云忍致其刑章,无奈已盈于罪贯,更欲与赦,其如理何?"《王阳明全集·顺生录之三》:"今其罪贯既盈,神怒人怨;数月之间,克遂奸殄;雪百姓之冤愤,解地方之倒悬。"孟称舜《死里逃生》第三折:"恶僧罪贯已满,杨生难运已过。""贯恶"的语例,如宋杨亿《君可思赋》:"俟贯恶之既盈,将幽神而共弃。"《水浒传》第四十六回:"怎禁贯恶满盈,玷辱诸多和尚。"清吴俊《过石湾感上年捕大盗何德广事》诗:"人心愤贯恶,天道怜氓蚩。""恶贯"的语例,如《旧唐书·崔融列传》:"独有默啜,假息孤恩,恶贯祸盈,覆亡不暇。"《二刻拍案惊奇》卷二十:"某家惯做歹事,恶贯已盈,神不开报,以致尚享福泽。"清纪昀《阅微草堂笔记》卷十:"善根在者转生矣,恶贯盈者堕狱矣。"可见,"恶贯满盈"的"恶贯"属于同义复词,"贯"是罪恶的意思,上述成语词典以"钱串"来解释"恶贯满盈"的"贯",脱离了语词的构词背景,显然是错误的。

再来看"满盈"。"满"有充满、充足之义,当无疑义。"盈"义同"满",也是充满、充足之义。《广韵·清韵》:"盈,满也。"《诗·召南·鹊巢》:"维鹊有巢,维鸠盈之。"《毛传》:"盈,满也。"《诗·小雅·蓼莪》:"瓶之罄矣,维罍之耻。"郑玄注:"瓶小而尽,罍大而盈。"孔颖达疏:"盈者,满也。"《书·泰誓上》:"商罪贯盈,天命诛之。"蔡沈集传:"盈,满也。""满"和"盈"既然具有同义关系,故能组合成同义复词"满盈",汉刘向《说苑》卷一:"宋大水,鲁人吊之曰:'天降淫雨,溪谷满盈,延及君地,以忧执政,使臣敬吊。'"《旧五代史·晋书·高祖纪第二》:"伪廷贼臣张延朗、刘延皓、刘延朗等,并奸邪害物,贪猥弄权,罪既满盈,理难容贷。"元赵孟頫《题耕织图二十四首懿旨撰》诗之十四:"仲春冻初解,阳气方满盈。""满盈"的倒序词为"盈满",自然也属于同义复词,《后汉书·方术传上·折像》:"吾门户殖财日久,盈满之咎,道家所忌。"岳飞《辞例赐银绢札子》:"伏望圣慈,俯垂睿照,收还所锡银绢,庶使稍安分量,不至盈满。"袁枚《随园随笔·诸史》:"道家戒盈满,祸或不免,然司空功名盖世,如死得所,亦不相负。"这是"满盈"为同义复词的旁证。《中国成语大辞典》若能在指出"盈"的满义基础上指明"满盈"是同义复词,或许更便于读者的理解和掌握。

综上所述,"恶贯满盈"的解释宜改为"罪恶累累,形容罪大恶极(恶贯:罪恶,'贯'也是罪恶的意思。满盈:充满,'盈'也是充满的意思)"。所谓"末日亦到"之语显系蛇足,当可删去。

(二)豁达大度

《中国成语大辞典》560页释"豁达大度":"豁达:性格开朗。大度:气量大。形容胸怀宽宏,能容人。晋潘岳《西征赋》:'观夫汉高之兴也,非徒聪明神武,豁达大度而已也。'唐陈子昂《申宗人冤狱书》:'陛下豁达大度,至圣宽仁,观于汉祖,固已远矣,龌龊小吏,何足为陛下深责哉。'元明杂剧《骗英布》第三折：'俺主公豁达大度,海量宽洪,纳谏如流,有尧舜禹汤之德。'"此释将"豁达大度"的"豁达"解释为"性格开朗",作相同解释的还有《汉语成语辞海》《中华成语大词典》《成语源流大词典》等。

《中国成语大辞典》的三则书证均以"豁达大度"来形容最高统治者,若将"豁达"理解为"性格开朗",明显不符合文义。况且传统文献中也找不到"豁达"表示"性格开朗"的例证。其实,"豁达"当为同义复词,义为"气量大、胸襟开阔"。《玉篇·谷部》:"豁,大肚量也。"《广韵·末韵》:"豁,豁达。"《史记·高祖本纪》:"仁而爱人,喜施,意豁如也。"南朝宋裴骃《史记集解》引汉服虔曰:"豁,达也。"至于"达"的"气量大"义,辞书已载,不再赘述。"豁达"一词,除可表示通敞、通脱、通达晓畅、规模宏大等意义外,其常用义是"气量大、胸襟开阔",如唐高适《崔司录宅燕大理李卿》诗:"豁达常推海内贤,殷勤但酌樽中酒。"北宋司马光《涑水记闻》卷一:"太祖聪明豁达,知人善任。"清纪昀《阅微草堂笔记》卷八:"初,里人某货郎,逋先祖多金不偿,且出负心语。先祖性豁达,一笑而已。"因此,《中国成语大辞典》等工具书有关"豁达"的释义当作修正。

（三）捱打挝揉

《中国成语大辞典》478页释"捱打挝揉":"捱:批,打。挝:击。揉:抚搓。比喻手段毒辣,忽软忽硬,恐吓欺骗。元秦简夫《东堂老》一折:'那里面藏圈套,都是些绵中刺笑里刀,哪一个出得他捱打挝揉?'"将"挝"释为"击","揉"释为"抚搓",认为"捱打挝揉"一词中含有"忽软忽硬,恐吓欺骗"之义,不确。

我们认为,在"捱打挝揉"一语中,"捱打"是同义复词,义为击打。《中国成语大辞典》将"捱"释为"批,打",跟我们的理解相同。而"挝揉"一词也应理解为同义复词,义为抓挠。首先,"挝"虽然有击打之义,但在"挝揉"一语中,"挝"义同"抓"。元佚名《看钱奴》第一折:"那一片贪财心没乱煞,则他油锅内见钱也去挝。"《西游记》第四十六回:"那大圣径至杀场里面,被刽子手挝住了,捆作一团。"《儒林外史》第十六回:"挝着了这一件,掉了那一件。"其中的"挝"都是抓的意思,今之《汉语大字典》《汉语大词典》都收有此义项。其次,"挝揉"的"揉"并非"抚搓"义,而是同"挠",抓挠的意思。《集韵·有韵》:"揉,挠之也。"元王子一《刘晨阮肇误入桃源》第四折:"一会价心痒难揉。"明臧晋叔音释:"揉,与挠同。"再次,既然"挝揉"的"挝"和"揉"都有抓挠之义,因而可以组合成同义复词"挝揉"。元刘庭信《折桂令·忆别》:"昨日在黄腊梅家挝揉的你见血,前日在白牡丹家捱打的你热瘸。"元末明初贾仲明《荆楚臣重对玉梳记》第一折:"若不是三年乳哺十月怀耽,也曾受过的苦辛,敢将你扯拽衣袂,挝揉皮肉,揪揪头鬃。"通过上下文的分析,可知这两例中的"挝揉"都应是抓挠的意思,《汉语大词典》即以"抓;抓挠"释《荆楚臣重对玉梳记》的"挝揉"。王学奇、王静竹《宋金元明清曲辞通释》曰:"挝挠,意谓手抓指掐、揪扯厮打。一作'挝揉'……亦作'抓挠',如梁斌《播火记》六:'春兰见冯焕堂用饭碗砍破了爸爸,把身子一纵,跳过去抓挠冯焕堂。'按:挝与抓、挠与揉,音义并同。"可谓得之。

三、有助于进一步拓展自己的知识面

掌握同义复词,不仅有利于我们的专业学习,而且有助于我们进一步拓展自己的知

识面。

　　例如有个传统名菜叫"糖醋里脊",有的写作"糖醋里肌"。其实,"里脊"和"里肌"的写法都容易让人产生误解,以为是指猪里面的脊骨肉或猪里面的肌肉。显然,这很荒唐。正确的写法应该是"吕脊"。为什么呢?《说文解字》曰:"吕:脊骨也,象形。"也就是说,"吕脊"的"吕"和"脊"是意思相同的两个语素,"吕脊"是个同义复词,意谓脊骨。"糖醋吕脊"是用猪身上靠近脊骨处的肉为主料,配以糖、醋、淀粉等佐料烹制而成的一道菜。对我们今天的人来说,"吕"的脊骨义是个生僻的古义,但有座叫"吕梁山"的山名中还保留着此义。《汾州府志·山川》:"吕梁山,一名骨脊山……此山穹窿居中,为天地之骨脊。"可见,"吕梁山"的"吕"就是脊骨的意思。又如今天传媒中经常出现"赓续千年文脉,绽放文化光彩""用好财政资金,增进民生福祉"等语句,其中的书面语"赓续"的"赓","福祉"的"祉"可能有些人不会读、不敢读,但如果掌握了同义复词的构词方式和特点,就能大致推出"赓"跟"续"的含义一样,"祉"跟"福"的含义一样,"赓续"就是延续的意思,"福祉"就是幸福的意思。再如,"茗"有茶的意思,"品茗"就是品茶的意思,亦即"茗"和"茶"的语素义是相同的,因而可以组合成同义复词"茶茗",早在唐代陆羽的《茶经》里已经出现了这个词,如:"此甘露也,何言茶茗?"现代汉语里,"茶茗"一词仍在使用,诸如"茶茗芬芳""生态茶茗""亚太茶茗大奖"等。根据同义复词的两个语素往往可以颠倒的特点,我们也可以将"茶茗"说成"茗茶",亦即再造一个新词,以丰富汉语的词汇量。

▶ 小结

　　汉语是我们中国人的母语,也是世界上最有魅力的语言之一。如果把汉语比作是一棵枝繁叶茂、硕果累累的参天大树,那么语音、文字、词汇、语法、修辞就好比是粗壮结实的枝条,上面结满了一个个硕大的果子。同义复词就是词汇之枝上一颗闪烁迷人色彩的奇异果。学习同义复词的有关知识,不仅有助于我们正确掌握古今汉语的词义,还有助于积累和扩大汉语词汇,进一步提高汉语言文字的素养。

📄 第五章思考与练习

第一节 你到底想说什么？

——语用学与语用推理

📷语用学与
语用推理

一、语用学的产生

在交际中,我们常常会遇到一个人听不懂另一个人的话,追问对方:"你到底想说什么?"听不懂一般不会是听不懂句子的字面意思,而是抓不住说话人的实际意图,也就是我们通常说的言外之意,言外之意既然在"言外",就不是光知道词和句的意思就行,还需要凭借一定的交际常识才能理解得了,而这就是语用学的研究对象了。

语用学在语言学学科中是很年轻的一员。最早提出 pragmatics(语用学)这个概念的是美国哲学家查尔斯·莫里斯(以下简称莫里斯),他在 1938 年出版的《符号理论基础》一书中,指出符号具有 3 种关系,分别是:

符号与符号相互间的关系;

符号与其所指的事物的关系;

符号与符号使用者的关系。

语言是最重要的符号系统,研究语言当然也要研究这 3 种关系,对语言符号的这 3 种关系的研究相应地形成了 3 门科学,即

句法学(syntactics):研究语言符号与语言中其他符号的关系;

语义学(semantics):研究语言符号与其所指的事物的关系;

语用学(pragmatics):研究语言符号与使用符号的人的关系。

不过,虽然莫里斯很早就提出"语用学"这个概念,但之后语用学并没有什么实质性的进展,语用学作为一门学科一般是从 1955 年英国哲学家约翰·兰肖·奥斯汀提出第一个语用学理论"言语行为"理论后算起的。而语用学成为语言学的一门独立学科则通常以 1977 年《语用学杂志》(*Journal of Pragmatics*)的正式出版作为标志。

二、什么是语用学?

莫里斯在解释怎么造出"pragmatics"这个词时说过,pragmatics 这个词是参照 pragmatism(实用主义)造出来的,但"语用学"并不是"语言实用学",而是研究语言在实际的交际语境中如何使用又为什么这样用的学科,即"语言使用学"。简单地说,语用学就是研究语言运用的学科。现代语言学肇始于费迪南·德·索绪尔(以下简称索绪尔)的《普通语言学教程》,在很长一段时间里,索绪尔及其后的语言学家都更关注对语言本身结构

的研究,而对语言使用的研究则被归入修辞学的范畴,排除在了语言研究之外。传统的结构主义研究关注语言内部抽象的句法规则,对语义,尤其是与语言使用环境相关的语义研究比较忽视;语用学则强调语言外部的各种因素,比如语境、社会伦理规约等对语言表达的制约作用。比如说"我觉得有点儿热"这句话,从结构主义语法学的角度研究,通常会分析其中的词语相互之间是一种什么句法关系,比如"我"是这句话的主语,"觉得有点儿热"是谓语;这个谓语又是一个动宾结构,由"觉得"和"有点儿热"构成;宾语"有点儿热"是一个状中结构,由状语"有点儿"和中心语"热"构成。当然,也可以从别的角度研究符号之间的关系,比如"我"是一个代词,在功能上与其他人称代词及一些名词相当,因而"我"也可以替换成其他人称代词或名词,如"他""李老师""大象"等。从语义学角度来看这句话,"我"指代的对象是说话者本身,"觉得"指代产出某种感觉的感官活动,"有点儿"指代行为或性状不高的程度,"热"指代温度偏高的感觉。这些都是传统语言学研究的重要内容。而如果从语用学的角度研究这句话,会关注说这句话的人有什么意图,也就是他/她说这句话想达到什么效果?听话人能不能接收到他/她的这个意图?听话人又是如何接收到说话人这一意图的?就"我觉得有点儿热"这句话而言,说话人说这句话可能是希望对方能打开空调,不过他/她为什么不直接说"希望你把空调打开"而要说自己觉得热呢?更有意思的是,听话人一般都能接收到这层意思,听到这句话后都会反应过来说:"那我把空调打开吧!"那么,听话人又是怎么从"我觉得有点儿热"这个句子的字面意义(即"我感觉现在的环境温度有点儿偏高")推导出隐藏其中的言外之意(即"请你把空调打开")呢?学习了语用学的知识就可以帮助我们解除这些疑惑,了解我们在言谈交际中是如何进行推理的,从而知道对方的话语意图。在这之前,我们还得了解有关推理的相关知识,知道语用推理和一般的逻辑推理有什么区别。

三、语用推理与逻辑推理

我们讲的"逻辑推理"指普通逻辑学研究的推理,这种逻辑关注前提和结论的真实性,比如"所有的人都会死,苏格拉底是人,所以苏格拉底会死",这就是传统逻辑的"三段论":如果大前提 A 为真,如果小前提 B 为真,那么可推导出结论 C 为真。再比如"如果喝了酒,她的脸会红",如果用蕴涵关系来推导,那么在喝了酒的情况下,她的脸固然会红;但如果没喝酒,在其他情况下,比如炎热、害羞等,她也可能会脸红。这种关系可以描述为:如果 A 为真,那么 B 也为真;如果 A 为假,B 仍可能为真。

形式逻辑所讨论的推理,实际上是撇开具体语境而进行的语义间的转化,这种转化是以真值条件来衡量其有效性的。不过,在言语交际中,人们叙述事件之间的关系时,却并不总是遵循逻辑推理的程序,试比较:

[例 6-1] 如果天下雨,地上会湿。昨晚下了雨,所以地上都湿了。

如果天下雨,地上会湿。地上都湿了,所以昨晚下雨了。

从事理关系看,"天下雨,地上会湿"是大前提,"昨晚下了雨"是小前提,那么"地上都湿了"就是结论,所以第一句话是最合乎逻辑关系的表述。但在现实生活中,类似第二句这样的表述也很常见,人们不会觉得这样说话有什么不通的地方。可见话语的理解有时候不能用普通逻辑的规则去套它。再比如我们刚才讲到常用于表示蕴涵关系的"如果 A,

那么 B"格式,"如果张三去,那李四也去"这个句子,按照传统逻辑的观点,若现实情况是张三去了,李四也去了,这句话就为真;若现实情况是张三没去,李四也去了,这句话仍可以算是真的。但我们听到这句话最直观的理解就是"张三去,李四也会去;张三不去,李四也不去",如果张三没去,李四仍去了,我们会觉得这句话是在骗人,是假话。可见,实际的言谈交际中还有很多交际原则在背后起作用。仍以上面的句子为例,虽然"如果张三去,那李四也去"从普通逻辑的角度看与"张三不去,李四还是去"的情形不冲突,但如果说话人想要表达这个意思,就非得完整地说"如果张三去,那李四也去;如果张三不去,李四还是去",也就是说,如果不把句子完整的说出来,听话人就会得出"张三不去,李四也不去"的结论。由此可见,逻辑推理与交际中的语用推理存在一个重要的差别。

一方面,很多时候虽然逻辑推理的结论也成立,但人们在理解时总是按照语用推理的结论来理解话语。比如我们会从"如果张三去,那李四也去"推出"张三不去,李四也不去。"

另一方面,虽然人们通常按照语用原则来理解话语,但如果需要按照逻辑推理来理解话语,那么语用推理的结论也可以被取消掉。比如也可以说"如果张三去,那李四也去;如果张三不去,李四还是去"。

语用推理与普通逻辑的推理不一样,它还受到很多交际因素的影响,常常会得出与普通逻辑推理不一样的结论。这是二者的第一个不同点。

语用推理与普通逻辑推理的另一个不同点,表现在普通逻辑只关注命题的真假,以此为基础进行逻辑演算,它不关心命题之外的东西,当然也不会考虑听话人和说话人的身份,话语产生的语境等这些知识。语用推理则非常依赖语境,言说双方的身份地位、说话时的时间地点等这些都为推理提供背景信息,构成推理成功不可缺少的部分。比如:

[例 6-2]甲:牛奶? 咖啡?

　　　　乙:要提神的。

这里可以根据两种饮料的效果来推导出乙的选择,是逻辑推理。

[例 6-3]甲:要不要来点儿咖啡?

　　　　乙:我喝了咖啡半夜都不困。

在这个例子中,乙说这个话到底是要咖啡还是不要咖啡,我们没有办法根据普通逻辑的推理推导出来,因为乙到底要不要咖啡,得联系甲乙二人的说话背景来判断。如果背景是乙不希望晚睡,那么这个就是拒绝;如果背景是乙需要熬夜完成任务,那么这个就是同意。

这里的推导过程是:

乙想要早睡,咖啡的提神效果会阻碍早睡,所以乙不想喝咖啡,因而他对甲喝咖啡的邀请是拒绝的。

乙想要熬夜,咖啡的提神效果能帮助熬夜,所以乙想要喝咖啡,因而他对甲喝咖啡的邀请是接受的。

普通逻辑学的推理只从命题的意义出发进行推导,不会考虑语境的影响,因而要解决上面的问题会比较麻烦,但从语用学角度来看,如果把语境也作为一个影响结论的前提考虑进去就很好解释了。虽然对话语实际意图的解读要以对话语字面意义的理解作为基础,但接下来的确定指称、排除歧解、识别话语意图等都必须依靠语用推理,因而光知道命题的逻辑关系是不一定能顺利完成交际的。在交际中,有些逻辑推理没有办法处理或处理起来很复杂的话语,用语用推理可以比较方便地得到解释。比如:

[例6-4]张三的哥哥考上了公务员。

从逻辑学角度来看,如果张三的哥哥在现实中确实考上了公务员,那么"张三的哥哥考上了公务员"这个命题就为真,如果张三的哥哥在现实中没有考上公务员,那么可以推出"张三的哥哥考上了公务员"这个命题为假。不管是真是假,这个句子都有一个前提,就是"张三有哥哥",这种前提在语用学中一般称为"预设"。如果张三根本就没有哥哥,这个预设就取消了,那么"张三的哥哥考上了公务员"这句话到底是真还是假呢? 有人会说张三没有哥哥,这句话当然是假的了,问题在于,如果说这句话是假的,那么它的反命题即"张三的哥哥没考上公务员"就为真,可是张三没有哥哥,这句话也不能说它是真的,所以这里就出现了一个不真不假的灰色地带了。而如果从语用学角度看,就不会关注真和假的问题,而是"张三的哥哥"这个表述恰不恰当,是否违反了语用原则的问题,很明显,如果张三没有哥哥,"张三的哥哥"这个表述就是不恰当的,违反了我们下面要谈到的合作原则,因而要么就会推导出某种言外之意,要么就会导致交际的失败。

通过上面的分析,我们可以看到,语用推理和逻辑推理存在很多区别,而在言谈交际中实际起作用的往往是语用推理,因而要了解人们理解和使用语言的秘密,就应该掌握一点语用学的知识。

合作原则与
会话含义

第二节 为什么说不通?
——合作原则与会话含义

一、两种现象

在日常生活中,我们听到"跟你没法说通"这样的话时,一般会是两种情况:一是相互不理解对方的话;二是一方不愿意将话题进行下去,有意截断话题,比如上面的例子。第二种情况就属于我们今天要谈到的不愿遵守合作原则的情形。前面讲到,交际理解不是一个单纯的逻辑推导问题,还会涉及很多语用因素,因而会话中往往会出现表面看答非所问,实际交际却很顺畅的情况,我们来看一个现实生活中常常遇到的例子:

[例6-5]顾客:能不能给我两瓶矿泉水?
   　　售货员:好的!

买东西时,我们常常会使用"能不能给我……"这样的话。从问句形式看,我问的是"能不能",按理回答得是"能"或者"不能"。比如你受伤了,别人问你"能不能站起来",你肯定要回答"能"或"不能"。但是买东西时面对这样的问题,售货员往往不需要回答,把东西给你就算是成功地完成了交际。即便回答了,也不会回答"能/不能",而是用一个"好的"就能满足你的要求。为什么会这样呢? 大家肯定会说:"因为根本不需要回答呀,我又不是真的问他/她'能不能',我只是请他/她给我这样东西而已。"所以,我们问"能不能给我某样东西"的时候,其实并不是真的在问对方有没有这个能力,而是表达"请给我某样东西"这个意思,那么这里就有两个问题:一是为什么"能不能给我某样东西"可以表达"请给我某样东西"的意思? 二是为什么很多人喜欢用"能不能给我某样东西"而不用"请给我某样东西"? 要解决这个问题,就需要考察人们在交际时是如何通过表面上不相关的形式来表达更深一层的交际目的,而最早比较好地解决了这个问题的,是语用学的"合作原则"。

二、合作原则及其准则

"合作原则"是美国语言哲学家保罗·格莱斯在 1975 年提出的,它是指在交际过程中,交际的参与者要根据交流的意图和交流的环境采取相互合作的态度。合作原则具体体现为 4 条准则:

量的准则(the maxim of quantity);

质的准则(the maxim of quality);

相关准则(the maxim of relevance);

方式准则(the maxim of manner)。

我们逐条来看一下这些准则。

(一)量的准则

"量的准则"是指说话人所提供的信息应满足交际所需,但不要超出交际所需,比如:

[例 6-6]甲:你今天早上吃了什么?

乙:豆浆油条。

这是正常的交际,乙的回答提供的信息不多不少,正是甲需要知道的。如果对话变成这样:

[例 6-7]甲:你今天早上吃了什么?

乙:早饭。

这时乙的话你不能说他说得不对,但是他没有提供足够的信息,因而算是一次失败的交际。

[例 6-8]甲:你今天早上吃了什么?

乙:300 毫升豆浆剩下约 5 毫升在碗底,200 克油条手上留下了约 10 毫克油。

第二个例子则提供了过量的信息,也不是一次成功的交际。

(二)质的准则

"质的准则"是指提供的信息要是真实的,即要说真话,不说假话和无根据的话。比如:

[例 6-9]①地球绕着太阳转。

②太阳绕着地球转。

[例 6-9]①是有科学根据的话,[例 6-9]②则是无根据的话,[例 6-9]②违反了质的准则。"说真话"在交际中被认为是最重要的一点,故意说假话或无证据的话,不仅会造成交际的失败,而且常常会被看作是不道德的一种表现。

(三)相关准则

"相关准则"是指要说跟话题有关的话,不说无关的话。比如:

[例6-10]甲:听说他老婆是个哑巴?

　　　　乙:不是的,只是不爱说话而已。

[例6-11]甲:听说他老婆是个哑巴?

　　　　乙:今天天气不错呀,哈哈。

[例6-10]中两人的谈话围绕一个共同的话题展开,因而二人的话语是密切相关的;[例6-11]中乙却绕开甲的话题去谈一件完全没有关联的事情,这是违反了相关准则。不过,类似[例6-11]这种谈话在现实生活中其实并不少见,其原因就涉及我们下面要谈的会话含义了。

(四)方式准则

"方式准则"是指说话要清楚明了,不能有歧义,要简洁而有条理。比如:

[例6-12]甲:我们南方人常常分不清"ci饭"还是"chi饭"。

　　　　乙:其实很简单,读chi的时候要把舌尖翘起来。

[例6-13]甲:我们南方人常常分不清"ci饭"还是"chi饭"。

　　　　乙:其实很简单,chi的声母是一个舌尖后送气的清塞擦音。

[例6-12]是一段正常的对话,乙的回答虽然简单但清楚明白;[例6-13]中乙的话也说不上不对,但是一般人听不懂,因为其表述采用的是语音学的术语,对一般人而言不够通俗易懂,表达方式不对,违反了方式准则。

三、故意违反合作原则与会话含义

既然合作原则这么重要,按我们的想法,大家肯定都是会严格遵守的吧。其实不然,在我们现实交际中,有很多故意违反合作原则不同准则的例子。比如:

[例6-14]甲:他是哪里人?

　　　　乙:北方哪个省吧。

这个例子违反了量的准则,在交际活动中,人们并不总是能提供所谈事情的确切信息,如果你不确定某个事实,又得保证你仍是合作的态度,就经常会通过违反量的准则来保证质的准则。而在保证双方合作的前提下,听话人也会很自然地推导出你可能不太清楚确切的事实,没有办法提供明确的答案。

可见,如果说话人故意违反某个准则,并且让听话人也意识到他/她在违反它,那说明说话人是想向对方传达一个信息,即在说话人所说的话之外,还有一层别的意思,这另一层意思往往才是他/她真正想要表达的东西。再如:

[例6-15]刚才那场大雨把他们都淋成了落汤鸡。

这个句子里的"落汤鸡"很明显违反了真实性准则,他们是人而不是鸡,但句子却传达了"他们就像落汤之鸡那样狼狈"的言外之意,这就比单纯叙写现实情况"大雨把他们都淋湿了"更加能够描摹出他们淋湿后的种种情状。

[例6-16]甲:能不能借我点钱?

　　　　乙:哎呀,我赶不上地铁了。我们回头再聊!

这是故意违反关系准则,说一些跟当下话题不相关的话,很多时候为了转移话题或避免尴尬,人们会选择这种表达手段来传达"我不想谈论这个事情"的言外之意。

[例 6-17]看到自己的行为被发现了,他赶紧把脸红了一红。

这是故意违反方式准则,像这样的句子,我们常规的表述方式是"他的脸马上红了",但是这里说话人采用了一种比较反常的表述方式"赶紧把脸红了一红",意思是"他脸红"不是正常的脸红,正常的脸红是说话人觉得羞愧不由自主地红,而用"把"字句,意味着他是自己控制自己的脸,让它红起来,副词"赶紧"也传达了自己控制的意思,整个句子表达出这样一种意味:他并不是发自内心地感到羞惭,而是假装自己不好意思了。

在言语交际中,由于种种原因,人们常会违反合作原则的某条或某些准则,当说话人违反这些准则时,听话人如果判断说话人仍是合作的态度,就需要透过话语的字面意义去推断出说话人的言外之意。我们把这种说话人故意违反某个准则所产生的言外之意称为"会话含义"。字面意义与会话含义最大的区别在于能否被取消,比如听到"老张有三个孩子"这句话我们很自然会判断孩子是老张亲生的,但我们可以在后面加上一个小句变成"老张有三个孩子,都是领养的",这就把前面的会话含义给取消掉了。字面意义是无法取消的,比如"他养了几条金鱼"包含了"他养了鱼"这样的字面意义,但是无法像刚才的句子一样通过添加小句取消,比如我们不能说"他养了几条金鱼,但他没养鱼"。

四、会话含义的类别

有些会话含义不需要特殊语境因素的参与,只看句子本身就能推出来,比如从"老张有三个孩子"得出"孩子是老张亲生的"不需要借助什么具体语境信息;而有些会话含义则非常依赖语境,比如"孩子就是孩子",我们需要依据其说出的语境才能知道是指"孩子都很爱玩""孩子都不懂事"还是"孩子都很可爱"等意思。根据是否需要特殊语境或特别场景,语用学家把会话含义分为"一般会话含义"和"特殊会话含义"两类。

一般会话含义是词句在通常情况下所具备的意义,因而对具体语境的要求较低,比如:

[例 6-18]　　　句子　　　　　　　　　　　一般会话含义

　　老张有三个孩子。　　　→　　　孩子是老张亲生的。

　　我不小心割伤了手指头。　→　　　割伤的是我自己的手指头。

　　这条鱼有三斤重。　　　→　　　这条鱼只有三斤。

[例 6-18]中箭头后面的意义都可以直接从前面的句子得出,除非添加特殊的语境信息才会被取消或得出其他的解读,因而也被称为是一种"默认解读"。与之相比,特殊会话含义无法直接从句子中得出,我们上面举的违反合作原则各准则的例子,其包含的会话含义基本都是特殊会话含义,我们再看一个例子:

[例 6-19]他是一架轰炸机。

这个句子如果没有语境补充无法确知是描述"他"的什么品质,是褒是贬,需要补充一定的上下文才能理解其真实含义,例如:

[例 6-20]群众说这两个人是官商勾结,陶青出红头文件,李光头出钱出力,从东到西一条街一条街地拆了过去,把我们古老的刘镇拆得面目全非。整整五年时间,我们刘镇从早到晚都是尘土飞扬,群众纷纷抱怨,说吸到肺里的尘土比氧气还多,脖子上沾着的尘土

比围巾还厚;说这个李光头就是一架 B-52 轰炸机,对我们美丽的刘镇进行地毯式轰炸。(余华《兄弟》)

[例 6-20]中的"这个李光头就是一架 B-52 轰炸机"联系上下文才能知道说的是李光头拆房子的破坏行为威力巨大堪比轰炸机。这种意义就属于特殊会话含义,是一种可能随语境变化的临时意义。同一句话常常既有一般会话含义也有特殊会话含义,比如:

[例 6-21]甲:什么时候了?

　　　　乙:有的客人已经走了。

特殊会话含义:一定不早了。

一般会话含义:客人没有都走。

[例 6-22]甲:老张在哪儿?

　　　　乙:有的客人已经走了。

特殊会话含义:老张可能已经走了。

一般会话含义:客人没有都走。

不同语境下的两个对话中,乙的回答都是"有的客人已经走了",其一般会话含义都是"客人没有都走",这一含义没有随语境而变化,但它们的特殊会话含义却在不同语境中出现了变化。

特殊会话含义也可能在一定条件下变成一般会话含义,甚至可能进一步规约化成为字面义。比如连词"要不"本来是一个短语,意思是"如果不",但一定语境下可能表达选择义,例如:

[例 6-23]我们去吃火锅,要不吃披萨也可以。

这里的"要不"字面意义是"如果不",但因为前面小句给出一个选择项,又用"要不"来假定否定前一个选择项后可以有另一个选择项,这就使得"要不"处于两个选择项之间,具备了选择连词的会话含义,这种会话含义可能在不同语境中使用频率不断增加,逐渐变成不依赖语境的一般会话含义,并最终固定下来,变成了"要不"的字面意义。另一方面,给对方选择项的方式也间接达到提建议的效果,所以"要不"还有表示建议的会话含义,这种会话含义已经成为一种一般会话含义(史金生,2005)。

现在我们再来看上面买东西的时候用"能不能"的那个例子。表面上看,顾客问"能不能给我某样东西"是在问售货员有没有能力做"给某样东西"这个动作,不过如果这样理解,实际上就违反了合作原则,因为说话双方都知道售货员有这个能力。假如顾客仍是遵守合作原则的话,我们可以认为他/她其实想要通过表面的问句来表达某种言外之意,这会是一种什么样的言外之意呢?我们知道,如果要请求对方做一件事,为了避免遭到拒绝这一不如意的结果,最好先问一问对方有没有能力做这件事,因为对方如果要拒绝的话,最好的理由是他/她没有能力做这件事。比如你请别人吃饭,别人如果不想去最好的拒绝方式就是"对不起,今天有点事去不了",也就是说"心有余而力不足",没有这个能力。

因此,当你请别人做一件事的时候,先问问别人有没有这个能力,可以给双方都留下缓和的余地,这样你再提请求就显得很礼貌。当然,这种用问句表达请求的方式最初可能真的是先问"能不能",当对方说"能"后,再请对方做某事,但一旦这种方式用得多了,而且有没有能力一目了然,那么这种方式就可能固定下来成为表达请求的常用格式了,相应的,表请求就可能成为"(你)能不能……"这一格式的一般会话含义了。

当然,除了问能力,也可以通过其他方式来表示请求或建议,比如当你同学想找一本书,你可以问原因:

[例6-24]你为什么不去图书馆找找看呢?

如果你建议别人买东西,可以只说自己的感觉:

[例6-25]我觉得无糖口味的更好喝。

这些表达都比直接建议"你去图书馆找吧"或"你买无糖的"要委婉得多,在不太熟悉的人之间使用尤其合适。

我们很多的表达其实都是这样,表面看好像违反了合作原则,其实是出于礼貌故意如此,对可能不太礼貌的行为换用一种间接的方式来实施。比如女朋友问你是否一起吃饭,你说我今晚要加班,这虽然没有直接回答对方的问题,却比直接回答"不去"更合适,带有"我是想去的,但是客观情况不允许"的意思。

第三节 "不是犯错误而是犯罪",到底有没有犯错误?
——与否定相关的语用推理

📷 与否定相关
的语用推理

一、两种否定

我们先看一个例子:

[例6-26]张普景穷追不舍,说:"他不是犯错误,而是犯罪。给汉奸祝寿,这是个原则问题。"(徐贵祥《历史的天空》)

这里面有句话"他不是犯错误,而是犯罪"首先否定"他"犯了错误,接着又说"他"是犯罪,那他到底犯没犯错误呢? 前面我们讲了违反交际准则而产生的言外之意,下面我们要进一步看看语言中因为否定而产生的语用推理。吕叔湘先生曾说过:"一句话,从形式上说,不是肯定就是否定。"否定是我们表达认识和判断的重要手段,语言中否定的形式也非常多样。今天我们讨论的是其中比较重要的两类。先看一组例子:

[例6-27]甲:这条鱼有三斤吗?

乙:哪里,只有两斤。

[例6-28]甲:这条鱼有三斤吗?

乙:哪里,有四斤呢。

同一个问句,虽然鱼的实际重量一个小于三斤,一个大于三斤,但对同一个问题上面两个例子的答语都是否定的。如果仔细对比的话,我们会感觉,第一种回答更自然一些,因为如果否定一个量,往往意味着更少而不是更多,比如"这条鱼没有三斤"我们通常理解为"这条鱼不到三斤"。那么上面两种否定回答有什么区别呢? 如果把答句的否定方式变换一下,二者的区别可以看得更清楚。如果是第一种否定,可以直接换成一般的否定"没

有(三斤)",即

　　[例6-29]甲：这条鱼有三斤吗？

　　　　　　乙：没有三斤，只有两斤。

　　这种否定是对包括三斤在内的所有情况的否定，从理论上说，四斤、五斤、六斤……都包含了三斤，所以当人们说"没有三斤"时，既否定了"有三斤"的情况，也否定了"有四斤、有五斤、有六斤……"这些情况，总而言之，"没有三斤"否定的是"至少有三斤"。

　　第二种否定如果要变换一下，一般要说"不止三斤，何止三斤"，比如：

　　[例6-30]甲：这条鱼有三斤吗？

　　　　　　乙：不止三斤，有四斤呢。

　　"不止三斤"即"不是只有三斤"，可见，这种否定其实否定的是"只有三斤"的意思。

　　在通常情况下，对"这条鱼有三斤"的否定，我们会得出这条鱼的实际重量是比三斤少的结论，这是一种常规否定，最符合我们的语感。但是如果按照第二种否定，对"这条鱼有三斤"进行否定，会得出"不止三斤"的意思，即这条鱼的实际重量比三斤多，这与我们的语感不太符合，是一种特殊否定。

　　常规否定因为是就字面意义进行否定，不受语用因素影响，也称为"语义否定"，又因为是否定的命题所述事件的真实性，也称为"真值否定"。而语用否定却通常不否定句子的字面意义，而是否定字面意义之外的东西。

　　常规否定与语用否定的差别我们有时候感觉不出来，比如上面的例子，通常我们听到"这条鱼有三斤"总会倾向于理解为"这条鱼只有三斤"。按照合作原则，如果这条鱼不到三斤，那么你说"三斤"就违反了质的准则，即说了假话；如果这条鱼超过了三斤，那么你说"三斤"就违反了量的准则，没有提供足够的量。所以，对"这条鱼有三斤"这句话听话人会根据合作原则推导出"既不是不到三斤也不是超过三斤(即只有三斤)"这个意思。不过这是一种语用推理，我们前面讲过，语用推理对语境比较依赖，语用含义在一些特殊的语境中可以取消，比如我们可以说：

　　[例6-31]这条鱼有三斤，实际上有四斤呢。

　　这就把句子的"只有三斤"的意思取消了。

　　涉及数量的否定，如果是常规否定就表示实际情况要更少或更低，这是最典型的数量。其实，很多概念都可以形成一种量度的等级，我们可以简称为"量级"。比如温度〈凉快，冷〉，情感〈喜欢，迷恋〉，频率〈偶尔，经常〉，义务〈可以，应该〉等，甚至类似〈打，打残〉，〈A，A＋B〉这种只要信息强弱存在差异的成分都可以构成量级。量级的另一个特点是肯定等级更弱的就隐含否定等级更强的，这是一种依据合作原则中量的准则推导出来的隐含义，比如：

　　[例6-32]今天很凉快(隐含"今天不冷"。)

　　　　　　他喜欢甜食(隐含"他不迷恋甜食"。)

　　　　　　我偶尔看电影(隐含"我不经常看电影"。)

　　　　　　你可以带着伞(隐含"你不是应该带伞"。)

　　相比之下，语用否定则可以用否定表示实际情况更多更高，这时句子否定的是根据量的准则推导出的语用义，比如：

[例 6-33]甲：你昨晚跟一个女人去酒吧了？

乙：我昨晚不是跟一个女人去了酒吧，那是我太太！

这里乙对甲的否定不是否定"跟一个女人去酒吧"这一事实，而是否定甲的这种说法及这种说法可能推出的其他含义。从信息量来看，"妻子"属于"女人"的一种，说"妻子"比说"女人"语义更明确，信息量更大，如果说话人说"跟女人去酒吧"而不说信息量更大的"跟妻子去酒吧"，人们可以推出这个"女人"是"妻子以外的女人"，因为如果是妻子，根据量的准则，必须提供足量的信息。所以，乙对甲的这种表述进行否定，其实是要否定掉这种表述方式通常会产生的"跟妻子以外的女人去了酒吧"这一言外之意。类似的与量级相关的语用否定再如：

[例 6-34]今天不暖和，热得很！

他不迷恋甜食，他嗜爱甜食。

我不是经常看电影，我是天天看电影。

你不是应该带伞，你是必须带伞。

说量级往往是从低到高，只是一种一般的说法，不同的量级标准可能会形成不同的等级，所以同一组概念，用不同的标准可能会形成不同的量度等级，比如，说"不暖和"意味着"有点冷"，说"不凉快"就意味着"有点热"了。

二、语用否定的分类

根据语用否定的对象及其产生的效果，可以将其分为以下几类（沈家煊，1993）。

（一）否定与量级有关的会话含义

前面讲到的语用否定都与量级有关，这种量度等级也称为荷恩等级，按照我们上面的分析，这种与量级有关的语用否定，否定的其实是一种会话含义，即否定一个信息量更小的概念而肯定一个信息量更大的概念，我们可以再看几个例子：

[例 6-35]傅老：哼！我说他怎么对小晴那么热乎呢，原来是别有用心。

圆圆：爷爷，我看二叔不是一般的别有用心，而是特别的别有用心……

（剧本《我爱我家》）

[例 6-36]这不是吃菜，这像神农尝百草了。不太浪费么？（钱锺书《围城》）

[例 6-37]他希望，不，他主张我和油田的一个什么人对换工作。（张辛欣、桑晔《北京人》）

这些句子中对量的否定都是一种修正，即前面的话语表达的量不够，需要调整为一个信息量更大的量。

（二）否定预设

"预设"就是说话时预先假设当然为真的前提。比如"张三的哥哥回来了"预设"张三有哥哥"。预设不属于句子的字面意义，因为预设和其他语用意义一样，在一定语境中可以消除，比如"他结婚前在上海工作"预设"他结了婚"，但是在"他结婚前车祸去世了"中，这个预设就取消了。取消预设的例子再如：

[例 6-38]他原来想，只要他不给她回话，她就会知道他不同意——不，不是不同意，是

不敢同意,她就不会再提这事了。(路遥《平凡的世界》)

[例6-39]鲍小姐谈不上心和灵魂。她不是变心,因为她没有心。(钱锺书《围城》)

[例6-40]他朝我瞧了一阵,然后问:"你是不是叫余华?"我说:"是的,可我不认识你。"他听后马上又怒气冲冲地朝我吼了起来:"你的朋友快死了!""但是我从来就没有什么朋友。"我也吼了起来。(余华《西北风呼啸的中午》)

"不同意"预设"有不同意的胆量(敢同意)","变心"预设"有心","你的朋友快死了"预设"你有朋友",这些预设在上面的例子中都被否定掉了。常规否定只否定行为本身,预设否定则把行为的前提都否定掉了,因而从否定强度上说,否定预设比否定句子本身更有力度。

(三)否定风格、色彩等隐含义

同一个概念如果用不同的词语来说,可能会有风格或色彩上的差别,这是真值意义之外的附加义,也算是语用义。语用否定也可以是不否定概念义而否定其隐含的风格色彩,例如:

[例6-41]盂无忧扭捏一番,不好意思地回答:"我与首辅大人的表弟,不,是首辅大人的管家游七,算是手足至亲。"(熊召正《张居正》)

[例6-42]这笑容刺激了导演,他突然来了灵感,对王琦瑶说出一番话,他说:瑶瑶,不,王小姐,"上海小姐"这项桂冠是一片浮云,它看上去夺人眼目,可是转瞬即逝,它其实是过眼的烟云,留不住的风景,竹篮打水一场空的。(王安忆《长恨歌》)

[例6-43]甲:你就是China人。

乙:谁是China人,你才China人,你看我这肤色,我是中国人。(小品《推销》)

[例6-41]、[例6-42]都是对人的称呼的否定,不是认错了人,而是认为之前的称呼不太合适,当下语境中对话双方的身份采用前一种称呼会带来某种不合宜的风格,因而说话人调整了说法。[例6-43]是对外语说法的纠正。

(四)否定语句的表述方式

有些语句的说法虽然也能表达说话者类似的意思,但却容易引发人的误解,因而有时候需要调整为说话人认为更恰当的说法,这时说话人对前一种说法的否定也是一种语用否定,听话人可以从这种否定中推导出说话人隐含其中的言外之意。比如:

[例6-44]马克·吐温在一次酒会上答记者问时说:"美国国会中有些议员是狗娘子养的。"记者将他的话公之于众,华盛顿的议员们一定要马克·吐温在报上登个启示,赔礼道歉。马克·吐温写了这样一张启示:"以前鄙人在酒席上发言,说有些国会议员是狗娘子养的,我考虑再三,觉得此言不妥当,而且不合事实。特登报声明,把我的话修改如下:美国国会中有些议员不是狗娘子养的。"

[例6-45]王文成公封新建伯,戴冕服入朝,有帛蔽耳。某公戏曰:"先生耳冷?"公笑曰:"我不耳冷,先生眼热。"(冯梦龙《古今笑》)

[例6-46]在他们之间的桌子上,放着一个热气腾腾的狗肉锅子,散发着扑鼻的香气。我一看到他们就哭了。不,应该说我一闻到狗肉的香气就哭了。(莫言《四十一炮》)

这种类型的语用否定还有一种常见的用法是语序的颠倒,比如:

[**例 6-47**]甲：人家邻居都说了,小品演员有毛病,半夜睡觉发癔症。

乙：瞎说,我不是因为演小品才有发癔症的毛病,我是因为从小有发癔症的毛病,所以长大了才演这小品。(小品《今晚直播》)

[**例 6-48**]甲：你长得像你弟弟。

乙：不是我长得像我弟弟,是我弟弟长得像我。

这种语序从真值意义上说不会带来什么变化,但却隐含某种因果或主次的事理,因而在实际交际中会传达不同的会话含义。

三、语用否定的特点

从形式上看,语用否定通常比常规否定要更复杂。常规否定一般只要在相应肯定句的基础上加否定词就可以,而语用否定一般还要再加一个补充说明的成分,否则就会理解成常规否定,例如：

[**例 6-49**]甲：你父母不管你?

乙：他们不管,我从小就没有见过他们。

语用否定形式上还有一个特点,即一般都是引述前面的话进行否定,所以常常可以在否定的成分上面加上引号,或者加上一个"你说……"或者变换成"瞎说什么……"的形式,这都显示语用否定否定的是某种说法。

有些语用否定的否定形式也可以不用否定词,但仍传达否定的意思,但其效果与常规否定是一样的,即如果单独看是一个常规否定,但放在一定语境中也可以构成语用否定,例如：

[**例 6-50**]这位小姐,乍一看挺漂亮。仔细一看,更漂亮。(相声《最差先生》)

[**例 6-51**]甲：我看出来了,喜欢你的都是六七十岁的。

乙：瞎说,八十多岁的好几个呢。(小品《暖冬》)

这些例子中"乍一看挺漂亮"隐含"其实不漂亮"的否定义,"瞎说"就是否定对方话语的表达。

从使用频率看,语用否定的使用频率比常规否定要低得多。有人做过调查,在语料库中收集到的 16000 多条否定句中,常规否定占了 99.5%(梁欣然,2014)。

从语义上看,语用否定往往带有辩解的意味,表示一种申辩或解释,其最常见的形式"不是……,是……"就是先辩驳再解释的顺序。

否定是语言中特别常见也非常重要的一种现象,从语用学的角度看语言中的否定可以帮助我们观察到更多逻辑推理与语用推理的不同点,也有利于帮助我们理解前一节所讲到的会话含义的相关知识,本节的内容可以说是对上两节知识点的实践操练。

关联理论的
明示推理

第四节　有没有关联,有多大关联?

——关联理论的明示推理

一、关联理论

这一讲我们介绍语用学的另一个重要理论——关联理论。关联理论的创立者是法国学者丹·斯珀伯(以下简称斯珀伯)和英国学者迪尔德丽·威尔逊(以下简称威尔逊)。作为语用学的一个重要分支,关联理论与其他语用学分支一样,认为说话人在交际时是将交际意图以语言形式表达出来,让听话人注意到他/她的这个意图,听话人需要根据表达方式、言谈语境等来推断出这一意图。

与合作原则理论只谈交际双方应该遵守的规则不同,关联理论更强调交际中的认知因素,认为应该将交际与认知有机地结合起来,是从认知的角度对会话含义的推导进行探索。关联理论认为交际能不能成功,不止要看双方是不是合作的态度,还有很重要的一点,就是交际双方对各自所处的世界是否具有共识。如果双方对彼此的世界都很了解,那么对正在谈论的事实或话题就都很熟悉,交际成功的可能性就越大。比如相同情况下两个熟人肯定比两个陌生人更容易识别对方的交际意图。

同一句话,在不同语境中可能传达不同的交际意图,比如"你能站起来吗?"可以是对病人的询问,可以是对占道者的提醒,也可以是希望获得帮助的请求,需要根据交际双方各自的身份、交谈时所处的场合等因素来进行推导。这一点合作原则也谈到了,不过合作原则的处理是人们是先理解字面意思,如果字面意思违反了相关准则后,再依据对当下语境的知识来推导出言外之意,相比之下,保罗·格莱斯的推理过程过于复杂,且更多强调说话人的意图作用,受到很多学者的批评。关联理论认为不需要分这么多步骤,我们在交际的时候说话人是直接去理解话语的意思的,字面意义固然可以直接解码,言外之意也没有过于烦冗的步骤,一步到位,理解其话语的依据就是关联性的强弱。比如:

[例6-52]甲:你饿不饿?

乙:不饿。

[例6-53]甲:我饿了。

乙:那你先回去吧。

这里[例6-52]对话中的对话是相关性很强的,乙直接就回答了甲的问题。相比之下,[例6-53]对话相关的程度就稍弱一些,因为"你先回去"和"饿了"之间没有直接的关联,不过我们一般会理解为"先回去就可以先吃饭,从而解决饿的问题"。当然,也有些话语的关联性很弱,比如上面的[例6-53]如果是:

[例6-54]甲:我饿了。

乙:那把箱子搬到楼上去。

在缺乏语境的情况下,我们就很难看出两句话的关联。它可能是把箱子搬走腾出地方来吃饭,也可能是搬箱子可以获得午饭的报酬,也可能是箱子里有食物搬去楼上吃……

听话人需要根据当时的语境在这几种可能中选择最有关联的解读。

总之,关联理论认为任何话语都是有关联的,话语的理解过程就是寻找关联的过程。有些话语关联性强,几乎不需要借助具体的语境就可以理解;有些话语的关联性弱一些,需要借助人们的一些社会常识才能理解;有些话语的关联性很弱,需要更多地借助交际发生时言谈双方的语境认知才能找出其中的关联。

二、明示推理与关联性

关联理论认为,人们对话语的理解过程是一个明示-推理的过程。从说话人的角度来说,交际是一种明示过程,所谓"明示",就是说话人清楚明白地向听话人表明自己的意图;从听话人的角度来说,交际又是一个推理过程,而"推理"就是听话人凭借说话人所提供的方式解码句子,并结合语境在句子的各种关联性解读中找出正确的理解。关联理论的核心是听话人的推理过程,当说话人的意图与听话人的推理结果一致时,即达到了互明。这就是成功的交际。

想要完成互明,交谈双方对对方的认知状态能不能显现是很重要的。简单讲,就是"我知道你知道什么,你也知道我知道什么"。对说话人而言,了解对方的认知状态有助于组织的话语能使对方得出最佳关联。对听话人而言,了解对方的认知状态有助于以最省力的方式对对方的话语进行解码。当然,言谈双方的认知状态理论上是无限的,因而哪些认知能够进入话语背景主要就看它们与当下话语关联性的强弱。关于"关联性",斯珀伯和威尔逊是这样描述的(转引自何自然、冉永平,1998):

[例6-55]话语的内容、语境和各种暗含,使听话人对话语产生不同的理解;但听话人不一定在任何场合下对话语所表达的全部意义都得到理解;他只用一个单一的、普通的标准去理解话语;这个标准足以使听话人认定一种唯一可行的理解;这个标准就是关联性。因此每一种明示的交际行为都应设想为这个交际行为本身具备最佳的关联性。

可见,他们认为交际的过程是寻找最佳关联的过程,要注意的是,最佳关联不是最大关联。"最大关联"是指用尽可能少的努力获得最大的语境效果,"最佳关联"是指用较少的努力获取足够的语境效果。有些话语的关联性很强,但效果却不是最佳,比如:

[例6-56]甲:最近的邮局在哪里?

乙:出门往北三个路口再往西两个路口就可以在马路对面看到。

[例6-57]甲:最近的邮局在哪里?

乙:看百度地图吧。

很明显,相比[例6-56],[例6-57]中乙的话关联性更大,但如果甲是一个不辨东西南北的人,这个回答却无法取得最佳效果。如果甲是一个比较习惯使用各种APP的人,[例6-57]中乙的回答可能更贴合听话人的要求,相对而言,直接推荐手机导航对说话人而言更省力,对听话人而言理解起来付出的努力更少,效果反倒更好。除了让对方更省力这种经济性的考虑,在实际交际活动中,也可能会出现因为礼貌或其他原因而倾向于采用最佳关联而不选取最大关联的说法,比如:

[例6-58]甲:你觉得他们家装修得怎么样?

乙:我觉得不好看,很土气。

[例 6-59] 甲:你觉得他们家装修得怎么样?

乙:比较朴实的风格吧,跟我喜欢的风格不太一样。

[例 6-58]中乙的回答虽然有着最佳关联,但显得不太礼貌,而[例 6-59]中乙的回答虽然关联性不如[例 6-58]那么大,却更委婉,而且也能达到[例 6-59]中的言语效果,因而是一般人更倾向于选择的话语方式。

总之,实际交际中会存在各种复杂情况,说话人可能无法或不愿意提供最大关联的信息,也可能采用他/她感觉最合适的表述,而听话人在理解时需要根据当下的语境和双方的知识状态来做出最合理的解读。

三、明示推理与语境

关联理论认为,在明示推理中,从话语的明说意义到真正意图,一般要经过两个步骤:

首先,推导出"隐含前提";

其次,推导出真正意图,即"隐含结论"。

比如:

[例 6-60] 甲:明天有没有语文课?

乙:明天是周六。

要理解乙的话,先要找出他的答语中隐含的一个前提,即"周六不上课",然后可以据此推导出乙想要表达的真正意思"明天没有语文课"。这一推理过程可以展示如下:

隐含前提:周六不上课。

显明前提:明天是周六。

隐含结论:明天没有(语文)课。

话语的隐含前提与形式逻辑的前提不一样,形式逻辑的前提是确定的,而明示推理中话语的前提是不确定的,需要有语境来补足。听话人根据说话人的话语表达方式对字面意义进行解码,并将当下解码所得到的信息作为前提的一部分,再结合听话人本身的知识状态对话语信息(也就是说话人的真实意图)进行推理,最终达到对话语信息的正确理解。所以,即便是同样的话语,语境不同,最后的结论可能大相径庭,比如:

[例 6-61] 甲:旅游你喜欢跟团游还是自由行?

乙:跟团游是旅行团给安排食宿。

在这段话里,要知道乙的真正意思,就得补足其所处的语境,找到其隐含前提。如果乙是个对吃住很讲究而且不怕麻烦的人,隐含前提很可能是"乙喜欢自己安排自己的食宿",那么隐含结论就是"乙不喜欢跟团游";如果乙是个不怎么在乎吃住又很怕麻烦的人,隐含前提就很可能是"乙喜欢别人安排好食宿",隐含结论就是"乙喜欢跟团游"。

这里的语境不是预先设定的一成不变的语境,而是参与到交际过程中随着交际活动的进行而调整的语境,是一种动态的语境。也就是说,在理解话语的过程中,人们总是在既定信息的基础上对新信息进行加工,使得新信息和旧信息或者相互修正,或者抵消重组,斯珀伯和威尔逊将这种新旧信息的相互作用概括为 3 种情况。

(一)新信息加强了旧信息

例如：

[例6-62]甲：你们俩认识吗？

乙：是的，我们是高中同学。

这里乙不但对甲的问题给予了肯定回答，而且还提供了"是高中同学"这一更充足的信息，为甲的猜测提供了更多的证据。

(二)与旧信息矛盾

例如：

[例6-63]甲：你们俩认识吗？

乙：不认识，从来没见过。

甲的问话表达了他觉得二人可能认识的猜测，但乙的回答不但否定了这种假设，而且还提供了"从来没见过"的反证。虽然乙的回答不符合甲的预期，但两种信息却以互相矛盾的方式使甲获得了新的信息，即二人不认识，且从来没见过，这一信息会即时作为旧信息变成语境假设的一部分。

(三)与旧信息相结合，产生特定的会话含义

例如：

[例6-64]甲：你们俩认识吗？

乙：我们在同一个办公室。

这里乙没有直接回答甲的问题，而是叙述了另一个事实，但根据这一事实及人们关于常规的工作情景可以推断出二人是认识的。这个结论因为是推导出来的，不但需要话语字面意义的信息，还需要语境信息及一些常规知识的支持，因而是一种规约的会话含义，在一定语境中也可能被取消，例如：

[例6-65]甲：你们俩认识吗？

乙：我们在同一个办公室，不过我们没见过面。

总之，关联理论认为人们在交际中总是在寻找话语间的关联，但这种关联不是孤立的，而是需要不断结合语境来补充并达到推进交际的目的的。例如：

[例6-66]甲：今晚我特别想吃酸菜鱼。

乙：我今天开了一天会，累死了。

甲：好吧，我来做吧。

在这个例子中，除了之前双方都知道的语境知识，比如"一般都是乙做菜，已经快要到吃晚餐的时间了"等，甲说出的话也会成为语境的一部分，要理解乙的话需要从语境中推导出一个前提"很累的人没有力气做酸菜鱼这种比较复杂的菜"，而"酸菜鱼"就是因为甲的话成为语境的一部分的。第二话轮中甲虽然没有明确说他/她来做什么，但之前第一轮对话所创设的语境信息与当下的话语的最大关联就是"做酸菜鱼"，因而听话人很自然就会解读为"做酸菜鱼"。

与其他语用理论一样，关联理论也强调语境对意义理解的影响；与其他语用理论不同，关联理论认为语境等言外信息都是为了帮助交际者找到最佳关联。话语与哪些信息能够形成最佳关联,这主要取决于交谈者的认知状态。关联理论因为特别强调交际中言谈双方的认知状态,因而也被称为"认知语用学"。

溯因推理的
招请

第五节 "不幸"等于"不幸运"吗?
——溯因推理的招请

一、演绎、归纳与溯因

传统逻辑的 3 种推理——演绎、归纳和溯因,人们多喜欢谈前面两种,而比较少谈到后面一种,这大概是因为溯因推理与话语的具体语境密切相关,同一句话在不同的语境中可能会有不同的解读,需要交谈双方的互动合作才能顺利完成交际。而演绎和归纳是单向的过程,不用考虑交谈双方的互动构建,语境的差别一般也不会改变所推导的结论。

演绎推理是从上到下,从既定的结论推导出具体出现的现象。比如从"太阳每天从东方升起"推出"太阳明天从东方升起"。

归纳推理是从下到上,从各种具体的现象推导出结论。比如在记录了一段时间太阳升起的方向后,得出"太阳每天从东方升起"的结论。

而溯因推理是从结果到原因,从某个具体的现象推导出背后可能的原因。比如从"地上湿了"推出"刚才下雨了"。事理的因果是"如果下雨了,地面会湿",如果一个人看到地面湿了,可能就会推导出是下雨了。当然,导致地面湿的原因很多,可能是洒水车经过了,也可能是哪里的水管漏水了。因此这个人的这种推导也可能是错误的,不过他/她可以根据事理或常识,再综合考虑语境的各种可能性,得出下雨是最可能的原因,从而做出这一判断。

再比如,从"哺乳动物都是恒温动物"推出"老鼠是恒温动物"是演绎推理,从"老鼠、蝙蝠、狗、猫、鲸鱼、海豹等哺乳动物都是恒温动物",归纳出一个结论——"哺乳动物都是恒温动物",这是归纳推理。从"哺乳动物都是恒温动物"溯因"恒温相对变温是一种更高级的体温调节机制"则属于溯因推理。相比而言,演绎推理和归纳推理都针对的是既定的事实或将出现的事实,而溯因推理却可以推出当下所观察的事实之外的东西,因而更具有创造性。

因为导致某种结果的原因可能有许多种,很多时候听话人需要考虑常情常理、语境等各种因素才能判断是哪个原因起了主导作用,所以溯因推理对语境的依赖很强,有的学者把溯因推理叫做"招请推理",意思是这种推理是说话人"招引"听话人来做出推理,听话人光凭字面意义是无法完成推理的。例如:

[例 6-67]甲:出门给孩子多穿一点。

乙:他的背上都出汗了!

要理解乙的话,需要先推导出一个常识"如果人觉得热,身上会出汗",因此说"背上出汗了"招请听话人据此推出"孩子其实很热"这层意思,从而达到拒绝的目的。类似的现象还有:

[例 6-68]我现在手里还捏着把冷汗。

[例 6-69]听了他的话,她撅了半天嘴。

[例 6-70]不好意思,我想去一趟洗手间。

"手里捏着把冷汗"是果,"非常紧张"是因;"撅了半天嘴"是果,"很生气"是因;"去一趟洗手间"是果,"要方便"是因。这些例子字面意义说的都是果,但传达的实际含义其实都是因果联系中的因。类似这样的例子在日常交际中数不胜数。可见,溯因推理在言谈交际的理解中运用非常普遍,因为依赖常理和语境,它也是语用学非常关注的一种现象,因而我们谈语用推理也不能不涉及它。

二、溯因推理与其他推理

有的学者认为我们前面提到的会话含义的推导及关联理论的明示推理其实都属于溯因推理,因为它们都是根据已经说出的话语来推导说话人的实际意图,从因果联系上看,已经说出的话语是结果,说话人的意图其实就是原因,说话人是从自己的意图出发来组织语言形成实际的话语,话语也是在意图的催动下产生的,从这一点看,语用推理确实都是一种溯因推理。比如下面的例子:

[例 6-71]甲:你觉得这个课怎么样?

乙:每次都睡觉。

按照合作原则,这里说话人违反了关系准则,似乎是说了与当前话题不相关的话题,由此可以推导出某种会话含义。按照关联原则,这里需要先找到一个可能最相关的隐含前提"如果不喜欢某个课,就会上课睡觉",由此推导出说话人的真实含义"我不喜欢这个课"。而按照溯因推理,需要先推导出一个普遍的因果事理作为大前提,即"如果不喜欢某个课,就常常上课睡觉","不喜欢某个课"是因,"上课睡觉"是果,因而说话人表面说"每次都睡觉"(即"果"),听说人由此可以推出实际含义很可能是"不喜欢这个课"(即"因")。

学者们认为,相对于传统的演绎推理和归纳推理,溯因推理最具有创造性。因为演绎推理是在已有的假设基础上去验证,没有新知识的产生,而归纳推理虽然可以从已有的现象中发现新规律,但它是一种或然推理,如果不做穷尽的归纳就无法完全证实。相比之下,溯因推理的主要目的则在于形成假设,虽然这种假设可能是错误的,但它却促使一种新知识的产生,因而最具有创造性。有些学者甚至认为人类如果没有溯因推理这种猜测本能,可能根本就无法生存下去。

三、溯因推理与语义演变

有些语言存在专门体现溯因推理的句法格式,比如汉语的"既然……那么……",研究关联词的学者常常把这一组关联词反映的语义联系归入因果关系,不过我们比较一下下面一组例子就可以体会它与典型的因果关系的不同:

[例 6-72]因为用料很高级,所以价格这么高。

既然价格这么高,那么用料(肯定)很高级。

很明显,"既然……就……"更多用于一种由果及因的推论,因为结论是说话人的推论,不一定是必然的事实,所以句子里面加上一个表示主观判断的"肯定"会更自然。

除了表达的特定格式,溯因推理对我们理解一些语义演变也有非常重要的作用。很多新的意义、新的语义成分的产生,都是在语用原则的作用下最先作为临时的语用义或语用成分出现的,听话人需要据此推导出说话人的真实含义。而这一语用义在特定的语言环境和语言条件作用下可能会逐渐固定下来成为规约义。具体一点来说,当说话人说的话或用的词语与常规用法不一致时,听话人要根据交谈的语境、双方的身份等言外的信息来猜测说话人这么表达的原因,从而理解说话人的言外之意。我们前面谈到,如果把说出的话作为"果",而说话人的实际含义作为"因",那么所有会话含义的推导都是由果溯因的结果。不过,研究语义演变的学者更关注以社会情理或规约事理作为大前提的推导,因为社会情理或规约事理作为一种共识不太会受语境影响,以其作为大前提所推断出的含义也相对稳定,会话含义一旦凝固下来,就会变成规约义,从而完成语义演变的过程。

比如汉语中的"V 不 C"结构,这种结构在现代汉语中表示"不可能实现","吃不完"相当于"不能吃完"("吃完"没有实现的可能)。但这个结构在历史上最初不是表示"不可能实现",而是表示"结果没有实现",比如"吃不完"就是"吃,结果没有吃完",即"吃而不完",那么这个结构又是怎么变成表示"不可能实现"的呢? 从"不可能实现"和"没有实现"这两种语义的关系来看,二者在事理上是存在一种因果关系的,即如果某件事情不可能实现,那么结果一般就是没有实现;反之不然。所以我们可以有如下的对话:

[例 6-73] 甲:饭怎么没吃完?

乙:因为不可能吃完。

而一般不会出现下面的对话:

[例 6-74] 甲:饭怎么不可能吃完?

乙:因为没吃完。

所以,当某人说"吃不完"的时候,听话人可以根据溯因推理从"没有吃完"推导出"不可能吃完"的意思,推导过程可以演示为:

事理:如果饭不可能吃完,那么饭没有吃完。

事实:说话人说没有吃完("吃不完")。

———————————————————————

推论:他/她很可能是想说不可能吃完。

说话人为什么要用"没有吃完"的结构来表达"不可能吃完"的意思,这大概是因为"不可能吃完"的否定力度比"没有吃完"更强,在交际中说话人可能不便或不愿意用强否定,而换用弱否定来表达强否定的意思。比如询问病人的状况,回答"今天饭没有吃完"就比"今天饭没能吃完"要更委婉。我们再看一个例子:

[例 6-75] 马哲是在第二天知道这个消息的,当时他呆呆地坐了半天,随后走到隔壁房间去给妻子挂了个电话,告诉她今晚可能不回家了。妻子在电话里迟疑了片刻,才说声知道。(余华《河边的错误》)

这个例子中马哲跟妻子说的是"可能不回家",但妻子却知道他肯定不会回家了。这是用弱否定表达强否定,其中的推理过程为:

事理:如果肯定不回家,那么可能不回家。

事实:说话人说可能不回家。

———————————————————————

推论:他很可能是要说肯定不回家。

这也是出于礼貌而用弱否定来表达强否定的意思。古代汉语的"V 不 C"结构在现代汉语中已经成为固定表达可能性不存在的格式,而我们上面举的另外两个弱否定表达强否定的例子在日常生活中虽然常见,但其语用义还没固定下来成为格式的规约义,因而仍算临时的会话含义。所以,在分析溯因推理参与的语义演变时,需要注意辨别新意义的性质。

除了礼貌的原因,有些新义的产生也可能源于其他原因。比如很多语言表示不可能的词同时也可以表示不允许,像英语的"can"和汉语的"能","不可能"和"不允许"也存在一种广义的因果关系:如果不允许做一件事情,那么这件事情是不可能的。

所以当一个人说"不能"时,最初字面上是"不可能",但听话人却可以据此推出"不允许"的意思。有意思的是"能"的肯定形式却不存在这种因果关联:如果允许做一件事情,那么这件事情是可能的。

人们常常会以"不允许做某事"来作为"不可能做某事"的理由,却不会以"允许做某事"来作为"可能做某事"的理由(沈家煊,2005),例如:

[**例 6-76**]甲:这件事我做不了。

乙:为什么呀?

甲:他不许我做。

[**例 6-77**]甲:这件事我能做。

乙:为什么呀?

甲:他允许我做。

由于溯因推理是一种比较普遍的语义演变机制,因而类似的语义演变常常不是个例而是成组出现的,以上面谈到的以"(结果)没有实现"表示"不可能实现"为例,汉语中很多词的语义变化都属于这种类型(董秀芳,2002):

[**例 6-78**]不免:←不免除(免不了)

不配:←不相配(配不上)

不定:←没有一定(说不清)

不料:←不估计(想不到)

不禁:←不禁止(禁不住)

这些词的新义已经固定下来,而且取代了旧义成为这些词的基本意义。除了这种带否定词的格式,一些虽然没有用否定词,但表达否定义的词也可能出现类似的语义演变,比如"难免",不过与"不免"相比,"难免"的语义规约性明显要更弱。比如:

[**例 6-79**]你不能一起去秋游,大家难免有点失落。

[**例 6-80**]你不能一起去秋游,大家不免有点失落。

"难免"和"不免"的词义严格说起来并不相同,"难免"是"很难避免","不免"是"不能避免",但为什么这两个词很多情况下都可以互换,表示"无法避免"的意思呢? 这是因为"无法避免"和"很难避免"也可以看作一种广义的因果关系,即如果一件事情"无法避免",那么它一定是"很难避免"的,由此我们也可以形成如下的推理:

事理:如果大家无法避免会失落,那么大家很难避免会失落。

事实:说话人说很难避免("难免")。

推论:他/她很可能是想说无法避免。

"难免"表示"不免"的意思还是一种语用义。从字面义看,"无法避免"的语义比"很难避免"更明确更直接,相比较而言,"很难避免"则给说话人留有一定的余地,带有"很难避免,但也有可能可以避免"的意味,因而说话人出于礼貌等原因,会倾向于用"难免"表达"不免"的意思。

现在我们回到本节标题所提到的"不幸"和"不幸运"。"不幸运"是对"幸运"的否定,"幸运"的反面是"悲惨",但"不幸运"并不等于"悲惨",一个人买彩票没中可以说他/她不幸运,但不能说他/她很悲惨。通常来说,一个人"幸运"和"悲惨"的时候都是比较少的,大多时候都是一种无所谓幸运无所谓悲惨的常态。而"不幸"的意思却与"悲惨"相近。我们常常将"幸运"和"不幸"对举,却极少将"幸运"与"不幸运"对举。从来源看,"不幸"应该是从"不幸运"这个结构演变而来,要了解这种演变背后的机制,也可以借助溯因推理。

事理:如果一个人很悲惨,那么他/她属于不幸运的人。

事实:说话人说某个人"不幸运"。

_____

推论:他/她很可能是想说某个人很悲惨。

用"不幸运"表示"悲惨"义一般来说也是说话人为了避免使用"悲惨"这种消极色彩比较强的词,而选择使用相对委婉一点的"不幸运",但这种语义随着使用频率和使用范围的扩大,会逐渐成为一种规约义,而随着语义的固化,"不幸运"也渐渐凝固成词,在这一过程中,"不幸运"缩略为"不幸",这样就从形式和语义上都完成了从"不幸运"到"不幸"的转变。

要注意的是,上面的分析看起来很简单,但因为我们只是从溯因推理的角度进行观察,实际上具体到每个词的演变还会有很多具体复杂的因素起作用。另外,溯因推理虽然有非常强大的解释力,但它毕竟是一种基于事理或情理所做的概率性的推理,即便大前提相对稳定,仍是一种可以在特定语境中取消的会话含义,因而其结论也只是一种概率较高的推断,在研究语义演变时,我们可以据此来观察已经完成的语义演变,但用于预测语义演变时则不能作为必然结论。

小结

本章我们学习了语言应用中的推理,了解了语用推理和逻辑推理的区别,学习了合作原则与会话含义在人际沟通和不同语境中的重要作用,举例说明了与否定相关的语用推理的分类和特点,阐述了关联理论中语境等言外信息对交际者找到最佳关联的帮助,最后从溯因推理的角度分析了词义演变的具体影响因素,较为全面地介绍了不同的推理方式在语言应用中的实际作用,对于我们多角度理解语言的功用提供了重要的理论依据。

第六章思考与练习

第七章

横看成岭侧成峰——有趣的歧义

什么是歧义呢？

歧义也叫多义，它是指一种形式有两种或两种以上理解，或者说，有两个或两个以上意思。这里的形式可以指词语、结构或句子。

比如当我们听到"quán lì"这种语音形式时，可以理解为"权力"，"力"是力量的"力"，表示"政治上的强制力量"或"职责范围内的支配力量"[①]；也可以理解为"权利"，"利"是"利益"的"利"，表示"公民或法人依法行使的权力和享受的利益(跟'义务'相对)"。我们就说"quán lì"这个语音形式有歧义。再如"学习文件"，既可以指一种动作，如可以说"正在学习文件"；也可以表示一种事物，如可以说"一份学习文件"。同样，我们说"学习文件"具有歧义。

语音歧义

朱德熙(1980)曾说："一种语言语法系统里的错综复杂和精细微妙之处往往在歧义现象里得到反映。因此分析歧义现象会给我们许多有益的启示，使我们对于语法现象的观察和分析更加深入。"邵敬敏(1999、2011)则将歧义看作语法研究的突破口和窗口。我国语法研究的重要学者赵元任、吕叔湘、朱德熙、邵敬敏、马庆株、黄国营、石安石等教授都曾专题研究歧义现象。本章就是以这些学者的研究为基础的。

我们重点探讨歧义的分类，这也是歧义产生的主要原因。我们将歧义分为 5 类：语音歧义、词义歧义、结构歧义、语义歧义和综合歧义。值得注意的是，这 5 类并不是完全对立的，如果词义歧义、结构歧义、语义歧义和综合歧义的表现形式为语音(口头)形式，它们一般也为语音歧义。

除此之外，我们还将简要探讨歧义的分化，以及歧义程度的问题。

---

① 本章对词语的解释主要依照中国社会科学院语言研究所词典编辑室所编《现代汉语词典》(第 7 版)(商务印书馆 2016 年版)，文中不再一一标明。本章有关语言知识的内容或观点主要依据黄伯荣、廖序东主编《现代汉语》(增订六版)(高等教育出版社 2017 年版)。

第一节 "Wǒ xiǎng qǐ lái le."

——语音歧义

一、什么是语音歧义？

语音歧义是由语音造成的歧义，具体来说，一个语音形式可表示两种或多种意思，或者可以做两种或多种理解。如"gōng lì"这个语音形式至少可表示 4 个意思，可分别写成"公历"、"公立"、"功力"和"功利"。我们就说"gōng lì"有歧义。

声母、韵母和声调都相同的才是一个语音形式，像"sī jīn"和"shī jīn"（声母不同）、"qīn mín"和"qīng míng"（韵母不同）、"hǎo chī"和"hào chī"（声调不同）这些都不是一个语音形式。

有些语音形式由于变调等原因变得一样时，它们也可能产生歧义，如"yī dòng"中的"yī"在去声音节前变为阳平"yí"，因而"yí dòng"这个语音形式就可能表示多个意思，如可以写成"一动（不动）""一栋"和"移动"等，那么"yí dòng"就是有歧义的语音形式。

可能造成歧义的语音形式，可以表示一个句子，也可以表示一个短语或词，甚至可以表示一个语素。

二、语音歧义举例分析

（一）"Wǒ yī bù dōu bù néng mài."歧义分析

赵元任（2002）举过一个例子：

[例 7-1]Wǒ yī bù dōu bù néng mài.

这个语音形式是一个句子，可以有两种理解。第一种理解是"这些书或手机，我一部都不能卖"；第二种理解是"我走不了路，迈不了步"。如果我们将这个句子写下来，就是：

[例 7-2]①我一部都不能卖。

②我一步都不能迈。

当然，如果细究起来，[例 7-1]这个句子有歧义，最主要是跟"bù"和"mài"这两个语音形式可以表示两个意思有关，"bù"可以表示"部"和"步"，"mài"可以表示"卖"和"迈"。因此，单独来看，"bù"和"mài"这两个语音形式有歧义。

（二）"Wǒ xiǎng mǎi diǎnr yān."歧义分析

赵元任（2002）还举过一个例子：

[例 7-3]Wǒ xiǎng mǎi diǎnr yān.

这个语音形式也是一个句子，也有两种理解，第一种理解是"我抽烟，没烟了，想买一点儿烟抽"；第二种理解是"要过年了，我想买一点肉来腌制"。如果我们将这个句子写下来，就是：

[例 7-4]①我想买点儿烟。

②我想买点儿腌。

细究起来,造成这个句子歧义的主要是"yān",可以理解成"烟"和"腌"。因而单独看,"yān"也是有歧义的,但如果仅仅是这个语音形式,很难同时想到"烟"和"腌",因而这个歧义显得别有趣味。

(三)"Nǐ de huā jiāo de shuǐ bù gòu."歧义分析

下面再看赵元任(2002)举的一个例子:

[例 7-5]Nǐ de huā jiāo de shuǐ bù gòu.

这个语音形式也可以有两种理解,第一种理解是"你给花浇了一点水,还不够";第二种理解是"你给花椒浇了一点水,还不够",这里的"花椒"是一种植物,它的种子可以做调料。

如果我们将这个句子写下来,就是:

[例 7-6]①你的花浇的水不够。

②你的花椒的水不够。

在这个语音形式中,第一种理解"huā"和"jiāo"是不同的词,第二种理解"huā"和"jiāo"构成一个词。

(四)"Tā xiǎng qǐ lái le."歧义分析

再看一个很多文献都举过的例子:

[例 7-7]Tā xiǎng qǐ lái le.

这个语音形式也可以做两种理解,一种理解是"他原先躺着,现在想坐起来";另一种理解是"有一个问题,他想了很久都没有想起来,现在突然想起是什么问题了"。如果写成文字,两种理解都是一样的:

[例 7-8]他想起来了。

不过,这两种理解,"qǐ lái"这个语音形式可以有轻读和重读之别,如果是第一种理解,"qǐ lái"重读,读成"他想 qǐ lái 了",特别是"qǐ"要重读;如果是第二种理解,"qǐ lái"可以轻读,读成"他想 qi lai 了","qǐ lái"都可以轻读。与此相关,这两种理解,"想起来"的结构关系不同,表示想坐起来的意思时,"想起来"是动宾短语,"想"是动语,"起来"是宾语;表示突然想起什么问题的意思时,"想起来"是动补短语,"想"还是动语,但"起来"是补语。

虽然"qǐ lái"这个语音形式的两种理解有轻读和重读之别,但由于轻声并不是汉语的第五个声调,因而可以看作一种语流音变①,在一定情况下,两种理解都可以读原调。因而,"Tā xiǎng qǐ lái le"这个语音形式仍可以看作有歧义的。

(五)"wèi yán"歧义分析

有关语音歧义,有一个例子比较有名。我们现在听到"wèi yán"这个语音形式的时

---

① 语流音变是指音位和音位组合的时候,由于受说话时快慢、高低、强弱的不同和邻音的影响,可能发生的不同的临时性的变化(叶蜚声、徐通锵,2010)。黄伯荣、廖序东(2017)将轻声看作音变的一种,其中就提到动词、形容词后面表示趋向的词"来、去、起来、下去"等读轻声。

候,马上会理解成"胃炎",它是指胃黏膜炎症。但是以前,"wèi yán"还可以指一种恶性肿瘤,即胃癌,也就是说"wèi yán"这个语音形式以前有歧义。写成文字的话,就是:

[例7-9]①胃炎

②胃癌

两种程度不同的胃病都用"wèi yán"这种语音形式来表示显然是不行的。为了消除歧义,现在将表示恶性肿瘤的"wèi yán"改读为"wèi'ái"。

为什么这样改呢?语言学家丁声树先生发挥了重要作用。丁声树先生注意到医生们早已约定俗成地将表示恶性肿瘤的"胃 yán"读作"胃 ái",而且浙江、江苏苏州、上海一带吴方言表示恶性肿瘤的"yán(癌)"读为[ŋɛ]或[ŋai]。于是丁声树先生果断地将表示恶性肿瘤的"yán(癌)"改读为"ái"。这种改读在1962年出版的《新华字典》中得到体现。《现代汉语词典》(第7版)将表示恶性肿瘤的"yán"注音为"ái",同时又注明"旧读 yán"。这可以说是人工干预自然语言的一个成功的例子。①

(六)"Wǒ yòu tuǐ má le."歧义分析

赵元任(2002)还举过一个语音歧义的例子:

[例7-10]Wǒ yòu tuǐ má le.

这个语音形式有两个意思,写成文字的话就是:

[例7-11]①我右腿麻了。

②我又腿麻了。

这个语音歧义主要是"yòu"可以理解成"又"和"右",它们是同音词,因而可以有下面的说法:

[例7-12]Wǒ yòu yòu tuǐ má le.

写成文字就是:

[例7-13]我又右腿麻了。

不过[例7-12]这个语音形式一般没有歧义。

[例7-10]这种语音歧义既跟语音有关,也跟结构层次和结构关系不同有关。如果理解成[例7-11]①,"yòu"和"tuǐ"构成一个词"右腿",这个词做"麻"的主语;如果理解成[例7-12]②,"yòu"和"tuǐ"分别是两个词"又"和"腿","又"做状语,"腿"做"麻"的主语,"又"修饰"腿麻"。

(七)"Tā shàng diào le."歧义分析

邵敬敏(2011)举过一个例子:

[例7-14]Tā shàng diào le.

这个语音形式有两个意思,可分别写成:

[例7-15]①他上吊了。

②他上调了。

"上吊"是指"用绳子等吊在高处套着脖子自杀","上调"是指"到上一级单位工作"。

---

① 庄建.追赶太阳的人们:记《现代汉语词典》的编撰者[M].光明日报,2012-10-08(01).

正是因为"shàng diào"对应两个词(可以看作同音词),因而可以重复说:

[**例 7-16**]Tā shàng diào le,tā shàng diào le.

而这个形式可以有 3 种意思,可分别写成:

[**例 7-17**]①他上调了,他上调了。

②他上吊了,他上吊了。

③他上调了,他上吊了。

[例 7-17]①可以表达喜,[例 7-17]②可以表达悲,[例 7-17]③则是先喜后悲。但一般没有"他上吊了,他上调了"这种理解,除非两个"他"指代的对象不同。

(八)其他语音歧义分析

还有一些语音形式有歧义[主要选自赵元任(2002)、邵敬敏(2011)],下面简要做些分析。

[**例 7-18**]Tā yǒu diǎnr jiāo qì.

[**例 7-19**]Jīn tiān jìn xíng le qī zhōng kǎo shì.

[**例 7-20**]Kě yǐ zhì ái.

[**例 7-21**]Zhè jīn huā xiù le.

[**例 7-22**]Gěi wǒ yī bànr.

[**例 7-23**]xīn wén xué.

[例 7-18]"Tā yǒu diǎnr jiāo qì."有两个意思,可分别写成:①他有点儿娇气;②他有点儿骄气。"娇气"是指"意志脆弱、不能吃苦、习惯于享受的作风"(做名词)或"意志薄弱、不能吃苦"(做形容词)。正是因为"娇气"有两个义项,"他有点儿娇气"又可以有两种理解。"骄气"是指"骄傲自满的作风"(做名词)。这样的话,这个语音形式可以表示 3 个意思。

[例 7-19]"Jīn tiān jìn xíng le qī zhōng kǎo shì."有两个意思,可分别写成:①今天进行了期中考试;②今天进行了期终考试。"期中"是指"一学期中间的一段时间";"期终"是期末,是"一学期末尾的一段时间"。"期终考试"又可以说成"期末考试",如果这样,就不会产生歧义了。

[例 7-20]"Kě yǐ zhì ái."有两个意思,可以分别写成:①可以致癌;②可以治癌。前者表示导致癌症,后者表示消除癌症,两者意思完全相反。

[例 7-21]"Zhè jīn huā xiù le."可以有两个意思,可以写成:①这金花锈了;②这金花绣了。前者是指金花已经生锈了,后者指金花已经绣上了。

[例 7-22]"Gěi wǒ yī bànr."至少可以有两个意思,可以写成:①给我一半儿;②给我一瓣儿。后者给的东西如"桔子""柚子"等,它们可以分成一瓣儿一瓣儿的;前者表示分走一半。

[例 7-23]"xīn wén xué."有两个意思,可以写成:①新文学;②新闻学。但两者层次划分不同,"新文学"是"新+文学",指我国自 1919 年五四运动以来以反帝反封建为主要内容的白话文学。"新闻学"是"新闻+学",是普通高等学校的一种专业。

三、语音歧义与修辞艺术

在日常语言生活中,人们会有意识地利用语音歧义,来追求理想的交际效果,最典型的是利用语音歧义构成双关这种修辞格。

顾名思义,双关就是关涉两个方面,但言在此,而意在彼。而两个方面要能被关涉,重要的手段是两者要具有相同的语音形式。例如:

[**例7-24**]东边日出西边雨,道是无晴却有晴。

[**例7-25**]春蚕到死丝方尽,蜡炬成灰泪始干。

[例7-24]表面是"无晴""有晴",实则表示"无情""有情"。"无晴"和"无情"在现代汉语是同一种语音形式"wú qíng","有晴"和"有情"也是同一种语言形式"yǒu qíng",因此,我们也可以说"wú qíng"和"yǒu qíng"这种语音形式各有两个意思。[例7-25]的"丝"和"思"也可以看作是"sī"这个语音形式表示的两个意思,不过表面说的是"丝",实际要说的是"思"。表面说的是一种意思,其实表示的是另一个意思,此即为双关,这种双关可以叫做谐音相关。

谚语中也常用到谐音相关,如:

[**例7-26**]孔夫子搬家——尽是书(输)

[**例7-27**]外甥打灯笼——照舅(旧)

[**例7-28**]鼻子里插根葱——装象(像)

[**例7-29**]白菜煮豆腐——一青(清)二白

[**例7-30**]哑巴吃黄连——有苦说不出。

[例7-26]表面意思是"书",实际表达的是"输",它们语音形式相同,都是"shū",我们也可以说,同一个语音形式可以有两种理解。其他几个例子也都是一个语音形式表示两个意思。

值得注意的是,具有相同语音形式的字,可以是同音字,也可以是同形字。如"书"和"输"、"舅"和"旧"、"象"和"像"、"青"和"清"是同音词,它们仅仅是语音形式相同,意思没有联系。而"苦口"的"苦"和"痛苦"的"苦"、"白色"的"白"和"清白"的"白"是同形字,它们不仅语音形式相同,而且字形也一样,而且它们意思也有联系。

广告也常用到谐音双关,毛世桢(2011)举过很多例子,下面是典型的几个例子:

[**例7-31**]默默无闻(蚊)(蚊香广告)

[**例7-32**]其(骑)乐无穷(自行车广告)

[**例7-33**]望眼欲穿(服装公司)

[**例7-34**]做女人挺好(内衣广告)

四、如何分化语音歧义?

可以采用以下几种方法来分化语音歧义。

第一,利用停顿、重音等,如:

[**例7-35**]①Nǐ de huā, jiāo de shuǐ bù gòu.

②Nǐ de huā jiāo de shuǐ, bù gòu.

如果是前者,只能理解成"你的花,浇的水不够";如果是后者,只能理解成"你的花椒的水,不够"。

第二,添加补充,如:

[例7-36]Wǒ xiǎng mǎi diǎnr yān chōu.

[例7-37]Tuǐ shòu shāng le, wǒ yī bù dōu bù néng mài.

[例7-38]Quán lì, lì liàng de "lì".

[例7-36]只能理解成"我要买点儿烟抽",[例7-37]只能理解成"我一步都不能迈",[例7-38]只能理解成"权力"。

第三,借助文字。以上大多数可以产生歧义的语音形式,如果将不同的意思用文字写出来,则不会产生歧义。例如:

[例7-39]qī zhōng kǎo shì

[例7-40]①期中考试

②期终考试

[例7-41]shàng diào

[例7-42]①上吊

②上调

[例7-43]kě yǐ zhì ái

[例7-44]①可以致癌

②可以治癌

不过要注意的是,有些语音形式的两个意思用同一个字形来表示,如"白菜"和"清白"的"白"写法一样。

语音歧义是我们生活中较常见的现象,同音字或同音词都可以引起歧义,大家要有意识去注意、辨认。

不过值得注意的是,这里所说的语音歧义与后文要讲的结构歧义、语义歧义等并不是对立的,后文讲的具有词义歧义、结构歧义、语义歧义的结构如果通过口头的形式表达出来,则这些词义歧义、结构歧义、语义歧义也可以看作语音歧义。

第二节　"原来他是个老师"
——词义歧义

词义歧义

一、什么是词义歧义?

吕叔湘在《笑话里的语言学》里讲过这样一则笑话:

[例7-45]有一个和尚做了几十个饼,买了一瓶蜜,一个人在吃。没有吃完要出去,把饼和蜜藏在床底下,交代徒弟:"给我看好饼。床底下瓶子里头是毒药,吃了就死。"和尚出去之后,徒弟把蜜涂在饼上,大吃一气,吃得只剩两个。和尚回来,看见蜜已经吃光,饼只剩两个,大骂徒弟:"你怎么吃我的饼和蜜?"徒弟说:"您出去之后,我闻见饼香,馋得熬不

住,就拿来吃,又怕师父不肯饶我,就吃了瓶里的毒药寻死,没想到到现在还没死。"师父大骂:"你怎么就吃掉了这么多?"徒弟把剩下的两个饼塞在嘴里,说:"这么吃就吃掉了。"师父伸手要打徒弟,徒弟跑了。

这为什么是一个笑话呢? 也可以从歧义的角度加以解释。具体来说,"你怎么就吃掉了这么多"中的"怎么"可以有两个意思:一个意思是问原因,表示"你为什么吃掉了这么多",其中的"怎么"相当于英语的"why";另一个意思是问方式,表示"你是怎么吃掉这么多的",其中的"怎么"相当于英语的"how"。

上面这个笑话,师父是问原因,而徒弟(故意)理解成问方式,正是这种问和答的不一致,才使得这个故事成为笑话。值得注意的是,这个笑话前面还有一句话出现了"怎么","你怎么吃我的饼和蜜?"这里的"怎么"有歧义吗? 单独看,它同样有歧义,"怎么"既可以问原因,也可以问方式。但从语境看,这句话师父的问和徒弟的答是一致的,即都是将"怎么"看作问原因。由此看出,徒弟后面是故意曲解师父的问话的,两相比较,这更增添了这则笑话的有趣性。

"你怎么就吃掉了这么多"有歧义,但关键是"怎么"可以有两种理解,我们也可以说"怎么"有歧义。这种歧义产生的原因是由于词义的不同,我们将这样的歧义叫作词义歧义。概括地说,词义歧义是由于同一个词语有两个或两个以上意思,或者可做两种或两种以上理解而造成的歧义。

二、词义歧义举例分析

(一)"铅笔给你弄丢了。"歧义分析

看一个例子:

[例 7-46]铅笔给你弄丢了。

这个结构有两个意思,一个意思表示"有人把你的铅笔弄丢了",介词"给"引入受损者,即你的铅笔丢了,"你"受到损失。另一个意思表示"铅笔被你弄丢了",介词"给"引入施事,即是"你"弄丢了铅笔。这个句子有歧义主要是"给"既可以引入受事,也可以引入施事。"给"的这两种意义,在吕叔湘主编的《现代汉语八百词(增订本)》中已列为义项。

(二)"他借我一支笔。"歧义分析

再看一个例子:

[例 7-47]他借我一支笔。

这类歧义结构朱德熙(1980)、邵敬敏(1999)和黄国营(1985)等都分析过。这个结构有两个意思,一个意思表示"他借给我一支笔",笔是他的;另一个意思表示"我借给他一支笔",笔是我的。由此看出,这个结构有歧义主要是因为"借"既可以表示借进,也可以表示借出,也就是说,"借"表示的动作有方向的区别。"借"的这两种意思,《现代汉语词典》(第7版)也立为两个义项。①

像"借"一样动作有方向之别的词语还有"租"和"换",因而由它们构成的结构也可能

---

① 这两个义项是:①暂时使用别人的物品或金钱,借进;②把物品或金钱暂时供别人使用,借出。

有歧义,如"我租他一辆自行车",既可以表示我租给他自行车,也可以表示他租给我自行车。

当然,这类结构有歧义,还跟它是双宾语句有关,如果是下面的句子,就没有歧义了:

[**例7-48**]他借给我一支笔。

[**例7-49**]他借一支笔给我。

(三)"我让他说了几句。"歧义分析

下面看吕叔湘在《现代汉语八百词(增订本)》中提到的一个例子:

[**例7-50**]我让他说了几句。

这个结构至少有3个意思:第一个意思表示"我请他说了几句",第二个意思表示"我容许他说了几句",第三个意思表示"我被他说了几句"。这个结构有歧义,主要跟"让"具有多义性有关,第一个意思的"让"表示致使,第二个意思的"让"表示容许、允让,第三个意思的"让"表示被动。

汉语的"叫"也可以表示这3个意思,所以"桌子没叫他搬走"也有3个意思,第一个意思表示"没有命令他搬走桌子",这时"叫"表示致使、命令等;第二个意思表示"没允许他搬走桌子",这时"叫"表示容许、允让等;第三个意思表示"桌子没有被他搬走",这时"叫"表示被动。

以上"叫""让"的3个意思,在《现代汉语词典》(第7版)和吕叔湘主编的《现代汉语八百词(增订本)》中都明确被列出。

(四)"弟弟做哥哥的工作。"歧义分析

吕叔湘(1984)分析过下面的歧义结构:

[**例7-51**]弟弟做哥哥的工作。

这个结构有两个意思,一个意思表示"弟弟去顶替哥哥的工作",另一个意思表示"弟弟给哥哥做思想工作"。造成歧义的原因主要是"做工作"可以有不同的理解,一种理解是"做事",另一种理解是"做思想工作"。与此相关,"哥哥"的作用也不完全一样,如果表示"弟弟去顶替哥哥的工作",那么这个工作是哥哥的;如果表示"弟弟给哥哥做思想工作",则一般不会认为这个思想工作是哥哥的。

(五)其他词义歧义简要分析

还有一些词义歧义也很有趣,下面简要做些分析。

[**例7-52**]这顿饭没菜。

[**例7-53**]我要去上课。

[**例7-54**]走了。

[**例7-55**]中国老师带领十来位外国留学生,步行去天津动物园看熊猫等动物。离开学校大门得过一条很宽的马路,疾驶的汽车一辆接一辆呼啸而过。老师嘱咐过马路的外国学生大声说:"看车,看车!"没想到……

[**例7-52**]"这顿饭没菜"有两个意思,可以指没有下饭的"菜",也可以指没有蔬菜(可以有鸡鸭鱼肉)。

[**例7-53**]"我要去上课"有两个意思,既可以指"我给学生上课",我可能是老师;也可

以指"我要去上课学习",我可能是学生。

[例7-54]可以表示"走"这个动作已经发生,也可以表示就要"走"。与此相关,两个"了"的作用也不完全相同,表示前一个意思的"了"可以看作时体助词,表示完成;表示后一个意思的"了"是语气词,表示变化或新情况的出现。

[例7-55]的"看"可以表示两个意思,一个意思表示"注视、观察","看车"表示"看着车";另一个意思表示"提醒注意","看车"表示"注意车"。大家可以设想一下,当留学生听到老师说的"看车"时,接下来会发生什么事。

三、词类差异与词义歧义

两个词词类不同,往往词义也不相同,因而很多词义歧义跟词类不同也有关。上文分析的词义歧义,有些涉及词类问题,如"走了"中的"了"可以表示时体助词,也可以表示语气词。下面再分析一些跟词类不同有关的词义歧义。

词类是词的功能分类,根据语法功能,可以将汉语的词分为实词和虚词。实词再分为名词、动词、形容词、区别词、副词、数词、量词、代词、拟声词和叹词;虚词可分为介词、连词、助词、语气词。

(一)"他原来是个老师。"歧义分析

邵敬敏(1999)举过一个例子:

[例7-56]他原来是个老师。

这个结构有两个意思,第一个意思是,他以前是老师,现在不是老师了;第二个意思是,我发现他是老师,一般指说话时他是老师,当然也可能他以前是老师,或者以前一直到现在都是老师。

这句话有歧义主要跟"原来"的词义不同有关:表示第一个意思时,"原来"表示"开始的时候,从前",它是名词,做定语;表示第二个意思时,"原来"表示"发现真实情况",是副词。

值得注意的是,这个句子"原来"可以放在句首,例如:

[例7-57]原来他是个老师。

它同样有歧义,可以做上面两种理解。

(二)"你爬过那座山没有?"歧义分析

邵敬敏(2011)举过一个例子:

[例7-58]你爬过那座山没有?

这也是一个有歧义的结构,主要跟"过"有关,首先,"过"可以表示"经过"某个地方,它是趋向动词,这个时候,问的是"你有没有从山的这头爬到山的那头"。此外,"过"还可以表示经过或做过某件事,是时态助词,这个时候,问的是"你有没有做过爬那座山的事"。

正是因为"过"有不同的意思,因此可以说下面这种看似矛盾、实则合法的句子:

[例7-59]我爬过那座山,但没爬过那座山。

前一个"过"是时态助词,后一个"过"是趋向动词。

这个结构有歧义也跟动词有关,一般为运动、趋向动词,如"跑、跳、走、飞"等,像"飞过那座山没有"也是有歧义的。但"你吃过饭没有"一般没有歧义。

(三)"电报一通"歧义分析

吕叔湘(1984)举过一个例子:

[例7-60]电报一通

它可以表示两个意思,一个意思是"电报一开通",另一个意思是"一封电报"。很明显,造成歧义的因素主要是"通"可以做不同的理解,它可以表示"开通",是动词;也可以是量词,一通电报相当于一封电报。

值得注意的是,"电报一通"有歧义,"一通电报"也是有歧义的,也有以上两种意思。但是如果将"一"换成其他数词,如"电报两通""两通电报",它们一般就没歧义了。

"文书""手书"也可以用"通",而且位置可前可后,如果数词是"一",如"一通文书""文书一通"也是有歧义的,但不如"电报"明显。

(四)"多操心"歧义分析

吕叔湘(1984)还举过一个例子:

[例7-61]多操心

这个结构有两个意思,一个意思是希望听话人多多地操心,相当于"请你多操心",这是一个祈使表达,"多"表示超出原有或应有的数目、比原来的数目有所增加(跟"少"相对);还有一个意思表示多么操心、非常操心,带有评价、感叹性质,"多"表示程度很高,可以换成"多么"。

值得注意的是,并不是任何词在"多"后面都可以产生歧义,如"多聪明""多干净"和"多吃""多研究"等就没有歧义。"多"后面的成分一般兼具性质和动作,才可能产生歧义,例如:

[例7-62]多听话

　　　　多想

　　　　多担心

这些结构都有歧义。

(五)其他词义歧义简要分析

下面再看一些词类不同、词义也不同的歧义现象(邵敬敏,2011)。

[例7-63]菜不热了。

[例7-64]飞机上多半是美国人。

[例7-65]我跟他去过。

[例7-63]的"热"可以做动词,表示加热,这个结构可以表示"这些菜不再加热了";"热"还可以做形容词,这个结构可以表示"这些菜有点凉了"。

[例7-64]的"多半"可以做数词,表示超过一半、大半,这个结构表示"飞机上超过一半的人是美国人";"多半"还可以做副词,表示大概,这个结构表示"大概飞机上的全是美国人"。

[例7-65]的"跟"可以做动词,表示"在后面紧接着向同一方向行动",可以说成"跟着",这个结构表示"我在后面跟着他去过";"跟"还可以做连词,相当于"和",这个结构表

示"我和他去过"。

上面我们分析了由于词义不同而造成的歧义,不过要注意的是,有些词的词义是词典里明确注明的,如"给""借""怎么"的两个词义《现代汉语词典》(第7版)把它们作为两个义项。而有些词的词义,词典里并未注明,如"做工作",大家要加以辨认,仔细琢磨。

第三节 "没有穿破的衣服"
——结构歧义

结构歧义

一、什么是结构歧义?

结构歧义就是一个结构由于结构层次或结构关系不同而造成的歧义。如"新学生宿舍",可以划分为不同的层次,一种划分是"新"和"学生宿舍"构成第一层,另一种划分是"新学生"和"宿舍"构成第一层。但不管是哪一种划分,两个成分之间的关系都是定中关系,都构成定中结构。这是由于结构层次不同而造成的歧义。再如"研究方法",只能由"研究"和"方法"构成,但"研究"和"方法"存在不同的关系,如可以表示定中关系,也可以表示动宾关系。这是由于结构关系不同而造成的歧义。这里将由结构层次或结构关系造成的歧义统称为结构歧义。

赵元任(2002)说最有意思和最重要的歧义现象是那些由于直接成分可作多种切分而造成的歧义。这种歧义就是这里所说的结构歧义。

二、结构层次不同造成的歧义

(一)什么是结构层次?

一个结构中不同成分之间组合的先后顺序,可以称之为层次。例如:

[例7-66]三个工人的意见

这个结构可以划分为不同的层次,一种划分是,"三个"和"工人的意见"组合,构成第一层;然后是"三"和"个"、"工人"和"意见"构成第二层。可表示如下:

```
三  个  工人的  意见
|定|    中    |  第一层
|数|量| 定 | 中 |  第二层
```

另一种划分是,"三个工人"和"意见"组合,构成第一层;然后是"三个"和"工人"组合,构成第二层;最后是"三"和"个"组合,构成第三层。可表示如下:

```
三  个  工人的  意见
|    定    | 中 |  第一层
| 定 | 中 |        第二层
|数|量|            第三层
```

像以上这种分析法就叫作层次分析法(也叫作"直接层次分析法")。

由于"三个工人的意见"可以分成不同的结构层次,那它就是一个有歧义的结构。这种歧义可以叫作结构歧义。

(二)"美国语言研究"歧义分析

下面看一个例子:

[例 7-67]美国语言研究

这个结构有两个意思,一个意思是"美国的学者进行的语言研究",研究的可以是美国的语言,也可以是美国以外的语言。另一个意思是"对美国的语言进行的研究",研究的对象是美国的语言,美国以外的语言不是研究对象。

这个结构有歧义,主要是结构层次不同,如第一个意思的层次分析是:

第二个意思的层次分析是:

美国　　语言　　研究

第二个意思的层次分析图

两个意思结构层次不同,但结构关系都是定中关系,它们都是定中结构。

由于结构层次不同(但结构关系相同)而造成的歧义不多。

三、结构关系不同造成的歧义

(一)什么是结构关系?

同一个层次的不同(一般两个)成分之间具有不同的结构关系,构成不同的结构,主要有:①联合结构,成分之间具有联合关系;②偏正结构,成分之间具有偏正关系;③主谓结构,成分之间具有主谓关系;④动宾结构,成分之间具有动宾关系;⑤中补结构,成分之间具有中补关系。例如:

[例 7-68]①联合结构:分析研究、小明和小李

②偏正结构:小明的衣服(定中结构)、特别聪明(状中结构)

③主谓结构:我爱学习、歧义很有趣

④动宾结构:洗衣服、学中文

⑤中补结构:看懂了(动补结构)、好极了(形补结构)

联合结构"分析研究",其中"分析"和"研究"地位相等,两者构成联合关系。再如偏正结构"小明的衣服",其中"小明"修饰限制"衣服",两者构成偏正关系,具体说是定中关系,即定语和中心语之间的关系;而偏正结构"特别聪明"中,"特别"修饰限制"聪明",两者也构成偏正关系,具体说是状中关系,即状语和中心语之间的关系。再如主谓结构"歧义很有趣","很有趣"对"歧义"进行陈述,两者构成主谓关系。再如动宾结构"洗衣服","洗"支配"衣服",两者构成动宾关系。再如中补结构"看懂了","懂"补充说明"看",两者构成中补关系,具体说是动补关系;中补结构"好极了","好"和"极"构成形补关系。

当一个结构可以划分为不同层次时,我们主要根据最高的那一层(第一层)来判断其结构性质。如"三个工人的意见",有不同的层次划分,例如:

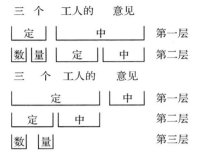

它们的第一层都是偏正结构(定中结构)。

(二)歧义分析举例

1．"学习文件"歧义分析

下面看一个例子:

[**例 7-69**]学习文件

这个结构有两个意思,可以表示"用于学习的文件",也可以表示"正在学习文件"。造成"学习文件"歧义的原因不是结构层次(因为这两个意思结构层次相同),而是结构关系不同:如果是第一个意思,"学习文件"是偏正结构,比如可以说"一份学习文件";如果是第二个意思,"学习文件"是动宾结构,如可以说"学习了文件"。

类似的结构还有"研究方法""出土文物""零售商品""雇佣工人"等,它们都是歧义结构,而且都可以分析为定中结构和动宾结构。但"购买汽车""学习时间"等没有歧义(石安石,1993)。

2．"我要烤肉"歧义分析

下面再看一个例子:

[**例 7-70**]我要烤肉

分析结构层次时,我们一般考虑第一层,但有一些结构歧义更复杂,结构层次都相同,只是某些层次结构关系不同。如"我要烤肉",有两个意思,一个意思是"我要烤的肉,不要煮的肉",这个结构的结构层次和结构关系是:

我 要 烤 肉
| 主 | | 谓 | 第一层
| 动 | 宾 | 第二层
| 定 | 中 | 第三层

另一个意思是"我要去烤肉",这个结构的结构层次和结构关系可表述如下:

我 要 烤 肉
| 主 | | 谓 | 第一层
| 状 | 中 | 第二层
| 动 | 宾 | 第三层

两个意思,"我要烤肉"结构层次一样,但第二层和第三层结构关系不同。因此,造成"我要烤肉"歧义的主要是结构关系不同。

3．"我们中国人"歧义分析

石安石(1993)举了一个例子:

[例7-71]我们中国人

这个结构可以表示两个意思,一个意思是看作同位短语,即"我们"和"中国人"语法地位一样,它们可充当同样的语法功能。另一个意思是看作主谓短语,"我们"是主语,"中国人"做谓语,相当于"我们是中国人"。名词性成分直接做谓语是汉语语法的特色,像"今天周末""鲁迅绍兴人""苹果三斤"等都是名词性成分直接做谓语。

"病人家属"也有两个意思,一个意思看作定中短语,"病人"做定语,"家属"做中心语,是指"病人的家属";另一个意思是看作联合短语,指"病人和家属","病人"和"家属"语法地位一样。

由此看出,两个名词成分直接组合在一起,结构关系很复杂。而且,虽然同位短语和联合短语各个组成成分语法地位一样,但两者不同。联合短语各成分之间有较明显的停顿,可以加"和""跟"等连词,因而可以说成"病人和家属";而同位短语各成分之间没有停顿,也不可以加"和""跟"等连词,因而不可以说成"我们和中国人"。

无论是"我们中国人"还是"病人家属",它们的两个意思的结构层次是一样的。

4．"高一米"的歧义分析

再看一个例子:

[例7-72]高一米

这个结构有两个意思,一个意思表示"高度是一米",是主谓结构,"高"做主语,"一米"做谓语,这是形容词性成分做主语。另一个意思是"超过一米",是中补结构(或形补结构),"高"做中心语,"一米"做补语,可以说成"高了一米"。

值得注意的是,两个意思中的"高"都是形容词,不宜认为第一个意思(主谓结构)的"高"是名词(或认为形容词变成名词),汉语的形容词可以直接做主语或宾语(如"比高")。

类似的歧义结构有"长一米""宽一米",但"大一岁"只有一个意思,而且"低一米""短一米""窄一米"也都只有一个意思。这可以从标记性的角度加以分析,即"高""长""宽"是无标记的,既可以是高的、长的、宽的,也可以指低的、短的、窄的;而"低""长""窄"是有标记的,只能表示低的、短的、窄的。如我们不知道一个人高矮时,可以问:"他多高?"只有知道一个人矮时,我们才问:"他多矮?"

5．"小心地滑"歧义分析

我们常常看到这样的文字:

[例7-73]小心地滑

它有两个意思,一个意思是"要注意,地上很滑",此时,"小心地滑"可分析为:

```
小心    地  滑
|_动_|  |_宾_|  第一层
|_主_||_谓_|  第二层
```

此时,"小心地滑"是动宾短语。

另一个意思是"滑行的时候要小心",此时,"小心地滑"可分析为:

小心地　滑
　状　　中

此时,"小心地滑"是偏正短语。

当然,我们说"小心地滑"有歧义是从书面的角度而言的。如果说出来,则没有歧义,两个意思对应两个语音形式为:

[例 7-74]xiǎo xīn dì huá

[例 7-75]xiǎo xīn de huá

第一个意思对应[例 7-74],第二个意思对应[例 7-75]。

四、结构层次和结构关系不同造成的歧义

(一)概说

以上分别从结构层次和结构关系角度探讨歧义产生的原因,结构层次不同或结构关系不同都可以产生结构歧义。

从理论上讲,结构层次和结构关系可构成 4 种组合:

第一,结构层次相同,结构关系相同;

第二,结构层次相同,结构关系不同;

第三,结构层次不同,结构关系相同;

第四,结构层次不同,结构关系不同。

这里说的结构层次是指第一层,如果考虑到更小的层次,情况更复杂。

其中,后 3 种情况都可能产生歧义,分别举例如下:

[例 7-76]①学习文件

②三个工人的意见

③咬死猎人的狗

[例 7-76]①"学习文件"从结构层次看,只有一层,但它既可以是动宾结构,如可以说"学习了文件""正在学习文件"等;它也可以是偏正结构,如可以说"一份学习文件"。两个意思,结构层次相同,结构关系不同。

[例 7-76]②"三个工人的意见",从结构层次看,可以是"三个"和"工人的意见"构成第一层,是偏正结构;也可以是"三个工人"和"意见"构成第一层,也是偏正结构。两个意思,结构层次不同,结构关系相同。

[例 7-76]③"咬死猎人的狗",从结构层次看,可以是"咬死"和"猎人的狗"构成第一层,是动宾结构;也可以是"咬死猎人"和"狗"构成第一层,是偏正结构。两个意思,结构层次不同,结构关系不同。

由此可以说,结构歧义就是同一结构由于结构层次或结构关系不同而造成的歧义。

(二)结构歧义举例分析

1. "关心自己的孩子"歧义分析

下面看朱德熙(1980)举过的一个例子:

[例 7-77]关心自己的孩子

这个结构有两个意思,可以表示"母亲关心自己的孩子",也可以表示为"孩子关心母亲"。如果是第一个意思,其结构可划分为:

这是一个动宾结构。

如果是第二个意思,其结构可划分为:

这是一个定中结构。

两个意思结构层次相同,结构关系不同。

2. "咬死猎人的狗"歧义分析

下面这个例子是文献常举的例子。

[例 7-78]咬死猎人的狗

它有两个意思,一个意思表示"把猎人的狗咬死了,狗死了",其结构层次和结构关系可表示为:

这是一个动宾结构。

另一个意思表示"那条狗咬死了猎人,猎人死了",其结构层次和结构关系可表示为:

咬　死　猎人的　　狗

|　　　　定　　　| 中　| 第一层
| 动 | 宾 |　　　　第二层
|动| 补 |　　　　第三层

这是一个定中结构。

两个意思结构层次和结构关系都不同。

3. "安排好房间"歧义分析

再看一个邵敬敏(2011)举过的例子:

[例 7-79]安排好房间

这个结构可以表示两个意思,一个意思表示"房间安排好了",其结构层次和结构关系可表示如下:

这是一个动宾结构,动语"安排好"是动补结构,"好"做补语。

第二个意思表示"安排了一个条件好的房间",其结构层次和结构关系可表示如下:

它也是动宾结构,但宾语"好房间"是定中结构。"好"做定语。

由此看出,虽然两个意思第一层都是动宾关系,但第二层不一样。

正是因为可以有两种划分,可以作两种理解,所以有下面这样看似矛盾的说法。

[例 7-80]安排好房间了,但没安排好房间。

如果将前一个"好"看作补语,将后一个"好"看作定语,那么,这个结构就不矛盾,因为可以理解成安排了一个条件差的房间。

4. "她是去年生的小孩儿"歧义分析

下面再看一个赵元任(2002)分析过的一个例子:

[例 7-81]她是去年生的小孩儿

这个结构有两个意思,一个意思是"她去年生了小孩儿",这个结构是主谓结构,"她"是主语,"是去年生的小孩儿"是谓语,"是"可以看作副词,表示强调(也可以看作焦点标记);"的"是语气词,将动语"生"和宾语"小孩儿"隔开了。这种意思时,这个结构可分析如下:

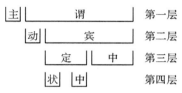

表示这种意思时,这个结构与"她是去年生小孩儿的"相同,只不过"她是去年生的小孩儿"只在北方方言有,在南方和华中方言中没有听说过。

另一个意思是"她是个小孩儿,去年生的",也是主谓结构,主语是"她",谓语是"是去年生的小孩儿"。"是"是系动词,"的"是结构助词,"去年生"修饰"小孩儿"。表示这种意思时,这个结构可分析如下:

她 是 去年 生的 小孩儿
| 主 | 谓 | | 第一层
| 动 | 宾 | | 第二层
| 定 | 中 | 第三层
| 状 | 中 | 第四层

"她是去年生的小孩儿"这个结构的歧义也可以从下一节所讲的语义歧义的角度分析,即"她"既可以做施事,表示她去年生了小孩;"她"也可以做受事,表示她是小孩儿,去年生的。

不过,相对而言,从结构歧义角度分析更具体,从语义角度分析更概括。

5. "是瓦特改进的蒸汽机"歧义分析

我们再参照朱德熙(1980)举下例说明：

[例7-82]是瓦特改进的蒸汽机

这个结构有 3 个意思，第一个意思是对"(这/那)是什么?"的回答，表示这是蒸汽机。"是"是动语，"瓦特改进的蒸汽机"是宾语，"的"是结构助词，"瓦特改进"修饰"蒸汽机"。其结构可分析如下：

第二个意思是对"谁改进了蒸汽机?"的回答，表示瓦特改进了蒸汽机。表达这种意思时，"的"是语气词。但对"是"的分析可能有争议，可以把它看作动词(则"瓦特改进蒸汽机"是宾语)，可以把它看作焦点标记(它不是句法成分，不需要分析)，其结构层次可分别表示如下：

这是将"是"看作动词。

这是将"是"看作焦点标记。

第三个意思是对"不是瓦特改进的蒸汽机"的反驳，表示"确实是瓦特改进的蒸汽机"。此时"是"是动词，表示"的确、实在"，它要重读。其结构可分析为：

朱德熙(1980)认为，做第二种理解时，这个结构应该分析：

(是瓦特改进的)＋蒸汽机

这是主语后置的判断句，即正常语序为：

蒸汽机是瓦特改进的。

这种处理"的"比较好解释，它是语气词，置于句末。

其实，我们也可以将它看作正常语序的结构，它与上文所说的"她是去年生的小孩"(表示"她去年生了小孩")具有平行性，即

[例7-83]①是瓦特 18 世纪改进的蒸汽机。

②瓦特是 18 世纪改进的蒸汽机。

③瓦特 18 世纪改进的是蒸汽机。

[例 7-84]①是她去年生的小孩儿。

②她是去年生的小孩儿。

③她生小孩儿是去年。

即"是"作为强调(焦点)的标记具有浮动性(徐烈炯,2005),在句法允许的条件下,它可以比较自由地置于被强调的对象(焦点)前。这样分析的不足是"的"不太好处理,因为一般情况下,语气词不会置于动宾之间。但很多文献都指出,这种结构是汉语北方方言特有的句式(赵元任,2002)。

再顺带提一下,[例 7-84]其实可以表示 3 个意思,它可以表示"是小孩儿,这个小孩儿是她去年生的",可以表示"是她而不是别人生的小孩儿",还可以表示"她是去年而不是今年生的小孩儿"。后两种意思跟"是"作用的对象(强调的重点)不同有关。①

6.其他结构歧义分析

下面再举一些结构歧义的例子(参见赵元任,2002;吕叔湘,1984;邵敬敏,2011 等),并做简要分析。

[例 7-85]咱们的牛百岁

[例 7-86]养老金

[例 7-87]忘了喂孩子的奶了

[例 7-88]他看了一个月的报

[例 7-89]没有买票的

[例 7-85]"咱们的牛百岁"可以做两种分析,第一种是主谓结构,"咱们的牛"是主语,"百岁"是谓语,表示我们的牛很老了,已经一百岁了。第二种是定中结构,"咱们"做定语,"牛百岁"做中心语。"牛百岁"是对人的昵称或尊称,这个人很可能姓"牛"。20 世纪 80 年代有一部很有名的电影,名字就叫《咱们的牛百岁》,主人公就是"牛百岁"。

[例 7-86]"养老金"可以做两种分析,一种是定中结构,"养老"是定语,"金"是中心语,表示养老的金钱(也可以将"养老金"看作名词)。另一种是动宾结构,"养"是动语,"老金"是宾语,"老金"可以看作一个人的名字或称呼,姓"金"。整个结构表示赡养或抚养老金这个人。由于两种意思相差很大,特别是第二种理解出乎意料,这个结构的歧义很有趣。

[例 7-87]"忘了喂孩子的奶了"可以做两种分析,一种分析是"喂孩子的奶"做动宾结构,做动词"忘"的宾语,这是谓词性成分做宾语的例子,此时表示"忘了喂奶了"。另一种分析是"喂孩子的奶"做定中结构,"喂孩子"做定语,修饰"奶",此时表示"忘了奶,奶是喂孩子的"。

[例 7-88]"他看了一个月的报"可以做两种分析,一种分析是"一个月"做"看"的补语,此时表示"看报纸看了一个月"。一种分析是"一个月"做定语,修饰"报",此时表示"看了

---

① 理论上讲,"是"可以作用于"小孩儿",表示"她生的是小孩而不是大孩",但这种理解有悖常理,一般不看作歧义。

某一个月(如 10 月)的报纸"。

[例 7-89]"没有买票的"可以做两种分析,一种分析是"没有"做动语,宾语是"买票的",表示"没有买了票的人(不需要买票)"。另一种分析是"没有"做状语,修饰"买票",然后它们一起和"的"构成"的"字结构,此时表示"有些人,他们还没有买票(需要买票)"。顺带提一下,"[买票]的"和"[没有买票]的"都是"的"字结构,谓词性成分和"的"构成"的"字结构,它是名词性短语。

五、如何分析结构歧义?

前面我们分析了结构层次和结构关系不同会造成歧义,甚至更多的歧义是两个因素共同造成的。相应地,我们也可以根据一个结构是否具有不同结构层次或具有不同结构关系来判定它是否有歧义。而且我们可以先划分结构层次,然后判定结构关系。

当我们碰到一些较难理解或者较复杂的结构时,可以通过这种分析来判断它们是不是歧义结构,而且可以使我们的判断更具体、更明确,下面看邵敬敏(1999)举过的一个例子。

[例 7-90]没有穿破的衣服

这个结构是否有歧义呢? 有哪些歧义呢? 我们就可以通过结构层次分析和结构关系分析来判断。

首先从结构层次(第一层)看,它可以有 3 种划分,第一种划分是"没有"和"穿破的衣服"构成第一层,表示"没有穿破了的衣服,有好衣服"。整个结构是动宾结构(根据第一层)。其结构分析如下:

第二种划分是"没有穿"和"破的衣服"构成第一层,表示"没有穿破的衣服,穿的是好衣服"。整个结构也是动宾结构(根据第一层)。其结构分析如下:

第三种划分是"没有穿破"和"衣服"构成第一层,它表示"这是一件没有穿破的衣服"。整个结构是定中结构。其结构分析如下:

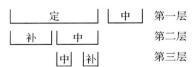

由此看出,虽然第一种分析和第二种分析的第一层都是动宾结构,但两者构成成分不同,第一种分析是"没有"和"穿破的衣服"构成第一层,而第二种分析是"没有穿"和"破的衣服"构成第一层,结构层次不同。

通过上面的分析,我们可以明确地说"没有穿破的衣服"这个结构有 3 个意思,而且可以将这 3 个意思比较明确地表达出来。由此看出,结构层次和结构关系从一个角度看是造成结构歧义的重要原因;从另一个角度看,是我们分析歧义的重要视角和方法。

由这个例子还可以看出结构层次和结构关系是相互制约的,如"没有"与"穿破的衣服"构成第一层时,两者只能表示动宾关系,这个结构是动宾结构;而"没有穿破的"与"衣服"构成第一层时,两者只能表示定中关系,这个结构是定中结构。

上面我们分析了由于结构层次或结构关系不同而造成的歧义,以后我们碰到一个结构时,就可以看它是否可以分成不同的层次,成分之间的结构关系是否一样,从而判断一个结构是否有歧义。

语义歧义

第四节 "没有东西装了"

——语义歧义

一、什么是语义歧义?

假设有 A、B 两支运动队,A 队在比赛中总是得冠军,B 队在比赛中总是垫底。但对这两支水平、成绩完全不同的运动队,我们都可以用"谁也赢不了"来评价:

[例 7-91]①A 队,谁也赢不了。

②B 队,谁也赢不了。

为什么可以这样呢?

关键在于"谁"可以做不同的理解,具体来说就是,它可以和谓语动词"赢"发生不同的语义关系,充当不同的语义角色。一方面,在[例 7-91]①中,"谁"可以发出"赢"这个动作,看作施事,相应地,A 队承受"赢"这个动作,可以看作受事。这种理解是"谁也赢不了 A 队"。同时,在[例 7-91]②中,"谁"也可以承受"赢"这个动作,看作受事,相应地,B 队发出"赢"这个动作,看作施事,此时理解成"B 队赢不了谁"。由此看出,"谁也赢不了"是个有歧义的结构,关键是"谁"可以和"赢"发生两种语义关系,具有两种语义角色。

当然我们可以进一步追问,为什么"谁"可以具有两种语义角色?这一方面和"谁"的性质有关,也和我们汉语的特点有关。概括地说,就是汉语的主语(话题)可以表示多种语义关系,如可以表示施事、受事、工具等。这样"谁也赢不了"中的"谁"既可以表示施事,也可以表示受事。

当然,并不是任何主语都可以充当不同的角色,这要受它们自身的语义特点的限制,比如:

[例 7-92]一场也赢不了。

其中的"一场"只能做受事,不能做施事,因为它不能发出"赢"这个动作(只有人才能发出这个动作)。

再比较:

[例 7-93]①这个字也不认识

130

　　②谁也不认识

只有[例 7-93]②才有歧义,[例 7-93]①没有歧义。

像这样由于一个名词性成分可以和结构中其他成分(特别是谓词性成分)发生多种语义关系,或者具有多种语义角色而产生的歧义,叫作语义歧义。

二、常见语义角色

语义关系主要是一个结构中名词性成分与谓词性成分之间存在的关系。名词性成分在语义关系中所起的作用可称为语义角色。

汉语中常见的语义角色有①:

(1)施事(agent):动作行为的发出者。如"小马过河"中的"小马"。

(2)感事(sentient):非自主感知事件的主体,如"小马害怕过河"中的"小马"。

(3)致事(causer):引发事件的因素,如"松鼠被淹让小马害怕过河"中的"松鼠被淹"。

(4)主事(theme):性质、状态变化的主体,如"小马累了"中的"小马"。

(5)受事(patient):受到动作行为影响的事物,如"小马驮麦子"中的"麦子"。

(6)与事(dative):动作行为非主动的参与者,如"妈妈交给小马一袋麦子"中的"小马"。

(7)结果(result):动作行为造成的结果(事物),如"小马用小麦磨面粉"中的"面粉","面粉"是"磨"了以后才有的。

(8)对象(target):感知行为的对象或目标,如"小马喜欢姥姥"中的"姥姥"。

(9)系事(relevant):跟主事相对的事物,如"小马是马"中的"马"。

(10)工具(instrument):动作行为凭依的物质,如"小马用麻袋装麦子"中的"麻袋"。

(11)材料(material):动作行为使用的物质,如"小马用小麦磨面粉"中的"小麦","小麦"是"面粉"的原材料。

(12)方式(manner):动作行为采取的方式、方法,如"小马低声叫了一句"中的"低声"。

(13)场所(location):动作行为发生的处所,如"小马在河边吃草"中的"河边"。

(14)源点(source):动作行为开始的时间或处所,如"小马从河的这边跑到河的那边"中的"河的这边"。

(15)终点(goal):动作行为结束的时间或处所,如"小马从河的这边跑到河的那边"中的"河的那边"。

(16)范围(range):动作行为涉及的时间、幅度等,如"小马走了 3 个小时"中的"3 个小时"。

(17)命题(preposition):"老牛认为小马能过河"中的"小马能过河"。

(18)领属者(genitive):如"小马的妈妈"中的"小马"。

同一个成分,可以充当多种语义角色,比较"盖房子"和"拆房子",其中,"盖房子"中的

---

① 袁毓林.论元角色的层级关系和语义特征[J].世界汉语教学,2002(3):10-22.此文并未提到领属者这一角色,这是笔者根据其他文献增加的。

"房子"是结果,是先"盖"才有"房子";而"拆房子"中的"房子"是受事,先有"房子"才能"拆"。

值得注意的是,有时有些名词性成分的语义角色并不容易判定,如"想家"的"家",如果将它看作受事,又与典型的受事(如"吃饭"的"饭")不同,因为它并没有承受"想"这一动作,"想"也不可能使"家"受到影响。但不将它看作受事,看作其他语义角色(如对象)也不是很妥帖。为了分析的便利,这里将它看作受事。

值得注意的是,语义角色和句法功能是不同的概念,不要将主语和施事、宾语和受事等同起来,比如"衣服洗好了"中的"衣服"做主语,而"洗好了衣服"中的"衣服"做宾语,但两个结构中"衣服"的语义角色都是受事,它们承受"洗"这一动作。

三、语义歧义举例分析

(一)"没有东西装了"歧义分析

吕叔湘(1984)曾经举过一个例子:

[例 7-94]没有东西装了

这个结构有歧义是由语义造成的,具体说是"东西"可以承担两个不同的语义角色。首先,"东西"可以是受事,指大米、书、笔等东西,比如可以说:"(还空着两条麻袋,)没有东西装了。"其次,"东西"也可以是工具,指麻袋、手提袋、箱子等东西,比如可以说:"(剩下的大米)没有东西装了。"

正是因为"东西"既可以做受事,又可以做工具,所以可以有下面的说法:

[例 7-95]这个东西装那个东西

很显然,前一个"东西"是工具,后一个"东西"是受事。也正是因为前一个"东西"是工具,因而可以说成"用这个东西装那个东西"。

(二)"鲁迅的书"歧义分析

朱德熙(1980)举过一个例子:

[例 7-96]鲁迅的书

朱德熙(1980)认为它有两个意思,一个意思是"鲁迅写的书",另一个意思是"属于鲁迅的书"。从语义角色的角度看,如果是第一个意思,"鲁迅"是施事;如果是第二个意思,"鲁迅"是领属者。

邵敬敏(2011)举了一个类似的例子:

[例 7-97]鲁迅的小说

认为它有 3 个意思,第一个意思是指"鲁迅写的小说","鲁迅"是施事;第二个意思是"鲁迅拥有的小说","鲁迅"也是领属者;第三个意思是"描写鲁迅的小说","鲁迅"可以看作对象。照此理解,[例 7-96]也可以有 3 个意思,第三个意思是"描写鲁迅的书","鲁迅"也是对象。

下面看一个与之结构类似的例子:

[例 7-98]黑子的消息

邵敬敏(2011)认为它有两个意思,一个意思是"黑子拥有的消息","黑子"是领属者;

另一个意思是"有关黑子的消息","黑子"就是对象。"黑子"可不可能像"鲁迅的小说"中的"鲁迅"一样是施事,即理解为"黑子创造的消息"? 这种理解不太可能。

由此看出,一个名词性成分可以充当哪些语义角色,既跟该成分自身语义特点有关,也跟与其相关的成分的特点有关。

由这个例子还可看出,名词性成分的语义角色具有相对的独立性,有时可以不依靠结构或谓词性成分确定,如"鲁迅的小说"这个歧义结构,当"鲁迅"充当施事时,这个结构并不需要出现表示相应动作的词语(如"写""创作"等),即"鲁迅的小说"与"鲁迅写小说"中的"鲁迅"充当的角色(施事)是一样的。正因如此,朱德熙(1980)将这种隐藏在显性语法关系后边的潜在的语法关系看作隐性语法关系,隐性语法关系和显性语法关系相对。我们前文探讨的结构歧义主要跟显性语法关系有关。

(三)"找孩子的妈妈"歧义分析

再看一个例子:

[例 7-99]找孩子的妈妈

这个结构的歧义可以从结构角度分析,从结构层次看,一种分析是"找"和"孩子的妈妈"构成第一层,可以表示"孩子的妈妈不见了,要去找妈妈",整个结构是动宾结构。还有一种分析是"找孩子"和"妈妈"构成第一层,表示"孩子不见了,妈妈去找孩子",整个结构是定中结构。

这个结构的歧义也可以从语义角度分析,如果表示"孩子的妈妈不见了,要去找妈妈","妈妈"就是受事,"孩子"是领属者。如果表示"孩子不见了,妈妈去找孩子","妈妈"就是施事,"孩子"就是受事。不同的意思,结构中的名词性成分"妈妈"和"孩子"充当的语义角色就不同。

更进一步,为什么它们能充当不同的语义角色呢? 则跟各自的特点有关。例如:

[例 7-100]找孩子的书

这个例子一般没有歧义。"孩子"只能是领属者。"(孩子的)书"只能是受事。

这个例子也说明,结构因素和语义因素不同但又相关,会相互制约,如表示"孩子不见了,妈妈去找孩子"的意思时,整个结构是偏正结构,"妈妈"做中心语,"孩子"做"找"的宾语,这个结构中,"妈妈"只能是施事,"孩子"只能是受事。

(四)"鸡不吃了"歧义分析

再看一个很多文献都举过的例子:

[例 7-101]鸡不吃了

这也是一个有歧义的结构,造成歧义的原因不是词义方面的,也不是结构方面的,而是语义方面的。具体来说就是,"鸡"可以充当两种语义角色,一种是施事,发出"吃"这个动作,表示"鸡不吃食了";此外,"鸡"可以充当受事,表示承受"吃"这个动作,表示"不吃鸡了"。

当然,"鸡"表示受事时,一般指的是"鸡肉",与表示施事时不同。我们是否也可以把它们看作是词义不同,属于词义歧义呢? 这里不这样处理,仍认为这是语义歧义,"鸡"可以表示鸡肉是一种指代(借喻)用法,即用原材料(鸡)指代制成品(鸡肉)。"鸡"本身并没

有"鸡肉"意思。①

四、如何分析语义歧义？

我们可以从以下两个方面来分析语义歧义。

第一，分析名词性成分。分析语义歧义主要着眼于名词性成分，看它与动词性成分之间的关系，甚至是名词性成分自身的语义特点。如"找孩子的妈妈"，我们主要关注"孩子"和"妈妈"。

第二，掌握歧义结构的一些特点。如前文分析过的"谁也赢不了""鸡不吃了""没有东西装了"等歧义结构的动词或主要动词都没有宾语，如果有宾语，一般就不是歧义结构。

试比较以下例子：

[**例 7-102**] ① 谁也赢不了

② 谁也赢不了 A 队

[**例 7-103**] ① 鸡不吃了

② 不吃鸡了

[**例 7-104**] ① 没有东西装了

② 没有东西装大米了

以上 3 例的②都不是歧义结构。

像"小李我都不认识"这个结构有两个主语（"小李"是大主语，"我"是小主语），但由于动词没有宾语，这个结构仍然是歧义结构，一个意思是"小李不认识我"，"小李"是施事，"我"是受事；还有一个意思是"我不认识小李"，"我"是施事，"小李"是受事。但如果变换成"小李不认识我"或"我不认识小李"就没有歧义了。

再如像"母亲的回忆"这类结构，也是因为动词没有宾语，才可能是歧义结构，如这个结构可以表示"母亲回忆儿子"（"母亲"是施事），也可以表示"儿子回忆母亲"（"母亲"是受事）。

再如像"谁也赢不了"和"鸡不吃了"等歧义结构的主语是有生命的，如果不是有生命的，一般也不会产生歧义，例如：

[**例 7-105**] ① 鸡不吃了

② 鸡蛋不吃了

[**例 7-106**] ① 谁也赢不了

② 第一局也赢不了

以上两例只有①有歧义，②一般没有歧义。

第三，将语义歧义与结构歧义区分开来。结构歧义要依据显性结构关系加以分析，语义歧义则不一定依据显性结构关系，如前文所举"鲁迅的小说"并不是一个句子，而且没有出现表示动作的词语，但不妨碍将"鲁迅"看作施事。再如"母亲的回忆"这一歧义结构，它是一个名词性短语（不能做谓语），但并不妨碍将"母亲"看作施事，也不妨碍将"母亲"看作

---

① 《现代汉语词典》（第 7 版）对"鸡"的解释是：家禽，品种很多，嘴短，上嘴稍弯曲，头部有红色的肉冠。翅膀短，不能高飞。也叫家鸡。

受事。前文也说过,语义角色与句法成分不同。

第四,运用一定的百科知识。名词性成分充当什么语义角色,一方面依据结构中其他成分(特别是谓词性成分)确定,但有时也要依据名词性成分自身的语义特点,这时就应运用相应的百科知识。只有知道"鲁迅"是文学家,"鲁迅的小说"中的"鲁迅"才可能理解成施事。

五、如何分化语义歧义?

可以补足语境来分化语义歧义,明确意思,如"鲁迅的书"可以说成"鲁迅的书,鲁迅写的"或"鲁迅的书,鲁迅买的"。再如"找孩子的妈妈"可以说成"找孩子的妈妈,孩子不见了",或者说成"找孩子的妈妈,妈妈不见了"。

这里重点从结构本身来谈语义歧义的分化,一种做法是使语义结构和句法结构尽量一致,且尽量使结构完整,至少主语和宾语完备。具体来说是施事充当主语,受事充当宾语,工具用"用""使用""凭借"等介词或动词,对象用"对""给"等介词,例如:

[例7-107]A 队,谁也赢不了(谁也赢不了 A 队)

[例7-108]①汽车运去了(用汽车运去了)

②汽车运去了(把汽车运去了)

[例7-109]①找孩子的妈妈(在找一位孩子的妈妈)

②找孩子的妈妈(一位找孩子的妈妈)

[例7-110]①鸡不吃了[(小李)不吃鸡了]

②鸡不吃了(鸡不吃食了)

[例7-111]①开刀的是他父亲(他父亲给人开刀)

②开刀的是他父亲(给他父亲开刀)

总之,语义歧义就是指一个结构中的名词性成分可以充当不同的语义角色。当我们看到一个结构中的名词性成分时,我们就要思考它是否可以充当多种语义角色,从而判断这个结构是否有歧义。

第五节 "打坏电话"
——综合歧义

■📹综合歧义

一、什么是综合歧义?

上面分别介绍了语音、词义、结构层次和结构关系、语义造成的歧义。其实很多歧义是多种因素造成的,这里将由语音、词义、结构和语义等多种因素造成的歧义称为综合歧义。值得注意的是,这些因素会互相制约,造成复杂而有趣的歧义现象。

二、综合歧义举例分析

(一)"打坏电话"歧义分析

先看邵敬敏(2011)举的一个例子:

[例 7-112]打坏电话

这个结构有几个意思呢?造成歧义的原因是什么呢?我们可以利用前面说的产生歧义的词义、结构层次、结构关系和语义关系等角度分析,使各种意义明确可证。

这个结构至少有 4 个意思,如:

[例 7-113]①某个人打电话给朋友,但这个电话是坏的

②某个人在敲打一个已经坏了的电话

③某个人打电话给朋友,以致把电话都打坏了

④某个人在敲打电话,把电话都敲坏了

首先,造成这些歧义的因素有词义的,如[例 7-113]①、③中的"打",它和"电话"紧密结合,表示一种通信活动。而[例 7-113]中②、④中的"打",表示用手或器具撞击物体。可概括为表 7-1。

表 7-1　词义造成的歧义

歧义结构	意思	词义	结构层次	结构关系	语义关系
打坏电话	①某个人打电话给朋友,但这个电话是坏的	打:发出 打电话:通信活动			
	②某个人在敲打一个已经坏了的电话	打:敲打 打电话:敲打电话			
	③某个人打电话给朋友,以致把电话都打坏了	打:发出 打电话:通信活动			
	④某个人在敲打电话,把电话都敲坏了	打:敲打 打电话:敲打电话			

其次,造成这些歧义的因素还有结构层次、结构关系的,如①(某个人打电话给朋友,但这个电话是坏的)、②(某个人在敲打一个已经坏了的电话)"打"和"坏电话"构成第一层,这个时候"坏"做定语。可表示如下:

打　坏　　电话

|动| 宾 | 第一层

|定| 中 | 第二层

也可以表示为:

[[打]动[[坏]定[电话]中]]

③(某个人打电话给朋友,以致把电话都打坏了)、④(某个人在敲打电话,把电话都敲坏了),"打坏"和"电话"构成第一层,此时"坏"做补语。可表示如下:

打　坏　　电话

| 动 | 宾 | 第一层

|中|补| 第二层

也可以表示为:

[[[[打]中[坏]补]动[电话]宾]

可概括为表 7-2。

表 7-2　结构层次与结构关系造成的歧义

结构	意思	词义	结构层次	结构关系	语义
打坏电话	①某个人打电话给朋友,但这个电话是坏的		［打］［坏电话］	［［打］动 ［［坏］定 ［电话］中］宾］	
	②某个人在敲打一个已经坏了的电话		［打］［坏电话］	［［打］动 ［［坏］定 ［电话］中］宾］	
	③某个人打电话给朋友,以致把电话都打坏了		［打坏］［电话］	［［［打］中 ［坏］补］动 ［电话］宾］	
	④某个人在敲打电话,把电话都敲坏了		［打坏］［电话］	［［［打］中 ［坏］补］动 ［电话］宾］	

再次,造成这些歧义的因素还有语义的,①(某个人打电话给朋友,但这个电话是坏的)和③(某个人打电话给朋友,以致把电话都打坏了)中的"电话"可看作工具,而②(某个人在敲打一个已经坏了的电话)和④(某个人在敲打电话,把电话都敲坏了)中的"电话"可看作受事。可概括为表 7-3。

表 7-3　语义造成的歧义

歧义结构	意思	词义	结构层次	结构关系	语义关系
打坏电话	①某个人打电话给朋友,但这个电话是坏的				电话:工具
	②某个人在敲打一个已经坏了的电话				电话:受事
	③某个人打电话给朋友,以致把电话都打坏了				电话:工具
	④某个人在敲打电话,把电话都敲坏了				电话:受事

这个结构有 4 种歧义,涉及 3 个因素,每个因素包括两种情况,按照排列组合的话应该有 6 种意思,为什么只有 4 种呢?这跟各种因素互相制约有关。可概括为表 7-4。

表 7-4　各种因素的相互制约关系

结构	意思	词义	结构层次	结构关系	语义
打坏电话	①某个人打电话给朋友,但这个电话是坏的	打:发出 打电话:通信活动	［打］［坏电话］	［［打］动 ［坏］定 ［电话］中］宾	电话:工具
	②某个人在敲打一个已经坏了的电话	打:敲打 打电话:敲打电话	［打］［坏电话］	［［打］动 ［坏］定 ［电话］中］宾	电话:受事

续 表

结构	意思	词义	结构层次	结构关系	语义
	③某个人打电话给朋友,以致把电话都打坏了	打:发出 打电话:通信活动	[打坏][电话]	[[[打]中[坏]补]动[电话]宾]	电话:工具
	④某个人在敲打电话,把电话都敲坏了	打:敲打 打电话:敲打电话	[打坏][电话]	[[[打]中[坏]补]动[电话]宾]	电话:受事

如"打"和"坏电话"构成第一层时,"打电话"可以表示通信活动,这是词义因素,但此时的"电话"语义上只能表示工具。因而词义因素和语义因素相互制约了。同样是"打"和"坏电话"构成第一层,当"打电话"表示敲打电话时,"电话"语义上只能是受事,它承受敲打的动作。不仅如此,其他因素之间也是互相制约的,大家可以自己去体会。

刚才我们说,"打坏电话"这个结构至少有 4 个意思,那还有没有其他意思呢? 还有人提出"打坏电话"这个结构还可以表示"打电话告诉坏消息"的意思,大家觉得呢? 可以思考一下。

(二)"叫汽车快点儿"歧义分析

下面再看一个例子:

[例 7-114]叫汽车快点儿

赵元任(1976)、吕叔湘(1984)都曾分析过这个结构。

我们可以根据前面讲到的产生歧义的因素,如语音因素、词义因素、结构因素、语义因素等来分析,同时将各种意思明确下来。

我们先看词义因素,先看"叫"的意思,然后看"叫"的意思不同,会不会造成结构、语义的不同。根据《现代汉语词典》(第 7 版),"叫"至少有 3 个意思:

叫:①大叫、叫喊;②让、使;③告诉某人送来所需要的东西,如"叫外卖"

"叫汽车快点儿"中的"叫"有 3 个意思。

首先看"叫"的第一个意思,表示"大叫、叫喊",这个句子可以理解为:

①大家大声叫着:"汽车快点儿"。

表示这个意思时,"叫"和"汽车快点儿"是两个不同的句子,"汽车快点儿"做"叫"的宾语。"汽车"表示施事。"叫"的主语省略了,也表示施事。可概括为表 7-5。

表 7-5 [例 7-114]①分析

意思	词义	结构层次	结构关系	语义
大家大声叫着:"汽车快点儿"	叫:①大叫、叫喊	两个句子,后一个句子做宾语	两个句子,后一个句子做宾语	(大家):施事 汽车:施事

其次看"叫"的第二个意思,表示"使、让",这个句子可以理解为:

②让汽车快点儿

表示这个意思时,"叫"和"汽车"构成一个层次,同时"汽车"又和"快点儿"构成另一个层次,这样的句子叫兼语句,即"汽车"同时充当两种句法成分,一方面是做"叫"的宾语,同

138

时又做"快点儿"的主语。其结构层次可表示为：

叫　汽车　　快点儿

|动|宾|

　|主|　谓　|

或者表示为：

[[叫]₍动₎[汽车]₍宾₎]＋[[汽车]₍主₎[快点儿]₍谓₎]

从语义上看，"汽车"做宾语时表示受事，"汽车"做主语时表示施事。同样，"叫"的主语省略了，也表示施事。可概括为表 7-6。

表 7-6　[例 7-114]②分析

意思	词义	结构层次	结构关系	语义
让汽车快点儿	叫：②让、使	[叫[汽车]]＋[[汽车]快点儿]	[[叫]₍动₎[汽车]₍宾₎]＋[[汽车]₍主₎[快点儿]₍谓₎]	(你)：施事 汽车：受事/施事(兼语)

再看"叫"的第三个意思，表示"告诉某人送来所需的东西"，这个句子可以理解为：

③命令身边的人，快点让别人开车过来

表示这个意思时，"叫汽车"和"快点儿"是两个句子，是祈使句，就是叫别人做两件事，一件事是"让别人开车过来"，第二件事是"快点儿做'让别人开车过来'的事"。此时，"汽车"是受事。两个句子的主语"你"都省略了，它们都是施事。这种分析可概括为表 7-7。

表 7-7　[例 7-114]③分析

意思	词义	结构层次	结构关系	语义
命令身边的人，快点让别人开车过来	叫：③告诉某人送来所需要的东西	两个句子	两个句子(祈使句)	(你)：施事 汽车：受事

此外，"叫"表示"告诉某人送来所需的东西"时，还可以理解为：

④让别人开汽车过来会比其他方式快点儿

表示这个意思时，"叫汽车"和"快点儿"构成第一层，"叫汽车"是主语，"快点儿"是谓语，"快点儿"是动词性成分做主语。其结构层次可分析为：

叫　汽车　快 点儿

|主|　谓　| 第一层

|动|宾|形|补| 第二层

动词性短语做主语是汉语语法的重要特点之一。

以上分析可概括为表 7-8。

表 7-8　[例 7-114]④分析

意思	词义	结构层次	结构关系	语义
让别人开汽车过来会比其他方式快点儿	叫：③告诉某人送来所需要的东西	[叫汽车][快点儿]	[[叫汽车]₍主₎[快点儿]₍谓₎]	汽车：受事

刚才从"叫"的 3 种词义出发,结合结构和语义因素,探讨了"叫汽车快点儿"的 4 种歧义,这样分析思路清晰,观点明确。既能感受到歧义的乐趣,同时也能享受到分析的乐趣。大家以后遇到歧义的时候就可以这样分析。

最后提一个小问题,"叫汽车快点儿"是不是就只有上面说的 4 个意思,还有其他意思吗? 比如可不可以理解为"大声喊叫汽车会比其他方式快点儿"? 大家可以结合我们讲的自己去思考、探索。

三、如何分析综合歧义?

当碰到一个比较复杂、不太好把握的歧义结构时,我们可以利用前面学到的知识来分析。比如我们可以首先看其中的词语的词义,看它们是否可做多种理解;然后看表示不同词义时,结构层次或结构关系是否可以做多种理解。我们也可以首先看结构层次和结构关系,看它们是否可以做多种理解,然后看不同层次的词语是否可以表示多种意思,看其中的名词性成分是否可以充当多种语义角色。总之,角度可以多样,但考虑一定要周全。

下面看石安石(1993)举的一个例子:

[例 7-115]研究郑振铎的书

这也是一个有歧义的结构。我们可以首先从结构层次和结构关系角度入手,这个结构可以有两种划分,一种看作动宾结构,一种看作定中结构,分别如下:

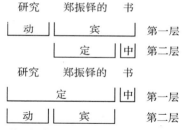

然后看不同结构层次和结构关系中名词性成分的语义角色,如果是动宾结构,则"郑振铎"可以是施事,也可以是领属者,这样,这个结构有两个意思:

①研究郑振铎写的书

②研究属于郑振铎的书

如果是定中结构,则"郑振铎"只能表示受事或对象。这个结构的意思是:

③这是研究郑振铎(生平、收藏、成就等)的书。

我们也可以从名词性成分的语义角色入手,重点看"郑振铎",它可以是受事,此时结构层次和结构关系为:

"郑振铎"也可以做领属者和施事,此时结构层次和结构关系都为:

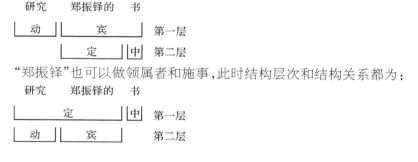

领属者和施事两个语义角色无法从结构层次和结构关系体现出来。

因此,相比较而言,这个例子先从结构层次和结构关系入手更易将歧义揭示出来。

第六节　"吃饭"有歧义吗?
——歧义程度

一、理解的相对概率

赵元任(2002)提到歧义程度的问题,歧义程度跟几种可能的理解的相对概率有关,如果几种理解概率差不多,那么歧义的程度就高;如果几种理解概率相差很明显,一种理解的概率大大超过其他理解的概率,那么歧义程度就低(参看石安石,1993)。如"mái mǎ"这个语音形式,理解为"买马"(两个上声字相连,第一个上声字变阳平)的概率远远高于"埋马"。因此可以说,这个语音形式歧义程度较低。再如"学习文件",它的两个意思理解的相对概率比较接近,这个结构的歧义程度就较高。

理解的相对概率大致可解释为出现的场合的多少,出现的场合越多,理解的相对概率就越高;出现的场合越低,理解的相对概率就越低。

石安石(1993)认为,由于统计上的困难,还没有一个精确地确定歧义程度的办法,该文按照歧义程度由大到小分为 3 类。

第一类,很难说哪一种理解占优势,如"美国语言研究""他借我一支笔"。

第二类,有一定的倾向性,例如:

[例 7-116]①我们中国人:同位结构＞主谓结构①

②母亲的回忆:母亲回忆什么＞关于母亲的回忆

第三类,只有在极个别情况下才有另一种解释,一般人不觉察它有歧义,如:

[例 7-117]吃筷子:"用筷子吃";"把筷子吃了"(特殊情况下,如变魔术)

二、理解的难易程度

石安石(1993)还引用美国学者的研究成果来分析歧义程度,即不同类型的歧义在理解上有难易程度的区别,并将歧义分为 3 种类型:词汇歧义、派生—结构歧义和潜在的结构歧义。实验表明,在理解上有歧义的难于无歧义的。有歧义的,难易顺序是:第三类—第二类—第一类。

词汇歧义大致对应前文所说的词义歧义,派生—结构歧义大致对应于前文所说结构歧义,潜在的结构歧义大致对应于前文的语义歧义。据此,以下 3 个歧义结构从理解的难易程度看是由易到难。

[例 7-118]①他原来是个教师

②三个工人的意见

---

① 石安石(1993)看作是述宾结构,笔者认为看作主谓结构更合理。

③鲁迅的小说

显然,如果一种结构有多种歧义类型,那它肯定比只有一种歧义类型的难于理解,试比较以下例句:

[**例 7-119**]①打坏电话

②学习文件

[例 7-119]①应该比[例 7-119]②更难理解,因为[例 7-119]①涉及词义歧义、结构歧义和语义歧义,而[例 7-119]②主要是结构歧义。

三、歧义的差异

还可以从歧义差异的角度来看歧义程度,一种表现是,对同一个结构,不同的文献或人对它的理解不一样,例如:

[**例 7-120**]鲁迅的小说/书

朱德熙(1980)认为"鲁迅的书"有两种理解,一种理解是"鲁迅写的书",另一种理解是"属于鲁迅的书"。邵敬敏(2011)认为"鲁迅的小说"可以有 3 种理解:第一种理解是"鲁迅写的小说",第二种理解是"鲁迅拥有的小说",第三种理解是"描写鲁迅的小说"。如果按照邵敬敏(2011)的理解,"鲁迅的书"可以理解成"描写鲁迅的书",但朱德熙(1980)没有这种理解。

再如笔者在课堂上分析"打坏电话"时,有学生提出,它可以表示打电话告诉或交流坏消息的意思,笔者觉得没有这个意思。再如:

[**例 7-121**]①他一天不吃饭也不行。

②他一天不吃饭都不行。

朱德熙(1980)认为[例 7-121]①的"饭"既可以指米饭,也可以指每天定时吃的饭食。邵敬敏(1999)认为[例 7-121]②的"饭"既可以指米饭,也可以指粮食。这两个结构有歧义,而且有两个意思。

《现代汉语词典》(第 7 版)"饭"设了 3 个义项:①煮熟的谷类食品;②特指大米饭;③每天定时吃的食物。相比较而言,朱德熙(1980)和邵敬敏(1999)只涉及前两个义项,按照《现代汉语词典》,"饭"就有 3 种理解,因而[例 7-121]有 3 个意思。

顺带提一下,刘莹和程工(2021)认为"我吃的饭""我是吃的饭"不能说,因为"饭"具有类指性,可以指代所有所吃的,如米饭、面条、包子等,因此很难找到其他可以与"吃"搭配但不属于"饭"的候选项。笔者认为这两个句子完全可以说,它们中的"饭"完全可以指大米饭,如可以说成"我吃的饭,他吃的馒头"。

歧义差异还有一种表现是,对于某种结构,有些文献认为有歧义,有些文献认为没有歧义。例如:

[**例 7-122**]他上课去了。

[例 7-122]文炼、允贻(1985)认为它既可以表示"他去讲课去了",也可以表示"他去听课去了"(另可参看黄国营,1985)。石安石(1993)认为,这其实是笼统,不是歧义。"上课"就是"教师讲课或学生听课","上课"概括了"讲课"和"听课"。

由此看出,虽然对有些歧义大家看法比较一致,但对有些歧义大家看法不完全相同。我们对歧义持比较审慎的态度,认为不同的理解要跟结构层次或结构关系、具体的词义或语义相关。如下面的例子：

[例 **7-123**]差一点儿跟他结婚了。

朱德熙(1980)认为[例 7-123]可以理解为说话的人想跟"他"结婚，也可以理解为说话的人不想跟"他"结婚。还有一种可能是说话的人觉得跟不跟"他"结婚都无所谓。笔者认为，这个结构并没有歧义[①]，因为这 3 种理解并不能从结构本身推出，朱德熙(1980)也说，无论是哪一种情形，事实上都没有结婚。

石安石(1993)有一段话很有启发性："如果把具体指称上的分歧、超越字面意义的意义的不同，都看成歧义，那么任何话语或话语片段都会有歧义，而且会有无限多的、不可预测的歧义。事实上，任何话语或话语片段的歧义都是有限的，完全可以预测的。如果一定要把所有这些都看成歧义，那么仍需分别不同性质不同层次的歧义。不如不扩大歧义的范围为好。"石安石(1993)认为，这种对歧义的理解，也与世界上一般学者对歧义的解释是一致的。

> **小结**

歧义是指一种形式(语素、词、短语、句子等)有两种或两种以上理解，或者说，有两个或两个以上意思。从歧义产生的原因的角度看，歧义可以分为 5 类：语音歧义、词义歧义、结构歧义、语义歧义和综合歧义。值得注意的是，这 5 类并不是完全对立的，如果词义歧义、结构歧义、语义歧义和综合歧义的表现形式为语音(口头)形式，它们一般也为语音歧义。

歧义产生的原因或者说歧义的类别是歧义研究最重要的课题之一，弄清了歧义产生的原因，就知道如何分化歧义，如关于语音歧义，可以采用停顿、重音，甚至是文字等手段加以分化。如"quán lì"分别写成"权力"("力量"的"力")和"权利"("利益"的"利")就没有歧义了。再如结构歧义，可以通过添加词语等手段明确不同的结构关系，进而分化歧义，如"学习文件"，可以变成"正在学习文件"和"一份学习文件"，前一个"学习文件"只能是动宾结构，后一个"学习文件"只能是定中结构。

此外，歧义还有程度之别，但不同的理解要跟具体的结构层次或结构关系、具体的词义或语义等因素相关。

第七章思考与练习

---

① 朱德熙(1980)认为"我差一点没跟他结婚"也有这 3 种理解。而且事实上也是没有结婚。

第八章

留下乡音，记住乡愁——语言与文化

语言与文化
的关系

第一节　言以载文
——语言中的文化信息

美国著名语言学家爱德华·萨丕尔说:"语言的背后是有东西的。并且,语言不能离开文化而存在。所谓文化就是社会遗传下来的习惯和信仰的总和,由它可以决定我们的生活组织。"L. R. 帕默尔说:"语言的历史和文化的历史是相辅而行的,它们可以互相协助和启发。"

我国是一个多民族、多语言、多文种的国家,有 56 个民族,130 余种以上的语言。其中汉语不但是我国使用人数最多的语言,也是世界上使用人口最多的语言,是联合国 6 种正式工作语言之一。汉语是我国汉民族的共同语。现代汉语有标准语和方言之分,也就是大家通常所说的普通话和方言之分。汉语方言通常分为七大方言区,它们包括官话、吴语、闽语、湘语、赣语、客家话、粤语,还有学者认为除了这七大方言区之外还有晋语、徽语和平话。而各方言区内又分布着若干次方言和许多种土语。汉语方言之间最明显的差异是字音和词语,这种差异可以大到互相不能通话,这在世界语言中是不多见的。正如美国语言学家罗杰瑞所言:"北京人对广东话,一点不比英国人对奥地利土话的理解多。"因此,在西方学者眼中,"汉语更像一个语系,而不像有几种方言的单一语言,汉语方言的复杂程度很像欧洲的罗马语系"。但仔细探究这些方言,我们发现它们都有着一个共同的祖先——古汉语,时间的冲刷、先民的迁移,让古汉语在华夏大地上产生了不同的方言,这些方言是紧密地植根于他们所处的地域,同时又和他们各自的地域文化血脉相连的。

通过不同的语言、方言,我们可以了解不同民族、地域之间的文化差异和历史演变。以中国的婚嫁文化为例,各地语言或方言中往往会出现一些特殊的词汇,这些词汇往往是与当地的特殊婚嫁文化密切相关的,比如云南昆明近郊的倮倮族叫妻子为"穿针婆",云南高黎贡山的独龙族叫结婚为"买女人"。虽然现在这些地区妇女的地位已经大为提高,买卖婚姻也已经消失,但从这两个词我们仍可以看出历史上西南边境一些少数民族对于妻子的看法和买卖婚姻的遗迹。河南商水人觉得婚车非常重要,因此会有"压车"这一习俗,意为让家中年幼的小孩子在车上坐一坐,压车孩必须是 10 岁以下的男孩,在接亲的过程中,手捧男方家中准备的馒头(寓意生活圆满)坐在婚车里新娘的座位,也就是车的右后方,等到了新娘家后,女方要派人拿红包出来迎接,压车孩收到红包以后才会下车为新娘让出位置,并将手中的馒头交给女方。新娘上车后,压车孩就会换乘坐的位置,坐在司机右侧,即副驾驶的位置,新娘则坐在后排,也就是压车孩曾坐过的地方。

因此,我们在调查这些民族语言或方言的时候,必须深入了解他们的文化生活,否则会遇到一系列的难题。比如贡山的独龙族把麻布、衣服和被子都叫[dzio]，因为在他们的社会里，这3样东西是"三位一体"的：它的质料是麻布，白天披在身上就是衣服，晚上盖在身上就是被子。在他们的物质生活中，分不出这3种东西，所以在语言里根本没有造3个词的必要。还有云南路南的撒尼把带子叫做"系腰"，帽子叫做"蒙头"，戒指叫做"约指"，也是根据这3种东西的功能造词的。云南福贡的傈僳族把下饭的菜叫做"诱饭"，他们的酒名有很多，比如"酒""米酒""秫酒""水酒""烧酒"等，可见他们实在是一个好酒的民族！

这些可爱的民族还会根据自己的文化特征对新事物进行命名，比如对于"飞机"这种新式交通工具和军事利器，他们的看法很不一致：贡山的独龙族叫做"飞房"，片马的茶山人叫它"风船"，路南的撒尼叫它"铁鹰"，滇西的摆夷叫它"天上的火车"。这样的例子还有很多，比如傈僳族叫钢为"硬铁"，独龙族叫汽车为"轮子房"，撒尼叫自行车为"铁马"，等等，我们都无法在这里一一列举。因为这些东西在他们的知识领域里从来没有过，所以他们就会用自己已有的知识结合自己的理解和想象对它进行命名，于是就产生了这些似是而非的描写词。

在汉语方言里也有这种情况，比如我们非常熟悉的"玉米"在我国各地方言中有形形色色的叫法，玉米又称包谷、包芦、玉茭、苞米、棒子、粟米、玉蜀黍、玉麦、芦黍，等等。这主要由于玉米的起源地不在我国，大家都按自己的理解和认知对其进行命名，所以没有统一的称呼。在厦门方言中还有一个称呼叫"番大麦"。"番"这个字一般是该物品从外国输入的标志。这也充分说明玉米是一个外来物种。确实，我们考察玉米的种植史，就会发现玉米原产于南美洲，经由两条不同的路线传入我国：其一是15世纪末葡萄牙人先将它带到爪哇，再于16世纪辗转来到我国；其二是由阿拉伯人中转经西班牙、麦加、中亚输入。初入我国时称为御麦。明朝人田艺蘅所撰《留青日札》——这是我国最早提到玉米的文献，就记为"御麦"。"御"和"玉"北京话同音，所以后来又写作"玉"。

我们熟悉的另一种食物"番薯"也是这样的情况。各地方言中"番薯"的名称，那真的可以用五花八门来形容：地瓜、山芋、红玉、山腰、红芋、甘薯、番芋、红苕、线苕、白薯、金薯、甜薯、朱薯、枕薯、番葛、白芋、茴芋、红皮番薯、地萝卜等。这也是由于番薯是一个外来物种，到了我们中国，各地百姓就按自己的理解对其进行命名。其中有一种叫法是"金薯"，叫它"金薯"并不是因为它的色泽像黄金，而是那些了解番薯如何来到我国后的人们给出的一个名字，接下来我们就来了解一下"金薯"名字的由来。番薯原产于南美洲，哥伦布发现新大陆以后，西班牙人把它带到菲律宾。根据清人周亮工《闽小记》等书记载，明代万历年间，福建因台风摧毁农作物而遭受饥荒，总督金学派人到菲律宾搜求救荒作物，在万历二十三年，也就是1595年由陈经伦运回番薯种，为纪念金学的功绩，有的地方就把它称为"金薯"。

浙江嘉兴是浙江紧邻上海的一个地级市，其市区方言中存在大量的音译外来词，如："史不灵锁"（装在门上或抽屉口的一种扁平的锁，不能随意取下）、"司达特"（继电器，日光灯上的圆柱形小物品，有启闭电路作用）、"世的克"（拐杖）、"凡立丁"（一种平纹毛织品，质地薄而挺，宜做夏季衣服）、"白塔"（奶油）、"卡其"（斜纹布料，比士林蓝布高级）、"梵哑铃"（小提琴）、"摩登"（时髦），等等。而在嘉兴的农村地区却鲜少见到这样的音译外来词。究其原因，这或许和早在20世纪初嘉兴就和上海有火车连通有关，这一重要交通变革将盛行于上海的海派文化带到了嘉兴,甚至影响到了人们的语言生活,致使嘉兴老城区的方言中出现了大量的音译外来词。但嘉兴周边农村受经济水平、交通水平的影响,并没有受到这类海派文化的影响,因此语言中也鲜少出现音译外来词。

由此可见,我们不同民族、不同方言区之间的语言差异不仅仅是语音的差异,更是文化的差异。语言是文化产生和发展的关键,文化的发展也促使语言更加丰富和细密。我们只有深入了解了一种文化,才能真正理解一种语言;只有走进一种语言,才能真正体会一种文化。语言与文化是相辅相成不可分割的。

移民对语言
文化的影响

第二节　不忘来时路
——移民造就的方言

在研究文化史的时候,人们往往只是关注文化本身的发展,而忽略了创造文化的人、人的迁徙与文化发展的关系。不同类型的文化从相互隔离进入渗透和交融的状态,其最主要的原因就是人口的迁徙,即移民。移民一方面造成文化的传播,另一方面又使不同地域的文化发生交流,产生新的文化,推动文化向前发展。所以移民史在文化史上应该占有重要的地位。人口的迁徙在促使文化发展的同时,也使语言发生了很大的变化。方言是语言逐渐分化的结果,而语言的分化往往是从移民开始的。方言的形成和移民的关系至少有以下两种情况:一是讲同一种语言的人同时向不同地区迁徙,在不同的条件下经过发展演化,形成不同的方言;二是操甲地方言的部分居民在某一历史时期迁移到乙地,久而久之,同一种方言在甲、乙两地演变成两种不同的方言。有的方言形成的历史较为特殊,比如闽语的主要渊源应该是东汉末及三国时期的吴语,因为福建的汉人主要是这一时期开始从江浙一带迁入的。他们带来的这一时期的吴语与当地闽越族语言经过交融后,逐渐形成与今日吴语大不相同的闽语。

我们可以考察一些方言的形成历史,从中就可知移民对方言形成的巨大影响。

一、官话的形成

官话是我国使用人口最多的方言,它的形成也经历了长时期人口的流动和变迁。我国历史上地域的割据固然造成了方言的分歧,但是频繁的争战、大小诸侯国的分合变迁,乃至各家学说的传播,也为方言的混合提供了有利的条件。经过夏商周3个时期,华夏族活动地区的语言逐渐成为汉语共同语的基础,《论语·述而》所说的孔子读诗书、执礼所使用的"雅言"就是"夏言"。周武王建都镐京(今陕西西安市附近),"夏言"是西周王朝京畿一带的方言,当时处于共同语中心的地位。郭沫若曾指出,"周朝东边是夷族,这是一个有古老传统的民族。据有关文献记载,它们很久以来就住在那里"。古夷族主要聚居于齐国和鲁国所在地。齐鲁方言虽然不是共同语的标准,但是齐鲁之邦是我国古代经济发展较早的地区之一,齐鲁文化更是中华文化辉煌的代表,齐鲁学者的著述是汉语共同语的较早记录形式,对汉语的发展有着深远的影响。《孟子·滕文公下》:"有楚大夫于此,欲其子之齐语也,则使齐人傅诸?使楚人傅诸?"说明"齐语"在当时的重要地位。扬雄《方言》及东汉山东高密人郑玄在先秦经籍笺注中的材料,都是齐鲁等地方言悠久历史的记录。文献还说明,东夷文化与华夏文化有着长期的交流与融合,这些地区的方言也是长期处于互相影响的过程之中,具有不少共同的特点,在历史上是官话方言向周围地区延伸的基地。

周振鹤、游汝杰(2019)认为:"北方汉语在两汉时代可以说还是纷歧异出的。这从《方言与中国文化》所列举的众多地域中也可以看出。但是北方经汉末丧乱、三国纷争、五胡十六国混战,人口流动的规模和数量都很大。这种历史背景促使了北方汉语的混化,后来经过隋唐宋三代的长期稳定发展,北方汉语进一步互相融合,内部一致性大为增强了。'北方话'作为一个方言大区也就是在唐宋时代才逐渐明确起来的。"

总体来看,汉语官话方言的形成,可以说是远古中原一带华夏、东夷等族的语言长期自身发展、相互影响、跟四周方言交融,并向四周延伸的结果。

二、徽语的形成

徽语区是中低山、丘陵地区,万山丛中有新安江水系和阊江水系所形成的徽州盆地。自然风光秀丽但耕地缺乏,崇山峻岭阻隔交通,影响经济发展。南宋罗愿《新安志》卷二说:"新安为郡,在万山间。其地险随而不夷,其土驿刚而不化,水湍悍,少潴蓄。自其郡邑固已践山为城,至于四郊都鄙则又可知也。大山之所落,深谷之所穷,民之田其间者层累而上,指数十级而不能为一亩,快牛剡耜不得旋其间,刀耕而火种之。"

又南宋方岳《秋崖集·徽州平籴仓记》:"徽民凿山而田,高耕入云者十半。其力贫而食贵。"说明虽然大量发展梯田,而山多瘠土,受环境所限,农业无法养活日益扩大的人口,只好另谋出路。故《胡适口述自传·徽州人》说:"徽州全区都是山地,由于黄山的秀丽而远近闻名。这一带的河流都是自西北向东南流的,最后注入钱塘江。因为山地十分贫瘠,所以徽州的耕地甚少。全年的农产品只能供给当地居民大致三个月的食粮。不足的粮食,就只有向外地去购买补充了。所以我们徽州的山地居民,在此情况下,为着生存,就只有脱离农村,到城市里去经商。因而几千年来,我们徽州人就注定的成为生意人了。"胡适对徽人普遍外出经商、徽商遍布江南的经济原因做了中肯的说明,徽人的经商活动对保守的山区方言也带来不少外来的影响与冲击。但徽商的发达是明清江南商业经济繁荣以后的事,决非胡氏所云"几千年来"如此。秦汉以前这里是吴、越国的一部分,原为百越之地,秦灭楚,在此设置黟、歙二县,将越国降人大量迁移到这一地区,"乌程、馀杭、黟、歙、芜湖、石城县以南皆故大越徙民也"(见《越绝书·吴地传》)。因此汉代到三国,这里都是越人最活跃的地区,难怪汉武帝要在歙县分置都尉以镇抚越人,孙权派贺齐征讨黟歙山越,后又派诸葛恪征讨。从东吴至梁陈的多次征战,才降服一些越酋为其控制利用。《三国志·诸葛恪传》云:"丹扬山险,民多果劲,虽前发兵,徒得外县平民而已,其余深远,莫能禽尽……周旋数千里,山谷万重,其幽邃民人,未尝入城邑对长吏,皆仗兵野逸,白首于林莽……其栈则蜂至,败则鸟窜,自前世以来,不能羁也。"《汉书·地理志·丹扬郡》:"黝,浙江水出南蛮夷中。"这表明当时新安江所出的黝地还被认为是"蛮夷之地",仍未汉化。魏晋以来,多次中原衣冠南,如永嘉之乱、黄巢之乱、靖康之乱(《歙县志·风俗》:"晋宋两朝南渡及唐末避黄巢之乱,此三朝为最盛。"据明戴廷明、程尚宽等所辑《新安名族志》"戴夏臧陈朱葛赵潘施齐康王毕周江梅刘罗金"等十九大家族都是由避黄巢之乱来徽州的)之后,这里也"俗益向文雅""然力作重迁,犹愈于他郡"(《新安志·风俗》)。越人与汉族移民已经同化而同样从事耕读,力作重迁,但还未形成远出经商的风气。徽商活动是在明代江南商业经济发展的大环境下才兴盛起来的。此前仍是相对封闭的宗法社会,人民以种水田、嚼酸齑的农耕生活为主。

徽人出外经商积累资财后就在家乡买田建房,由于地少房多,两层楼房围成庭内天井的典型民居形式,及垂直高大建筑物密集形成的街巷景观,极受建筑学界关注。这种以两层楼为主的正房前设"天井"的垂直式建筑与古百越族的干栏式住宅自不可同日而语,与中原汉族以院子为中心的四合院也有很大差别。但其中表现的重视放八仙桌的"堂"(堂屋,徽语称"堂前"),房子以靠堂、靠左(东)为大,居室使用方面优先考虑主人、长子的观念,明显是宗法社会观念的继承。

徽语区域汉代为丹扬郡(或作丹阳),扬雄《方言》中的"吴扬、楚扬"常指丹扬,兼指今宣州吴语、徽语地区,但汉时徽语地区居民还是以越人为主,部分城镇汉族居民的语言应与宣州类同,直至六朝这里应与吴语一样同属江东方言区。但由于南、西、西北都受赣语包围,在赣语的强大影响之下,形成一种非吴非赣的方言,即韵母像南部吴语而声母像赣语的徽语。

我国东南方言最为复杂,其形成背景有:①原住百越部族或南蛮部族的语言底层基础不同;②楚国平蛮平越带来先期汉语;③秦汉军队移民所说汉语及以后各代中原移民所说不同形式的汉语。这几方面因素彼此分量参差不同。徽语作为一种较小的汉语方言,其形成过程也差不多,而且在隋以前大致与吴语同步,唐宋以来在封建宗法闭塞环境中,各族常一家一族自建村寨,排斥他姓,又黄山、天目山脉重峦叠嶂,多急流险滩,各山坞老死不相往来,如《安徽通志》所说的"千丁之族,未尝散处;千载之谱,丝毫不紊;主仆之严,虽数十世不改"。孤立发展不但使徽语形成与周围语言不同的方言,并且各县各自形成不能通话的土语,甚至达到各乡也不能通话的严重分歧状态,即"十里不同音""隔山隔水就隔音"。

徽语应是汉语方言中内部分歧最大、通话程度最低的一种方言,而且未能形成可以在区内通行的强势土话。因此对外交际只能出现双语(多语)现象,现在是学普通话,往年乡绅商人能说点官话或吴语,一般人也学说县城话和安庆话。在皖南,安庆人是离原住地最靠近而人数最多的江北官话区移民,可作为徽人学官话的就近样本。

三、吴语的形成

我们再来看一下我们浙江地区最主要的方言"吴语"的形成。吴语是汉语的重要方言之一,一般也叫江浙话或江南话,形成的历史可以追溯到春秋战国时代。吴语的"吴"就是古代国名和地域名称的沿用。

《史记·吴太伯世家》:"吴太伯,太伯弟仲雍,皆周太王之子,面王季历之兄也。季历贤,而有圣子昌,太王欲立季历以及昌。于是太伯、仲雍二人乃奔荆蛮,文身断发,示不可用……太伯之奔荆蛮,自号勾吴。荆蛮义之,从而归之千余家。"《史记正义》补充说:"太伯居梅里,在常州、无锡县东南六十里。至十九世孙寿梦居之,号勾吴。(《索引》:'勾者,夷语之发声,犹言於越耳。')寿梦卒,诸樊南徙吴。至二十一代孙光,使子胥筑阖闾城都之,今苏州也。"

《史记·越勾践世家》："越王勾践，其先禹之苗裔，而夏后帝少康之庶子也。封于会稽，以奉守禹之祀。文身断发，披草莱而邑焉。"《正义》引《吴越春秋》云："禹周行天下，还归大越，登茅山以朝四方群臣，封有功，爵有德，崩而葬焉。至少康，恐禹迹宗庙祭祀之绝，乃封其庶子於越，号曰无馀。"晋贺循《会稽记》云："少康，其少子号曰於越，越国之称始此。"《越绝书》云："无馀都会稽山南，故越城是也。"

从以上两段记载可知：古吴越两国都是中原华夏民族的后裔所建（至少王族来自中原），跟长江中下游江南地区的土著百越部落拥有大致相同、相连的生活、劳作空间。并可由此推断当时的古吴越方言当是中原华夏族语言的分支，内部比较一致，而跟当时的百越族所说的越语则差别很大。

上述推断还有下列史料可以支持。战国末秦相吕不韦集合门客共同编写的《吕氏春秋》(亦称《吕览》)上说："吴王夫差将伐齐，子胥曰：不可。夫齐之与吴也，习俗不同，言语不通，我得其地不能处，得其民不能使。夫吴之与越也，接土邻境，交通属，习俗同，言语通，我得其地能处之，得其民能使之。"稍后东汉赵晔撰著的《吴越春秋·夫差内传》也有近似记述："且吴与越，同音共律，上合星宿，下共一理。"这两处记载表明古吴越方言彼此相近可通，而跟北方齐语的差别当时已到了不能通话的程度。

百越族的"越语"跟江南地区作为华夏语分支的"古越语""古吴语"相比较，则是差别很大、无法通话的不同的语言，虽然它们曾因长期处在不断接触和融合的过程之中，彼此的语言要素中会日益增加相近的成分。西汉刘向《说苑·善说》记载的一首春秋时代的《越人歌》，过去常被作为最早的古吴越语来考察。这首《越人歌》是用汉字记音的，全文是："滥兮抃草滥予昌枑泽予昌州州䱤州焉乎秦胥胥缦予乎昭澶秦踰渗惕随河湖。"记载下来的楚语译文是："今夕何夕兮，搴舟中流。今日何日兮，得与王子同舟。蒙羞被好兮，不訾诟耻。心几烦而不绝兮，得知王子。山有木兮木有枝，心悦君兮君不知。"对照原文和译文，可以怀疑这首歌所代表的"越语"不属于汉语系统，不是作为华夏语分支的"古越语"及晚后的"古吴语"。

由以上所引历史记载和历史故事，可知越国亦称於越，相传其始祖是夏代少康的庶子无馀，建都会稽(今浙江绍兴市)。而古吴国亦称勾吴，相传其始祖是周太王之子太伯、仲雍，拥有今江苏、上海市大部，以及安徽、浙江的一部分。初都蕃离(也作"梅里"，今江苏锡山市东南)，后徙都吴(今苏州市)。春秋时代，越吴两国常有战事。吴王夫差曾战胜越国，迫使越王勾践屈服求和。但勾践卧薪尝胆，奋发图强，于公元前473年攻灭吴国。复曾向北扩展，成为霸主。疆域有今江苏北部运河以东、江苏和安徽两省的南部、江西东部、浙江北部。战国时国力日衰，约在公元前306年为楚国所灭。可见古越、吴两国在春秋时代相互作战、吞并，促使来自中原华夏语言的分支在异地不断发生接触和融合，遂成为既不同于原地华夏语又不同于异地百越语的越语，而成为吴语的前身和源头——古吴越语(或称古吴语)。因此，有理由认为古吴语形成于春秋时代的末期，虽然并没有能显示当时古吴语特点的作品留传下来。

现存最早能显示吴语特点的作品是产生于六朝以当时首都建康(今南京市)为中心的长江下游地区的"吴声歌曲"，如第一人称用"侬"而很少用"我"，但是"侬"多系女子自称。

荆楚间流行的"西曲歌"里也同样出现"侬"字。今吴方言"侬"多半用作第二人称,"侬"字的音义有待进一步考释,但从方言与地域文化关系的角度考察,现代吴语地区的"侬"字当至迟是六朝时代长江下游地区中古吴语中"侬"字的继承和发展。

东晋郭璞所著《尔雅注》中引用"江东语"就有百余条,其中许多与《尔雅》相合。《尔雅》为汉初学者辑缀周汉诸书、递相增益而成的最早解释汉语词义的专著,多中原古语。郭璞注《尔雅》所引江东语多与古语相合这一事实,说明中原古语早已深入江东,融入吴语。这也从一个方面证明了古吴语形成于上古时代春秋末期的这一推断,因为形成具有独特色彩的一处方言是需要有一个漫长的历史过程的。

东晋及其后的南朝是史载古吴语经受中原汉语强烈冲击和影响的一个时期。西晋统一全国后不久,晋室内乱,八王争位,其后又是"五胡乱华"和"十六国"的战争时期,中原动荡历经百余年,而是时江东吴地沃野千里,舟车便利,一片繁荣。北人因此大批南下,逃荒避乱,晋室也从中原洛阳迁至江东的建康(今南京)。《晋书·王导传》:"洛阳倾覆,中州士女避乱江左者十六七。"据前人统计,东晋士族及其随行的庶民入居江东的约有二三十万之众。晋人大批南迁,时间一长,土著居民跟侨人的语言必然会因接触而产生同化、融合和变异。周一良在《南朝境内之各种人及政府对待之政策》一文中说:"自东晋至梁末,杂居二百余年,无论吴人、侨人如何保守,无形之中影响、同化乃意中事……扬州之侨人不自觉中受吴人熏染,于中原与吴人之语音外,渐形成一种混合之语音。同时扬州土著士大夫与侨人沆瀣一气,竟弃吴语而效侨人之中原语音。"唐代诗人张籍《永嘉行》说:"北人避胡多在南,南人至今能晋语。"事实上,南下的士人官吏也有跟着南方人学吴语的。《世说新语·排调》说:"刘真长始见王丞相,时盛暑之月,丞相以腹熨弹棋局曰:'何乃淘!'刘既出,人问见王公云何,刘曰:'未见他异,唯闻作吴语耳。'"北人王导贵为大臣,见到北人尚且说吴语,可见他是经常讲吴语的,或许当时说吴语已是一种时尚。陈寅恪在《东晋南朝之吴语》一文中说:"东晋南朝官吏接士人则用北语,庶人则用吴语,是士人皆北语阶级,而庶人皆吴语阶级。"说明东晋和南朝时期北人南下,对吴语的发展注入了诸多新的推动因素,并且在官吏和士人中还产生了"双语阶级",即既能说北语又能说吴语的人。虽然如此,吴语还是吴语,吴语并没有变成北语。

南宋时期是史载近代吴语经受中原汉语强烈冲击和影响的又一个时期。北宋末年,金人南侵,宋室由汴梁(河南开封)迁至临安(浙江杭州),吴语再次受到中原汉语及其文化的强烈冲击和影响,特别是杭州城里的杭州话,在语音、词汇、语法各方面都渗透进北方官话的许多成分,杭州话仿佛一度变成了开封话。明人郎瑛在《七修类稿》中说,杭州"城中语音好于他处,盖初皆汴人,扈宋南渡,遂家焉。故至今与汴音颇相似"。清人毛先舒《韵白》也说:"且谓汴为中州,得音之正。杭多汴人,随宋室南渡,故杭皆正音。"今天从杭州话中仍可以看到北方官话的深刻影响。

四、客家话和畲话

最后,我们再来看看以移民文化著称的客家人,他们的语言客家话的情况。客家方言以梅州话为代表,使用人口约 3500 万,分布在福建、江西、广东、广西、台湾、海南、湖南、四川、重庆等省市等 200 多个市县。其中,福建省西部地区、江西省南部地区和广东省的中东部地区的客家人住得最为集中。客家方言虽然分布于许多省份，但没有一个省是以客家方言为主的，也没有一个省级行政中心是以客家方言为主要语言的，这在七大方言中是绝无仅有的。客家方言也是海外华人社区使用的主要汉语方言之一，但使用人数不及闽南话和粤语。客家方言能在如此广的区域内不被其他周边方言同化，一直保留下来，主要得益于客家人的祖训："宁卖祖宗田，不忘祖宗言。"客家人就是怀揣着这样的遗训，迈开了移民的脚步，把他们的语言和风俗带到了现代长江以南100多个县。比如在江西等地区，他们和湘、赣系的人们错杂居住，交涉很多，可是他们的语言风俗，直到现在还是截然不混。

在移民过程中，客家人还深深影响了他们所经之处人们的生活、文化和语言，最为典型的就是畲族。除了广东博罗等四县的畲话应是苗瑶语族苗语的一种方言以外，大部分地区的畲族所说的话应归属于汉语客家方言的一个次方言。浙南的畲族不仅语言已改用客家话，甚至还改用汉姓，如姓蓝、姓雷、姓刘、姓林、姓李、姓胡、姓丘、姓罗等。一般来说同一个民族使用同一种语言，为什么畲族说两种语言呢？并且大部分不用本族语而用汉语的一种方言呢？一种可能的解释是：大部分地区的畲族历史上也是说苗语的。在今天畲族说的客家方言中有一些明显不是客家方言的词汇，它们的语音形式却跟苗瑶语相当接近，如"蜈蚣""肉""杀""母"等。根据《潮州府志》记载，潮州当地畲民把"火"叫作"桃花溜溜"，把"饭"叫作"拐火农"，和博罗一带的畲民发音近似。这说明现在已改说客家话的潮州畲民，原先可能是说现在博罗一带的畲语的。此外还有些民族学上的材料也可以作为他们历史上可能使用苗瑶语的证据。比如浙江《景宁县志》在讲到畲民的时候说："其风俗仿佛若两广苗民。"所谓风俗大约包括对歌恋爱、祭祀祖宗盘瓠等。在增城、博罗的畲族至今还被当地的汉人称为山瑶。

那么畲族是在什么时候、又是为了什么原因改说客家话呢？对于这个问题并没有详尽的文献可供直接参考。今天各地的畲族都说他们的故土在广东凤凰山。从现代广东部分畲族还说苗语来看，这个传说是可信的。他们迁入福建应当在南宋之前。写于南宋的《后村先生大全集》卷九十三说："凡溪洞种类不一，曰蛮、曰瑶、曰黎、曰蜒，在漳者曰畲。""漳"指福建漳州。浙江的畲族是从福建辗转而来的。迁入的最早年代有文献可查考的是在明朝初年。清代《宣平钟氏家谱新序》记载："大明洪武乙卯，日章公由福建迁处州景宁。"明代自闽入浙的畲民大约先是集中在处州，后再向浙东南、江西、皖南迁徙，他们明显是从福建迁来的，而不是直接从广东迁来的。丽水，也就是历史上的处州，当地的畲民一直到现在都有称当地汉人为"明家人"的说法，汉人则称畲民为"畲客""畲客婆"或"客家"。这也说明畲民成批进入处州最早应该在明代。后来陆续而至的也不少，最集中的时期大概是在明末清初。清代中叶以后浙南地区可能已经充分开发不能再容纳移民，所以畲民入浙也就渐渐终止了。

古代浙江境内并没有客家人。现代闽西却有客家人的地盘。畲族改说客家话应该在移入福建之后，转来浙江之前。跟别的少数民族相比，畲族并没有形成一个或若干个大的聚居区，他们的自然村最多不过几十户，最少的只有两三户，并且星散在汉族村落之中。在他们人口最集中的景宁县也不过占全县人口的5%左右。

客家先民是在唐末至宋初移入闽西的，这些从先进的中原地区南移的人民在经济和文化及人口数量方面都占压倒优势,所以畲族改说客家话。在明初移入浙南之前,他们的语言已经完成了转变的全过程。在客家移入闽西、粤东以后,畲客的纠纷和语言接触是很频繁的,这从一些族谱中可以看出来。

在完成语言转变前可能有使用双语的过程,粤东的 1000 多畲民至今仍处在这个转变的过程中。这些畲民只是在畲族村寨或在外地人与本族人相遇时才用苗语,在与汉族交往时也会说汉语。

通过以上这些语言的故事,我们大概了解了语言就是这样随着移民的脚步在山川大地中行走,散落各地,生根发芽,并留下一个个文化的脚印。顺着这些语言的印记,我们可以找到我们先民曾经走过的道路,知道我们来时的路。

■ 海外的语言
文化借贷

第三节　回望故乡

——语言指引下的"寻根"

一、地名文化

数万年来人类在世界的各个角落创造了各种类型的文化。这些文化因地域、民族和其他种种因素的不同而千差万别。所以文化史上讲到文化类型往往要冠以地名或民族名,例如,往大了说有中国文化、印度文化、斯堪的纳维亚文化,往小了说有汉文化、百越文化、良渚文化。不同民族或不同地域的文化,最初大都是相互隔离各具特色的。这些特色包括语言或方言的差异,也体现在作为语言的特殊成分的地名上。随着时代的发展,隔离状态逐渐打破了,不同文化发生接触并进行了交流,使自身也带上了其他文化的色彩。进而文化的地域性和民族性渐渐失去其棱角,甚至不同的语言也产生了融合的现象,但是地名的变化却相对较慢,它顽强的延续性和稳定性较好地保存了文化中的某些本来面目。

地名是人们在社会生活中给地理实体、行政区域或居民点所起的名称。我国的地名有汉语地名、少数民族语言地名、方言地名,它们往往带有强烈的地方色彩。透过这些地名,我们往往能发现其背后隐含的文化特征。比如包含有大量"堤、堰、塘、埭、闸"等水利设施地名的地区往往是长期种植水稻等水田作物的地区,为了保证作物的灌溉,会大量兴修水利设施,并用于地名。

那么,今天我们来看看有趣的地名"重名"现象,这或许可以帮助许多人找到他们遥远的故乡。在我国历史上,发生过三次大规模的移民浪潮:第一次从西晋末年延续到南北朝时期,由西晋永嘉之乱引起的大规模北人南移;第二次发生在唐末,由黄巢起义造成了北方人民大规模的南迁;第三次发生在两宋之际,宋王室南迁带来了第三次由北而南的移民浪潮,其他小规模局部地区的迁移更是从未停止。对于南渡的老百姓而言,他们起初是抱着侨居的想法迁到南方的,打算一旦战乱平息就要重返故土。当时也有根据他们的旧籍贯侨置州郡县的制度。原来的用意是使这批流亡的人怀念故土,今天我们却可根据这些侨置的地名去了解这几次民族迁移的情况,找到他们的故乡。在北京地区周边有许多村名与山西的州县"重名",比如在大兴区东部和顺义区西北部有大同营、屯留营、河津营、上下黎城、潞城营、霍州营、忻州营、夏县营、东洲绛州营、稷山营、蒲州营、红铜营(即洪洞)，这是历代山西移民留下的印记。明初从洪武二十一年(1388年)至永乐十年(1412年)，有文献载录的由山西向北京移民的次数就不下七次。七次移民的简单情况见于《明实录》《续文献通考》和《明史》。其对移民的原居民地都说得极不详细。如《明史·成祖纪》载："丁卯，徙山西民万户实北京。"清人所著《宸垣识略》卷十二也提到了大兴凤河一带永乐二年"移山东西民填之……计营五十八"，也太过简略。而上述村营的名字等于向我们指明山西移民原来居住在哪些州县，来到北京后安置何处，这对弄清明代遗民的情况和北京地区的开发问题无疑具有一定意义。就上述所举北京地区十几个村落来看，虽然几乎遍及山西全省，但远远不如僻处西北的敦煌市的地名来得典型。敦煌市的小地名以甘肃省各县为名，它反映的是清代的移民史实。如三危乡有泾州(现在的泾川)、两当、会宁、镇原、狄道、灵台等村名，杨家桥乡有礼县、安化(现在的庆阳)、洮州(现在的临潭)、岷州、兰州、华亭、合水等村名，孟家桥乡有西宁堡(现在是青海省会西宁，当时属甘肃)、河州堡(现在的临夏)、武威庙等村名。这些村名的分布还有一定的规律性，即党河以东各村名为陇东、陇南各县名，党河西部各县名则多为河西各县名。甚至敦煌市内的街巷也有以县名为名的，如兰州巷、固原巷、伏羌(现在的甘谷)巷、秦州(现在的秦安)巷。这种现象完全是有计划的移民造成的。嘉靖年间(1522—1566年)明政府放弃嘉峪关以外各地，敦煌完全成为吐鲁番的牧地。农田荒芜长达200年，甚至清雍正初年才又从当时甘肃全省五十六州县移民2000余户，到敦煌屯田。各州县迁来的移民按政府划定的区域居住，并以原来的州县命名新村，所以今天敦煌才有如此整齐独特的村名。

我们再来看看台湾的地名。台湾高山族的祖先是台湾岛的原始居民，对宝岛的开发有不可磨灭的功绩。台湾自古是我国的领土，清代康熙年间(1662—1722年)及以后，更有大量福建人和广东人移居宝岛，他们把原籍的地名原封不动地搬到了台湾。这给今天追寻移民的来源工作带来了很大的便利，比如新北市有泉州厝、漳州寮，台中市有同安厝，嘉义县有安溪寮，台南市有诏安厝，这些地名都是闽南的州县名，即以县名作为乡村名。另一种是乡村名依旧用作乡村名，比如晋江市东石乡从明朝末年就有人移居台湾，他们的居住地后来就成为嘉义县东石乡。又比如和晋江市林口乡相对应的，新北市也有林口乡。根据台湾学者统计，以大陆祖籍地命名的台湾乡村总共有86个，其中以福建相关地名命名的乡村有51个，以广东相关地名命名的乡村有30个，以其他省份相关地名命名的有5个。

有时候移民并不把原居住地地名完全照搬，而是使用与原居住地相同的地名通名，比如岭南客家区的地名通名和浙南、闽北很明显是属于同一系统的。它启示我们岭南部分客家人是从闽北、浙南迁去的。这些地区常用的共同的地名通名是：嶂、磜、岽、坑、潭、里、峰、溪、洋、源、州、濑、浦、陇、墩、圳。其中又以福建宁化县的地名和岭南客家的地名最为一致。这也并不奇怪，因为岭南客家人不少是从宁化迁去的。

历史上对移民史实的记载往往缺失或语焉不详，通过对地名的研究或许可以帮助我们补上这一段缺失的历史，帮这些历史上的移民找到故乡。

二、方言岛

游汝杰(2013)指出:"在方言地理学上,被另一种方言或语言包围的方言成为方言岛。"作为一种语言飞地,岛内的方言往往保留了显著的出发地方言的特征。但如果方言岛形成的时间足够长,那么,岛内方言不可避免地会受到岛外方言的影响,吸纳部分岛外方言的因素。

我们以浙江省安吉县的方言岛和九姓渔民为例来分析。

浙江省安吉县位于浙江西北部,东临德清、湖州,南毗余杭、临安,西接安徽宁国、广德,北接长兴。东西长约60千米,南北宽约57千米,面积1886平方千米。现辖递铺、孝丰、梅溪、晓墅、良朋等19个乡镇,人口45万。

安吉地区方言非常复杂。安吉话为该县最主要的方言,属吴语太湖片苕溪小片,使用人口约占全县人口的1/2强。除了土著方言吴语以外,安吉县还分布有众多客籍方言,主要有河南话、安庆话、湖北话、苏北话、绍兴话、台州话、宁波话、温州话及畲话等。其中以河南话、安庆话和湖北话势力最大,使用人口总计达十多万,几乎可与吴语相抗衡。安吉境内吴语与众多客籍方言交错分布,形成异常繁杂的局面,以至于一乡,甚至一村之内往往有数种方言。以递铺镇为例,旧为安吉州治和安吉县治的安城村主要分布有吴语、河南话和安庆话3种方言,而马家渡村的方言竟达5种之多,分别为吴语、苏北话、台州话、河南话和安庆话。

据鲍士杰(1988)和葛庆华(2000)的研究,苏浙皖三省交界地区的客籍方言主要是太平天国运动以后形成的。太平天国战争之后,原来人口稠密的苏浙皖地区,变成了"百里无人烟""佃多死亡,田皆荒废"的地方。为改变这种状况,清政府实行"招垦招佃""轻徭薄赋"的政策,迁徙豫楚等地的人前来垦荒。"客民垦荒,豫楚最多,温台次之。"其中,河南人主要来自信阳地区的光山、罗山、商城、新县等地,安庆人来自原安庆府各县,湖北人主要来自应山、麻城、安陆、襄阳、黄陂、随县、荆门等地。

作为上述移民运动的重要组成部分,安吉县在太平天国战争之后也出现了移民涌入的高潮,由此决定了境内五方杂处的方言分布格局。我们从安吉县河南话、安庆话和湖北话3种客籍方言来看他们与祖籍地语言、与周边方言的关系及其相互之间的关系。

从词汇层面来看,3个方言岛有许多共同的说法,有的在它们的源方言中本就一致,有的则是因为三者从吴语中借入了同一个说法,还有的可能是三者之间的互相借用造成的。

第一,源方言一致的,这类词最多,如表8-1所示(为节省篇幅,方言岛举安城河南话为例,同时列出吴语说法,以资比较。各方言也可能有别的说法)。

表8-1　源方言一致的说法

词目	安城河南话	吴语	词目	安城河南话	吴语
窄路~	窄	狭	逃~走了	跑	逃
高他比我~	高	长	追~小偷	撵	追

续　表

词目	安城河南话	吴语	词目	安城河南话	吴语
稀_{稀饭~}	稀	薄	虹	虹	鲎
晚_{来得~}	晏	迟	门槛儿	门槛	户槛
肥_{指动物}	胖	壮	洗澡	洗澡	浴汤
给_{动词}	把	钵=	馒头	馍馍儿	馒头
站	站	立	喝_{~酒}	喝	吃
倚靠	靠	隑	拉屎	屙屎	射浼

第二,从吴语中借入的,如表 8-2 所示。

表 8-2　借自吴语的说法

词目	安城河南话	河南光山话	安城安庆话	安徽枞阳话	联民湖北话	湖北宜城话	吴语
猪圈	猪棚	猪圈	猪棚	猪圈	猪棚	猪圈	猪棚
轮子	轮盘	滚子	轮盘	轮子	轮盘	滚子	轮盘
孵	伏	菢	伏	布=	伏	菢	伏
玉米	包芦	玉榴	包芦	六谷子	包芦	包谷	包芦
马铃薯	洋芋艿	土豆儿	洋芋艿	马铃薯	洋芋艿	土豆儿	洋芋艿
醋	酸醋	醋	酸醋	小酒	酸醋	忌讳	酸醋

表 8-2 显示,"猪圈""轮子""孵""玉米""马铃薯""醋"等条目,3 个方言岛的说法都与各自的源方言不同,却与吴语相同,说明方言岛的上述说法都借自周围的吴语。

第三,三者互相借用的,如表 8-3 所示。

表 8-3　方言岛互相借用的说法

词目	安城河南话	河南光山话	安城安庆话	安徽枞阳话	联民湖北话	湖北宜城话	吴语
摔_{~倒}	搭=	搭=	搭=	搓=	搭=	板=	掼
斟_{~酒}	写=	写=	写=	斟	写=	斟	筛
拉肚子	屙肚子	屙痢疾	屙肚子	屙肚子	屙肚子	跑肚子	射肚皮
丈夫	老板	当家的	老板	老板	老板	当家的	老公
舅妈	舅妈	舅妈	舅妈	舅母	舅妈	舅母	舅母
头发	头毛	头毛	头毛	头毛	头毛	头发	头发

从表 8-3 可见,安城安庆话和联民湖北话的"搭=摔"、"写=斟""舅妈"应借自安城河南话;安城河南话和联民湖北话的"屙肚子""老板"借自安城安庆话;联民湖北话的"头毛"则可能受了安城河南话与安城安庆话的共同影响。

需要说明的是:①"丈夫(本文中为叙称)"在 3 个方言岛中都有"老公"的说法,应来自

吴语;②湖北钟祥(丰乐)有"舅妈"的说法,因此联民湖北话的说法也可能来自源方言。

第四,既可能是吴语的影响,又可能是三者互相借用的结果,如表8-4所示。

表 8-4　借自吴语或其他方言岛的说法

词目	安城河南话	河南光山话	安城安庆话	安徽枞阳话	联民湖北话	湖北宜城话	吴语
跳蚤	虼蚤	虼蚤	虼蚤	虼子	虼蚤	虼蚤	虼蚤
儿子	儿子	儿	儿子	儿子	儿子	儿娃子	儿子
衣服	衣裳	衣裳	衣裳	衣	衣裳	衣裳	衣裳

此外,还有的说法既非来自吴语,又非来自源方言,即来源不明的,例如"甘薯"在3个方言岛中都说"番芋",但河南光山说"红薯",安徽枞阳说"山芋",湖北宜城说"薯子",安吉吴语则说"番薯"。

九姓渔民则是我国旧时的一类贱民。他们是以舟为家、以捕鱼为业的水上居民,主要分布在钱塘江干支流上。一般认为"九姓"是指陈、钱、林、袁、孙、叶、许、李、何九个姓。关于其来源问题,至今仍是一个悬案。比较流行的说法是,元末陈友谅的部属被朱元璋贬入渔籍,不准陆居,并改从贱业,故而形成这一特殊的群体。此外还有亡宋遗黎避世说、古越族或疍民后裔说等。对该群体的研究还有许多的空白,今天我们就利用民俗学和语言学的方法,探讨安徽皖南地区九姓渔民和浙江九姓渔民的关系,初步证明皖南地区的九姓渔民是浙江九姓渔民的分支。

皖南地区的水上居民自称"船上人",称岸上居民则为"岸上人"。他们只有陈、叶、钱、汪四姓,以陈、叶两姓居多。值得注意的是,其中的"汪"姓在通常所说的"九姓"之外,但不能光凭这一点就否认他们九姓渔民的身份。相反,这也许印证了傅衣凌(2008)和朱海滨(2006)的观点,即九姓渔民并非只有九个姓,"九"应泛指多数。据了解,浙江金华和兰溪的九姓渔民有施、田等姓氏,也在九姓之外,可作旁证。

关于皖南船上人的来历,史料未见记载。当地船上人一致声称,他们的祖先来自浙江建德附近的七里泷,逆水捕鱼,至此未归。但来皖的具体年代,则无人能晓,只说那是很久远的事了。

方向(1994)在讨论浙江建德九姓渔民的来源时,倾向于"来自徽州说":朱元璋的部队攻打徽州时,九姓渔户曾帮助元兵守御,双方苦战了3个月,伤亡极大,朱元璋的部队挖地道入城,最终取得了胜利,之后便将九姓渔户罚为水上贱民,不得上岸居住。

赖青寿(1999)已经对这种说法进行了驳斥,本文不再赘述。笔者在调查中从未听到渔民帮助元兵作战的传说。至于陈友谅部属被贬入渔籍或南宋亡国大夫遗族的传说,皖南船上人亦闻所未闻。

皖南地区的船上人原来几乎都分布在屯溪,新中国成立后(主要是20世纪60年代初)陆续迁往皖南各县。今主要分布于新安江(钱塘江上游)沿岸,以屯溪为中心,包括休宁、黟县、歙县、绩溪等地。此外,长江水系的黄山区(原太平县)、宁国、祁门等地也有分布。也就是说,皖南地区的船上人主要分布在原徽州地区。据估计,今皖南船上人总数应在4000以上。具体分布情况如表8-5所示。

表 8-5　皖南地区船上人的人口和分布

县（市）	乡镇（居委会）	人口（计家眷）	迁入年代
屯溪	阳湖镇稽灵山居委会、杨梅山居委会、黎阳镇闽口村附近所处位置实际属休宁县管辖	2000 以上计散居的	新中国成立后陆续上岸定居，至 1986 年全部上岸
休宁	流口镇、五城镇龙湾村、秀阳乡县城也有少量分布	迁入时有几十户，今应有几百人	1962 年至"文革"前
黟县	散居	迁入时有十几户	1969
祁门	散居	迁入时有二三十户	1956
黄山区	仙源	迁入时有一两百人，今应有上千人	1964
歙县	渔梁坝	迁入时只有几户	1961—1962
宁国	河沥溪	迁入时有一两百人，今应有上千人	1963

注：20 世纪 80 年代绩溪县曾到屯溪招了十几个船上人去做工，今已基本返回屯溪。

据《休宁县志》载："(端午节时，)临河城镇，如海阳、万安、溪口、龙湾等地有'赛龙船'的风俗。木船前后梢安装龙头龙尾(万安有特制周身刻有鳞状的龙舟)，参与表演者多是船民。有的潜入深潭捞取硬币、咸鸭蛋、粽子等，有的在大石桥或船架上(龙船上置有高木架)跳水，俗称'打漂'。两岸观众云集，气氛热闹紧张。抗日战争期间，赛龙船已少见……"从这段描述来看，休宁县海阳、万安、溪口和龙湾等沿河城镇似乎早就有船上人了(至少抗战之前就已存在)，而且端午节的风俗与屯溪船上人相同。而屯溪船上人告诉笔者，休宁等地的船上人都是新中国成立后才从屯溪迁过去的。事实究竟如何，仍有待核查。

皖南船上人过去一直生活在船上，以捕鱼、撑船或放排为业，生活十分艰辛，真正称得上"上无片瓦，下无寸土"。过去由于船上人流动性大，孩子无法上学，因此绝大多数船上人都不识字。新中国成立后，政府组织船上人分批上岸，安排住房和工作，船上人的生活状况和受教育情况得以根本改观。

长期以来，船上人深受社会歧视，岸上人不愿与之通婚，因此通婚只限于船上人内部。新中国成立后，这种状况已经得到根本扭转，如今船上人与岸上人之间通婚已经非常普遍。

皖南船上人过去还有一些风俗习惯不同于岸上人，例如：①船上人的打扮与岸上人有所不同：船上人不分男女老幼，在一年中大部分时间都"打赤脚"，这是由他们的水上生活所决定的；少数船上人给男孩的左耳戴上耳环，且终身不除，据说是为了利于养活；男孩脚上常戴两个银环，女孩则戴项圈(有的项圈上还挂有银锁)。②旧时每逢端午，船上人就自发组织龙舟竞赛，并由水性好的船上人进行跳水表演。③旧时船上人行船时逢庙即在船头祭拜，以求平安。④船上人有许多特有的禁忌，例如忌女人走跨船头、船尾；吃鱼时忌整条翻转等。⑤船上人中改称的现象比岸上人普遍。例如称父亲为"阿叔儿""阿母"，称母亲为"阿婶""阿爷""阿姨""阿姑"等。有的甚至直呼父母的名讳。改称也是为了孩子容易

养活。船上人中改称现象十分普遍,应该是其生产生活条件恶劣、孩子容易夭折的原因造成的。

皖南船上人与浙江船上人在生活、习俗方面既有相同之处,又存在区别。

相同之处如:①都以船为家,以捕鱼为业(有的兼放排和航运);②船上人内部通婚;③无法上学,文化程度普遍很低;④穿着打扮与岸上人有别;⑤端午节赛龙舟;⑥由于特殊的生产生活条件,船上人的禁忌较多,迷信思想一般较重;⑦婚丧仪式一般比较简单。

不同之处如:①浙江船上人有所谓隔船"抛新娘"的婚俗,在皖南地区则无;②浙江船上人旧时有专门的妓船——"菱白船"或"江山船",在皖南地区则未听说;③浙江船上人奉周宣灵王为船神,皖南船上人则逢庙即拜,无专门的船神。

总的来说,皖浙两地船上人的生活习俗大同小异,初步印证了二者同源的说法。

由于皖南各地的船上人几乎都来自屯溪,因此他们的方言也都基本一致。

皖南船上人的方言与岸上话迥然不同:船上人说"船上话"(他们自称),而岸上人一般说当地方言(以徽语为主)。两种方言之间不能通话。但船上人几乎都会说当地方言,而岸上人除少数老人以外,一般不会说船上话,因此船上人与岸上人都用当地方言交流。

自从上岸定居以后,船上人与岸上人的接触越来越频繁,船上话不可避免地越来越受岸上话的侵蚀。而且,随着社会经济文化的迅速发展,普通话在当地语言生活中的作用日益加强。在上述因素的影响下,船上人中的年轻一代正逐渐放弃船上话,而改说岸上话或普通话。据笔者观察,若父母双方都是船上人,其子女一般仍以船上话为母语;若父母有一方不是船上人,则其子女往往改说岸上话或普通话。至于婴幼儿,则不管父母双方是否为船上人,都一律与之说普通话。

皖南船上话是来自祖籍地方言还是皖南当地方言?抑或是另有来源?对这类问题的探讨,无疑有助于解决皖南船上人的来历问题。我们可以比较一下皖南船上话、屯溪话及浙江建德船上话的某些语言特点。如皖南船上话与屯溪话、建德船上话在词汇、语法方面的异同点,如表 8-6 所示(附建德话以资比较)。

表 8-6　皖南船上话与其他方言的词汇、语法特点的比较

项目	屯溪船上话	屯溪话	建德船上话	建德话
玉米	包萝	包萝(儿)	六谷	包萝
说~话	话	讲	话	讲
没有(动词)	没得	没得	弗有	弗有
没有(副词)	不曾	[不曾][24]	未	未
爸爸	阿爷	爹、爷、爸新	阿□u[55]	爸(爸)、爹(爹)
姊姊	阿姊	姊儿	阿姊	姊姊
我	稳[=31]	我(伢)	我(农)	党[=]多、印[213]
你	尔	尔(伢)	尔(农)	尔
他	渠	渠(伢)	渠(农)	渠
这	个[53]	个[32]	亿[12]	亿[2]

158

续　表

项目	屯溪船上话	屯溪话	建德船上话	建德话
那	咪$^{=53}$	么^{53}	尔^{213}	末^2
什么	鞋$^=$呢$^{=5522}$	底物	啥哩	啥哩
不	不	不	弗	弗
吃得（可能补语）	吃得	吃得	吃（了）得	吃得

通过对皖南船上话与屯溪话、建德船上话的语言特点进行比较，我们可以发现：皖南船上话是外来的。这主要表现在与屯溪本地话相异的特点上，比如"说~话"船上话用"话"，而屯溪话用"讲"；船上话亲属称谓多带词头"阿"，屯溪话不带词头"阿"；第一人称代词单数形式船上话为"稳$^{=53}$"，而屯溪话为"我（伲）"；疑问代词"什么"船上话用"鞋$^=$呢$^{=5522}$"，而屯溪话用"底物"。这些重要差异的存在，说明二者应该有不同的来源。

皖南船上话存在的历史已经很长。通过比较我们看到皖南船上话的许多特点与屯溪话一致，其中有些特点可能两种方言原来就一致，也有的是屯溪话对船上话的影响所致。毕竟，无论从社会经济政治地位还是人口数量上来看，船上人都处于弱势。因此其方言也很难抵制本地强势方言的渗透和侵蚀。从皖南船上话的现状来看，它受屯溪话侵蚀的程度已经非常严重，说明二者接触的历史已经相当长久。

皖南船上话与浙江船上话拥有许多共同特征，而且其中有的是皖浙岸上话都不具备的（例如"话"指"说~话"，亲属称谓多带词头"阿"），这似乎暗示了皖浙船上话有过历史渊源关系。当然，就目前的材料来看，判断二者同源的证据仍嫌不足。因此，这一问题的最终解决，仍有待今后的调查研究。

通过本文的讨论，我们初步认定皖浙两省的船上人同属于一个族群，即分布于钱塘江流域的九姓渔民，皖南船上人应是浙江船上人的分支。我们的证据主要如下。

（1）口碑资料。皖南船上人一致声称，他们的祖先来自浙江建德附近的七里泷，因捕鱼来此。

（2）从姓氏来看，皖南船上人只有陈、叶、钱、汪四姓，除"汪"姓以外，其余三姓均在一般认为的"九姓"之列。而且，我们也赞同"九姓"并非确指的看法，即可能包括其他姓氏在内。

（3）皖浙船上人拥有共同的生活地域，即他们都生活在新安江—钱塘江这条交通大动脉上。赖青寿（1999）指出："安徽的徽州地区与浙江的严州地区，借着新安江（又名徽江）这条水道始终保持着一衣带水的关系，不仅在自然地理区域上关系颇为密切，而且从文化区的划分来看，也处于一个文化同源区域中……"曹志耘（1997）也把新安江流域的徽、严二州并举，把该地域的文化称为"新安文化"。

（4）皖浙船上人拥有共同的社会经济文化类型。二者无论是在衣食住行的生活方式、谋生手段、社会地位还是风俗习惯方面，都极为相似。

（5）从所操语言来看，皖浙船上人也存在不少共性。一方面，他们都有自己的方言"船上话"，与岸上话界限分明；另一方面，皖浙的船上话也存在许多共同特点，其中有的重要特点不见于皖浙的岸上话。

当然,囿于材料(尤其缺少足够的文献材料),我们的讨论还很不充分,关于皖浙船上人的关系,仍待进一步的调查研究。

通过上文的材料,我们可以清晰地看到,如果我们能充分利用相关语言材料,结合当地的文献学、民俗学、地理学、历史学等研究成果,或许可以在许多方面实现突破。

地名的语言
文化的价值

第四节　山川异域
——漂洋过海的语言文化

历史上,先进的华夏文明不断地向周边地区传播,这一过程让文化的载体——语言和文字也不断向周边扩散。其中,与中国隔海相望的日本,直到4世纪都不曾有过文字,文明也相对落后。随着汉文化的传入,日本人开始接触到先进的文化,也迅速地跨过了文明的门槛,其中一个重要标志就是开始大量使用汉字。可以这样说,日本人与汉字的邂逅,对其文化的形成具有奠基性的、划时代的深远意义。

公元前1世纪前后,即中国的西汉时期,日本列岛出现了许多小国。《汉书·地理志》载:"夫乐浪海中有倭人,分为百余国,以岁时来献见云。"这是中国正史中关于日本的最早记录,同时可以看出,这一时期日本已开始定期向汉朝进贡了。日本社会由最初的百余国经过兼并联合,逐渐形成了三十几个部落联盟或部落国家。其中倭奴国曾于光武帝中元二年(57年)遣使通汉。《后汉书·东夷列传》载:"建武中元二年,倭奴国奉贡朝贺,使人自称大夫,倭国之极南界也。光武赐以印绶。"这里光武帝赐予倭奴国的印即是著名的"汉倭奴国王印"。1或2世纪时,日本出现了一个被称为邪马台国的由女王统治的国家。《魏志·倭人传》对邪马台国女王卑弥呼派使节朝贺北魏做了详细的记载。北魏时期封卑弥呼为"亲魏倭王",同时赐金印紫绶,"倭王国使上表,答谢诏恩"。

由上述中国的史料记载可以发现,早在中国的汉魏时期,中国和日本就已经有了频繁的交往,同时可以推测,此时的日本列岛上已经有懂得汉语、会使用汉字的人了。而这一部分人,应该就是被日本称为"渡来人"的大陆移民。

日本关于汉字传入的最早记载见于《古事记》。应神天皇时"百济国王照古王以牡马一匹、牝马一匹,付阿知吉师上贡……王又贡横刀及大镜。又命百济国道:'若有贤人,亦上贡。'于是受命进贡者的人,名为和迩吉师,即以《论语》十卷,《千字文》一卷,付是人上贡"。后世多根据《日本书纪》的记载,称和迩吉师为"王仁"。王仁来到日本后,太子菟道稚郎子跟随其学习汉文典籍。虽然这一记载并不确定为史实,但至少我们可以推测出,在4世纪末、5世纪初,汉字、汉文已由百济传入日本,同时日本的统治阶级也开始了对汉字、汉文的学习。从此,日本的上层社会开始系统地学习汉字、汉文,随后这种风气影响日本列岛的各个地区。

值得注意的是4、5世纪时,汉字传入日本,日本人开始积极地学习并使用汉字,此时日本国家刚刚形成,需要向中国、朝鲜半岛诸国递交外交文书。为了便于与他国的交往,在政治与外交的双重要求之下,日本人选择了学习当时东亚通用的语言——汉语(汉字和汉文),换言之,起初并非是为了记录日语才学习汉字的。

日本大规模地使用汉字，是在遣唐使时期全面唐化的高潮中。继遣隋使之后，630—894 年的 260 多年间，日本政府共任命遣唐使达 20 次之多，其中实际成行的为 16 次。遣唐使团中的遣唐使、留学生、学问僧等通常都要经过严格挑选，多为饱读诗书、才华横溢的人士。他们来到中国后，学习中国的语言、政治、经济、文学、艺术、佛学等，与中国的知识分子广泛交流，结下了深厚的友谊，甚至还有的人在中国人朝为官。他们中的很多人归国时带走了大量的汉文典籍和佛教经典，对促进日本社会的发展和文明进步起到了无法估量的作用。据宇多天皇宽平年间(889—898)《日本国见在书目录》记载，日本当时共收藏图书 1579 部 17345 卷。正是这些用汉字书写的典籍，极大地推动了汉字在日本的广泛传播，由此更多的日本人得以接触、学习到了汉字和汉文。

从文字的形成、传播使用的情况来看，可将世界上的文字大体划分为自源文字和借源文字两种。"独立发展而成的自源文字有着自己特有的规律性，如汉字就是一种典型的自源文字。而借用其他民族文字符号创制的借源文字，都不可避免地受到所借用的文字的巨大影响，因为这一借源文字是在原有文字的基础之上形成和发展起来的，在创制新文字时，不论加以何种改造，都会或多或少地带有所借用文字的烙印。"汉字传播的历史证明，经过各种方式的借用和改造，汉字可以广泛用来书写汉语之外的其他语言。这其中不仅包括汉族以外的少数民族语言，如契丹、女真、西夏等的语言，甚至还包括日本、朝鲜、越南等与中国毗邻的异国语言。汉字在汉族以外的各民族中经过民族化改造，逐步演化成了各民族自己的文字。

在经历了大约 5 个世纪之后，日本人有了自己的文字。日语中的文字便是在汉字基础上形成的所谓"借源文字"。日本人对汉字的变异和改造方式主要包括两种：一种是增减汉字笔画，字形与汉字很相似，但又略有不同，仍保持汉字的表意性特征；另一种则是借用汉字的草体及汉字的省略字，用作表音符号，即对汉字进行了表音化改造，这就是今天日语中的片假名和平假名。日语中所谓假名是相对于汉字而言的。古代的日本人认为，汉字才是真正的文字，称汉字为"真名"，而借用汉字的发音书写的假借文字则被称为"假名"。

除了日本，朝鲜半岛由于特殊的地理位置，同样与中国存在着千丝万缕的联系，其中，语言和文化中的中国因素更是不胜枚举。目前朝鲜半岛的国家拥有自己的语言和文字，但是在 15 世纪中叶以前，即朝鲜王朝第四代世宗大王(1418—1450 年)创制"训民正音"之前，汉字是朝鲜王朝的官方通用文字，史书、文集等都是用汉字写成并保留下来的。因此，直至现在，汉字和汉字词在朝鲜半岛的语言和文字中仍占有很大的比重。我们知道在朝鲜半岛广泛使用汉字的过程中，约从 3 世纪开始出现了借用汉字的发音和语义来标记本民族语言的特殊文字形式——口诀、乡札和吏读，吏读文是其中使用较为广泛、较为典型的一种，它是借用汉字的音和义，按照本民族语言的语法来标记汉文典籍的文字形式。近现代以来，随着国际社会的发展与经济交往的密切，朝鲜(韩)语的词汇构成中除汉字词、固有词外还吸收了很多外来语，这类词汇大部分是直接使用朝鲜(韩)文标记而成的，统称为外来词。

关于汉字是何时传入朝鲜半岛的，学界至今尚无定论，但相关文献表明，汉代起，朝鲜半岛上的古代政权集团就与中国开展了频繁且深入的交往。公元前 108 年，汉武帝征服

卫满朝鲜而设"汉四郡"后,大批汉民族迁入朝鲜半岛居住,汉字与汉文化也随之传入并发展。最为有力的证据就是《三国史记·高句丽本纪》中记载的高句丽琉璃王子所作《黄鸟歌》:"翩翩黄鸟,雌雄相依。念我之独,谁其与归。"据载,这首简短的汉字诗歌作于公元前7年,由此可见汉字在当时已被广泛使用,而且经成为朝鲜半岛的正式书面语。约5世纪开始,朝鲜半岛的史书记载等方面开始广泛使用汉字,汉字逐步渗透到朝鲜民族的语言文化之中。

儒学的传播也是汉字得以广泛使用的重要原因。三国时期的高句丽于372年设立太学,讲授四书五经等儒学典籍。到了高丽时期开始效仿中国实行科举取士制度,于是学习汉字、熟练掌握汉文书写成为追求身份与地位的必要手段。此时汉字不仅是国家官方使用的唯一文字,而且大量的汉字词也涌入了百姓的日常生活,加速了汉字在朝鲜半岛的普及。时至今日,现代朝鲜(韩)语中汉字词仍然占据相当大的比重。

汉字使用的巅峰时期是朝鲜王朝时期,朝鲜太祖李成桂对明王朝施行"事大"政策,同时对周边女真、蒙古及琉球施行"交邻"的怀远政策。鉴于此,官方以司译院为中心设立推广四学(汉、清、蒙、倭),其中又以汉学教育为主,培养了大批汉语人才,以便与明朝进行政治、外交、文化、经济等多方面交流。例如,目前已被发掘的明、清两代的"使华录"作品中大部分都是用汉文写成的,其中很多记载了与中国文人的交流,即"笔谈",文学作品数量惊人。换言之,当时出使中国的朝鲜王朝使臣(除译官外)虽然言语不通,但只要拿出纸、笔便可以交流,甚至能与一些中国文人进行诗词对答。更为有意思的一点是,担任朝鲜使团正使、副使及书状官的人员必须精通诗词歌赋,这是因为在觐见中国皇帝和大臣的时候往往要进行诗词唱和,所以为了极力展现出对宗主国的"事大"遵从与"东方礼仪之国"的文化修养,汉文诗词的创作水准是选任使臣的重要考量标准之一。汉诗文的发达不仅说明了朝鲜半岛汉字的普及程度,也代表着汉字应用水平的高度发展。

但毕竟中(韩)两国语言分属不同语系,语言和文字的不统一也给百姓的日常生活、表情达意带来了诸多不便。所以到了15世纪中叶,朝鲜王朝第四代王——世宗大王创制了民族文字——"训民正音"。从此,朝鲜半岛上便并行两套书写系统,但汉字仍然占主要地位。19世纪末在西方坚船利炮的打击下,封建落后的中国逐渐丧失了东亚文化圈的领导地位,以及由此保有的文化话语权和影响力。随着朝鲜(韩)民族的民族主义意识的觉醒,汉字在朝鲜半岛的尊崇地位开始动摇。虽然在现代朝鲜(韩)语中很难见到汉字,但汉字词汇的使用并未消除。这是因为,世宗大王在创制朝鲜(韩)文字时除了为了书写记录民族语言之外,还为了"正确"标记汉字的读音。因此,我们今天在朝鲜(韩)语中虽难觅汉字之"形",却常闻汉字之"音",这就是汉字词。

我们不仅仅向周边国家输入我们的语言、文字和文化,我们也在或主动或被动中接收着外来语言文化的输入。而语言交际最活跃的地方往往是一些国际性的大都市,上海就是一个接受外来文化的前沿阵地。上海自1843年开埠以后,西方现代生活中的大量新事物涌入上海,上海人以宽阔的胸怀,见一新事物就造一个新名词,一种是用意译造词,一种是音译造词。比如说在大量体操运动传入上海时,篮球、排球是意译词,高尔夫球就是音译词。语言学上所谓的"外来词"指的是从外族语言中引入的音译词。

西方近代文明的工艺、建筑、交通、衣饰、饮食、教育医学、音乐、体育、娱乐和生活用语等,都在上海话的词汇中留下了音译词。其中一类词,汉字的写法比较固定。如色拉(salad)、土司(toast)、布丁(pudding)、白脱(butter)、咖喱(curry)、太妃糖(toffee)、白兰地(brandy)、阿司匹林(aspirin)、凡士林(vaseline)、课程(course)、麦克风(microphone)、萨克斯风(saxophone),还有加上个表类的汉字,如啤酒(beer)、雪茄烟(cigar)、卡片(card)、卡车(car)、沙丁(sardine)鱼、法兰(flange)盘、道林(Dowling)纸、卡通(cartoon)片、法兰(flannel)绒、酒吧(bar)、车胎(tire)等,不少词后来都通过上海出版的大量报刊融入人们的生活。

我们只要从音译的汉字读音来看,就知道这些词是用上海语音翻译的,如沙发(sofa)、马达(motor)、马赛克(mosaic)、加仑(gallon)、派司(pass)。许多国家或外国城市的译名,也是由上海话的读音译出,如加拿大(Canada)、丹麦(Denmark)、秘鲁(Peru)、伦敦(London)、纽约(New York)。当年,广州话也吸收了一点外来词,像沙律(色拉)、朱古力(巧克力)、车呔(车胎)、摩打(马达)、迪士高(迪斯科)、忌廉(冰激凌)。不过后来进入普通话的都是上海话的用字。

正像意译词"自来水"进入普通话而"自来火"还留在上海话中一样,上海话当年造出的外来词也有一些未传入通用语,如水门汀(cement)、水汀(steam)、朴落(plug)、派力司(palace)、司必灵(spring)锁等。形容词"嗲"(dear)进入通用语,也有不少留在上海话里,如克拉(colour)、大兴(dashy)。

外来词有些在写法上不够稳定,如一种"nougat"的奶糖,在20世纪50年代的包糖纸上还有"牛轧""鸟结""纽结"3种写法。又如"No. 1",有的写成"拿摩温",有的写成"那摩温",释义由"第一"引申到"蝌蚪"和排班在第一的"工头"。有的含义上还会有所延伸或转移。如"拉斯卡"(last car)从末班车扩义为最后一个,"肮三"(on sale)引申到"差,令人不快、失望和不正派"上去,"卡车"(car)转义为载运货物的大汽车,"jeep car"两个词复加在一起表示"吉普车","瘪的生司"(empty cents)是穷得身无半分的意思,又如称"寿头码子""小刀码子"的"码子"来自"moulds"。有的词造得也挺"洋泾浜",非常之有趣,如把"丈夫"称为"黑漆板凳"(husband)。

"差头"是"charter"的音译词,原来是"租赁"的意思。上海第一家出租汽车祥生汽车公司在20世纪10年代刚开张时只有一辆汽车供包租,租出一次,就叫"一差",一天出差三次就是做了"三差"。直到40年代,出租汽车民间还是称为"出差汽车",这里的"差"就是"租"的意思。

对于应接不暇的外来事物,直用其音称呼其名最为方便,意译词不一定比音译词好。音译往往可避免因意译而引起事物与称名走样。比如中国古代外来词"葡萄""菩萨",用到现在都觉很好。如果汉朝时看到一嘟噜一嘟噜的葡萄,把它译成"嘟噜果",到现在"一嘟噜"那样的水果花样多了,称呼也就难了。又如当年将"computer"(电脑)译成"计算机",很快这个意译词就落伍了,然而现在很多大学还是保留了"计算机系"的名称。世界上的交通工具中"轮船"是没有轮子的,但当年上海人最早看到的外国机动船上,有明显的两个大轮盘,最初叫它"火轮船",因为它像当年的"火车"那样是靠蒸汽驱动的。吸收外来语多也是一种语言活跃兴盛、有生命力的标志之一。

　　我们今天看到许多有趣的文化现象背后都隐藏着深刻的原因,而这些地区的语言或方言正是探寻原因的一扇窗口。语言、方言中的线索或许可以为我们的文化体系提供许多有力的证据。

　　语言不能离开文化而存在。通过本章的学习,我们了解了不同民族、不同方言区之间的语言差异更多的是一种文化差异,人口的迁徙和流动使不同类型的文化从相互隔离到相互渗透,对方言的形成产生了巨大的影响,形成了地名文化和方言岛。中外文化在不断的交流中彼此学习,中华文化持续向海外传播,同时也从其他国家或地区吸收新的词汇。顺着语言的演变轨迹,我们可以看到各民族、各地区文化交融的印记。

🗐 第八章思考与练习

▲▲

第九章

欲把西湖比西子，淡妆浓抹总相宜——杭州方言

第一节　你们、我们、他们

——宋室南迁与杭州话的形成

宋室南迁与
杭州话的形成

　　杭州方言俗称杭州话,主要分布在杭州老城区,属吴语太湖片杭州小片,是一种带官话色彩的吴语。

　　杭州话的人称代词单数用"你""我""他",复数加"们",成为"你们""我们""他们",与周边吴语很不一样,而与北方官话完全相同。可见,尽管杭州话的本质是地道的吴语,但与一般吴语的差别很明显,其南宋官话语言标记十分突出。杭州话是宋室南迁的直接产物,其南宋官话语言标记是不可多得的宋代汴洛雅音的活标本。

一、宋室南迁

　　建炎三年(1129年)闰八月,宋高宗自建康如临安,以州治为行宫,升杭州为临安府,亦称行在所。绍兴八年(1138年)三月,移跸临安。临安府治所钱塘、仁和两县升赤县(京都),辖余杭、富阳、临安、於潜、新城(即新登)、盐官、昌化7县为京畿县。至此,杭州成为南宋的都城,一跃而成为全国的政治、经济、文化中心。一时间:

　　辇毂驻跸,衣冠纷集,民物阜藩,尤非昔比。(吴自牧《梦粱录》)

　　杭州翻开了其华丽的篇章,成为当时世界上最美丽、最华贵的城市之一。

　　至德祐二年(1276年)正月,元兵逼近临安。三月,元挟宋帝、太后等北行。至此南宋实以亡国。以至:

　　豪华荡尽,只有青山如洛。钱塘依旧,潮生潮落。(汪元量《传言玉女·钱塘元夕》)

　　从建炎三年(1129)到德祐二年(1276),南宋都城都在杭州。其间北来移民所带来的汴洛雅音与当时的杭州本地话长期共处一城,逐渐形成了一种带有宋韵官话语言标记的吴语杭州话,并传承至今。

二、南宋都城的人口数量

　　宋室南迁,北方人士蜂拥而至。据当时著名史学家李心传《建炎以来系年要录》记载,从建炎元年(1127年)到绍兴二十六年(1156年),外籍居民已经超过原住居民。以地区言之,流入临安的外籍居民以汴京(现洛阳)为最多。南宋临安城究竟有多少人口,其中又有多少外来人口,惜史无记载,以至众说纷纭。宋元之际的一些文学作品在谈到杭州人口时就很不一致,比较突出的有:

　　《西湖老人繁胜录》:钱塘有百万人家。

165

《咏钱塘词》：参差十万人家。

《梦梁录》：数十万户，百十万口。

《都城纪胜》：百余万家。

《马可·波罗游记》：一百六十万户。

以上描述都是形容杭州人口众多的，是作者的主观感受，不是实数，不足为信，也不足为据。要确切地知道南宋临安城的人口数，唯有根据《咸淳临安志·户口》的记载来推算〔南宋知府曾多次主持编纂地方志，保留至今的有乾道年间（1165—1173 年）、淳祐年间（1241—1252 年）、咸淳年间（1265—1274 年）的 3 部方志，人称"临安三志"。前两志仅存残本，《咸淳临安志》被比较完整地保留下来，成为研究杭州南宋历史的宝贵资料〕。乾道年间、淳祐年间、咸淳年间临安府治所在钱塘、仁和两县的人口情况详见表 9-1。

表 9-1　乾道年间、淳祐年间、咸淳年间钱塘、仁和两县的人口

县名	乾道年间		淳祐年间		咸淳年间	
	户数	人数	户数	人数	户数	人数
钱塘	46521	68951	47631	98368	87715	203551
仁和	57548	76857	64105	222121	98615	228495
总数	104069	145808	111736	320489	186330	432086
平均每户人数	1.4		2.88		2.32	

南宋朝廷把户数的升降作为考察州县政绩的指标之一，所以其户数是比较正确的。但史学家认为南宋注重对男丁的登记，妇女往往不计在内，因此每户平均人口数量偏低。少则不到 2 人，多也不过 3 人。实际上南宋临安每户一般有四五口左右，多则 10 余口，有些大家庭几世同堂多达百余口。但这对我们判断人口数量增减的总体比例并无大碍。从乾道到咸淳的 100 年间，钱塘、仁和两县户数增长近 1 倍，人口数量增加了近 3 倍。

上述钱塘、仁和两县的户数和人数包括了城郭和乡村两大部分，大于临安府城的户数和人数。临安府城的人口因史书缺乏记载，无法得知确切数目，但可以根据相关材料进行推测。

临安城郭的人口首先要减去不属于城郭的钱塘、仁和两县的乡村人口。据《咸淳临安志》载，钱塘县不属于城郭的有 13 个乡，仁和县不属于城郭的有 11 个乡，两县合计 24 个乡。又据宋马瑞临《文献通考》记载，南宋每乡编制一般为 500 户。24 个乡约有 12000户，如果以上述咸淳年间户数和人数的比例 1∶2.32 计算，约 27840 余人。上述两县户数和人口数减去乡村户数和人数就成为临安城郭（包括南北两厢）的户数和人数。

据此，咸淳年间南宋临安城共有 174330 余户，404246 余人。

临安城郭的人口还要减去南、北两郊厢的人口。据《咸淳临安志》卷五十三记载：嘉定十一年（1218 年）前后，城南郊厢约有 40000 户，城北郊厢约有 20000 户，合计 60000 户。如果以上述咸淳年间户数和人数的比例 1∶2.32 计算，约 139200 余人。

据此，咸淳年间，南宋临安城城区约有 114330 余户，265046 余人。

三、南宋都城的居民结构

南宋偏安杭州,与北宋时期相比,尽管管辖地区丧失2/5,而官员的冗滥仍愈演愈烈。官吏士人队伍的庞大便构成了南宋杭州城区居民结构的一大特色。宋光宗绍熙二年(1191年),"四选名籍,尚左京官4159员,尚右大使臣5173员,伺左选人12869员,伺右小使臣11315员,合四选之数,共33516员"。到宋宁宗庆元二年(1196年),吏部四选增为43000多员。这和北宋景德年间(1004—1007年)"官一万余员(曾巩统计)"相比,官员增加了3万余人。其中至少约1/4,即1万余人在京城任职。官员和吏胥的比例史书未记述,尚书省六部官员和吏胥的比例大致是1∶12。吏胥最少的是工部,官员和吏胥的比例大致是1∶7。如果我们以官吏比例最低的工部作为标准来计算,那么京师各级官吏也有80000人,如一半能带家眷,最少也有160000人,已经相当于城市居民总数的一半以上。[1]

临安是都城所在,武备不可一日弛阙,禁军的人数也是一个非常可观的数字。据《南宋史稿》考证:当初护卫宋高宗的军队有5万人,护卫隆祐太后的军队有1万人,加上随行家属,也是一个相当可观的数字。禁军的主体是北方人,因"怯懦南兵,不足为用"(《四库辑本别集拾遗》,转引自《南宋史稿》)。

除官吏和禁军外,城市居民中还有相当可观的外籍移民。江商海贾,避地南来,大多住在凤凰山(南宋皇城位于凤凰山东麓)、吴山一带,和贵戚府院相杂,故凤凰山又称客山。他们享有各种特权,生活穷奢极侈,故西湖有"消金窝儿"之称。

名望士大夫、画家和文人学士不计其数,当时有"西北士大夫多在钱塘"之说。据元人夏彦纂《图绘宝鉴》卷四所列南宋著名画家68人中,外籍迁杭定居者就有26人,占1/3以上。

僧道尼姑、能工巧匠、平民百姓更是不计其数。南宋政府采取存恤政策,在江河码头、交通要冲设立接待处安置西北流寓者,仅府城内外就设立了20余处。据成化《杭州府志》记载,今湖墅夹城巷附近的妙行寺"二十余年间,累计接待了各界人士三百万人次",故后人把此寺改名"接待寺"。临安还有专门接待僧道尼姑的寺院,通江桥四条巷的国清寺(古祥庵)和钱湖门里的净胜寺(净居庵)就以接待妇女流民和尼姑而闻名,淳祐十一年(1251年),宋理宗知晓后还亲书"净居"作为净胜寺的匾额,故后人就改呼为"净居庵"了。这些通过接待寺而来的北方移民数量尤为庞大,惜史无详载。但从当时市场上出现了专门印卖京师"路径"(城内街巷图)的行业,"士庶往临安者,必买之披阅"的情形,以及从南宋著名文学家陆游"大驾初跸临安,故都及四方士民商贾辐辏"的描述中,可窥见一斑。

根据上述推算,当初临安城内,外籍居民与原住居民的人口比例非常悬殊,原住居民人口只占其中很小的一部分。

四、南北两大方言的接触

由史料可知,南宋建都杭州后,杭州城内一南一北两种方言共处,北来汴洛雅音属北方官话,杭州本地话属吴语,两者差异很大,互相不能通话。当时南北两种方言接触的语言环境相对宽松,北来移民并未仗其政治优势排斥或封杀杭州本地话,而是遵循语言的自

---

① 　徐越.宋室南迁和杭州话的形成[J].江西社会科学,2005(2):126-130.

然演变规律,顺势接触,逐渐形成"士族说官话,庶民说吴语"这样一种双重语言制前提下互相包容、学习和尊重的大气格局。北来官员会努力学一点儿吴语,无形中增强了官话的同化力;杭州本地人即便升任高官也可不放弃自己的方言,这又加强了杭州本地话的自我生存力,两种方言就此长期共处、自然接触、互相包容、和谐发展。北来汴洛雅音的力量较为强大,一是其政治上的特权地位非当地方言可比,其语言虽始终处于周边吴语汪洋大海的包围之中,显得孤立无援,但在当时无疑是官方工作语言,是权威方言。二是使用汴洛雅音的人口居住相对集中,在小范围内(杭州十城门内)人口数量占绝对优势。虽然当时的社会语言环境比较宽松友好,但仍然对杭州本地话形成了巨大的渗透和冲击,致使一些汴洛雅音成分进入并替代了杭州本地话,涌现出许多语言创新。杭州本地话的传承得益于自身经济文化、科学技术等方面的相对先进。南宋文人耐得翁在《都城纪胜·自序》中开门见山地指出:

圣朝祖宗开国,就都于汴,而风俗典礼,四方仰之为师。自高宗皇帝驻跸于杭,而杭山水明秀,民物康阜,视京师其过十倍矣。

经济科技等方面的优势及周边吴语强大的支持,使杭州本地话始终保持着吴语的基本性质,最终形成了一种既不同于北方官话、又有别于周边吴语这样一种带有宋韵官话语言标记的吴语杭州话。所以,杭州话是宋室南迁的直接产物,也是人类语言接触演变的鲜活标本。

可见,在杭州话的形成过程中,政治上的特权地位和人口数量上的绝对优势是两个至关重要的因素,两者相辅相成,缺一不可。否则,北方官话的命运很可能会如同别的地方、别的时期那样,在吴语的汪洋大海中消失得无影无踪。

从地域上讲,南宋时北人南迁所到之处不限于杭州。建炎三年(1129年),"平江、常、润、湖、杭、明、越,号为士大夫渊薮,天下贤俊多避于此"(《系年要录》卷二〇建炎三年二月庚午条,转引自《南宋史稿》)。绍兴府在南宋初年作驻跸之地,曾长达一年零八个月之久,迁都杭州后,因地近行在,又是南宋皇陵的所在地,地理位置十分重要,故迁入了不少北方宗室、官僚和士大夫。陆游《渭南文集》中说:"予少时犹及见赵、魏、秦、晋、齐、鲁士大夫之渡江者。"大批王族、官员来绍聚首,"空第皆给百官寓止",连寺院庙宇亦成为寓所,大有人满为患之感。至绍兴二年(1132年)初,南宋虽迁都临安,但后来绍兴既是王室的陵寝所在,又是赵氏宗室的重要聚居地,朝廷官学亦创办于此。至绍兴二十六年(1156年),外籍居民也已超过原住居民,因为不是政治中心,人口比例也不是过于悬殊,所以绍兴话并没有因此而受到北方官话明显的冲击,仍保持着原汁原味的吴语的面貌。

从时间上来讲,北人南迁杭州也不限于南宋。杭州历史上曾不止一次地接纳过北方移民,顺治二年(1645年),杭州湖滨一带的驻防旗营被解散,城内5万多的八旗官员、兵丁、眷属四散,混入普通百姓之中。还有新中国成立之初,南下干部进驻杭州,担任浙江省及杭州市许多领导职务。但这些都没有对杭州话造成什么影响。南下干部虽然自己的杭州话不熟练,但他们的子女都以讲杭州话为荣。

可以设想,如果当初没有宋室南迁,那么今天的杭州话肯定是一种与周边吴语,尤其是余杭话特别接近的方言,就像现在的上海市区方言和郊县方言那样差异甚小。如果当初南迁的北人数量不是几倍于原住居民,那么,失去人口比例绝对优势的北方官话,仅凭政治上的特权地位,也是很难给杭州话施加什么压力的。

五、杭州话的形成

在南北两种方言的接触中,杭州本地话在语音、词汇、语法各方面均不同程度地受到北方官话的渗透和影响,逐渐形成一种由南宋汴洛雅音成分构成的南宋官话语言标记,这些与周边吴语不同,而与北方官话相同的语言标记,特征明显,主要分布在以下 10 个方面。

（一）代词方面

杭州话人称代词单数用"你""我""他",复数加"们"。疑问代词用"哪个"问人（"你是哪个?"）、用"哪里"问处所（"你到哪里去?"）、用"多少"问数量（"你要多少?"）,指示代词近远指用"那"（～半边）,与北方官话完全相同。

（二）否定词方面

杭州话否定词用"不"（～上～落）、"没"（～大～小）、"没有"（～大帕儿包）,"不要"的合音用"覅"（～学你老头儿）,"不会"的合音用"bei"（五岁～得穿袜儿）,与周边吴语全然不同。

（三）助词方面

杭州话结构助词用"的"（好～、他们～、吃～用～、来～官儿去～好、年三十～吃,年初一～穿）,与周边吴语用"个",声母读[k-、g-、ɦ-]很不一样。

（四）后缀方面

杭州话中有一个数量极其庞大、辨识度极高的儿缀词群,"儿"读自成音节的[1],与周边吴语读鼻音,儿缀词仅个别残存等情况很不一样（余杭话拟另文讨论）。儿缀词构造多样、变化丰富、能产性极强,如肉儿（果肉）、小鬼头儿、盘儿碗盏、耍子儿（玩耍）、闹架儿（吵架）、搞搞儿（玩耍）、好儿不儿（该加儿时不加儿）、片儿川、孩儿巷（地名）、小圆头儿（小名）、芯片儿（新词）、电脑小票儿（新词）。

（五）文白异读方面

杭州话的文白异读很不发达,仅个别字（防～恐、大～人、敲～榫槌）残有文白异读现象,一些周边吴语普遍存在文白异读的明母、奉微母、泥日母、见母及其他一些字,杭州话都只有相当于周边吴语文读音的一读。如日母"人""让""肉""热"等字,均只有声母读[z-],音近"神""上""熟""舌"一读,没有周边吴语声母读[n-],音近"宁""娘""玉""涅"的白读音,书面语色彩非常浓郁。正如赵元任先生在《现代吴语的研究》中所说:

> 别处有文白两读的字（家、间、交、江、樱、角、甲、耳等）,在杭州大都取文派的读音,白话中取白派音的字甚少。

（六）词汇方面

常用词中有一定数量的官吴合璧词和官话借词。

（七）声调方面

杭州话上声声调的归并属官话型,即中古次浊声母字声调并入阴上,全浊声母字声调并入阳去，不同于古次浊和全浊声母字声调都并入阳去的吴语型方言。

（八）介音方面

杭州话有一组 8 个 [ɥ-] 介音韵母，如抓 [tsɥa]、帅 [sɥɛ]、吹 [tsʰɥei]、染 [ɥō]、床 [dzɥaŋ]、孙 [sɥəŋ]、说 [sɥəʔ]、刷 [saʔ]，与周边吴语区别明显。

（九）韵母方面

杭州话"咸山摄一等覃谈寒"三韵不分，都读 [ɛ̃] 韵。例如"贪潭男蚕感暗、坍谈篮三柑蚶、滩檀难残肝汉汗安"等。吴语一般都不同韵，例如萧山话"贪潭男蚕暗蚶、汉汗安"读 [ə̃] 韵，"感坍谈篮三柑、滩檀难残肝"读 [ɛ̃] 韵。

（十）特字方面

杭州话"打梗开二端母"字读 [ta⁵³]，不读一般吴语的"德冷切"；"桶通合一定母"字读 [tʰoŋ⁵³]，不读一般吴语的"徒揔切"；"鸟效开四端母"字读 [liɔ⁵³]，不读一般吴语的"都了切"；"伞山开一心母""喊咸开一晓母"读阴上，不读一般吴语的阴去调。

杭州话由南宋时南北两种差异很大的方言接触形成的这段历史确凿无疑。一般研究语言的接触，不确定的成分往往会比较多，但宋室南迁，建都杭州，其前后延续的时间、起讫的地点、南迁的重要人物及人口数量等详情，均有史料记载，毋庸置疑。所以，杭州话的接触形成不是传说，而是极其珍贵的宋代汴洛雅音的活标本，对研究汉语史的发展演变意义重大。

杭州话的分布与演变

第二节　最大的城市最小的方言

——杭州话的分布与演变

一、杭州话方言岛形式的分布

杭州是浙江的省会城市，是浙江最有名也是最大的城市，杭州话却是吴语中最小的方言小片。

杭州话形成至今，一直以方言岛的形式屹立于周边吴语的重重包围之中。杭州话最早只通行于城墙内。南宋建都杭州后，筑有内城（皇城）和外城（罗城），外城设 13 座旱门和 5 座水门，明朝改为 10 座城门，即流传至今的杭州十城门：武林门、涌金门、凤山门、望江门、钱塘门、清波门、候潮门、清泰门、庆春门、艮山门。城墙外通行的是属吴语太湖片苕溪小片的余杭话，城内城外的语言界线十分分明。从今天杭州人仍把余杭话叫做"墙篱笆外头的话语"（"墙篱笆"是对城墙的比喻说法），余杭人把杭州话叫做"杭白儿"的说法中，可窥见这延续近千年仅一墙之隔而方言迥异的语言奇景。随着城墙的拆除和市区面积的不断扩大，今天杭州话早已突破了十城门的范围，但其核心仍然保留在以十城门为中心的原上城、下城、西湖、拱墅、江干 5 个区的街区部分，分布面积约 300 平方千米，使用人口100 多万。

杭州话的东、北、西三面呈环形,为余杭区所包围,那里通行的是属于吴语太湖片苕溪小片的余杭话;南面是钱塘江,江对岸是萧山区,通行的是属于吴语太湖片临绍小片的萧山话。

杭州话中由南宋汴洛雅音成分构成的宋韵官话语言标记时至今日,仍非常突出,极易从周边吴语,尤其是与余杭话的比较中分辨出来。例如杭州话说"那不是他们说的",余杭话说"个弗是伊(他们)话个",差别非常明显,其指示代词、否定词、人称代词、结构助词等均与余杭话不同而与北方官话相同,并与明代史学家郎瑛在《七修类稿·杭音》中对杭州话的描述相呼应:

> 城中语音好於他郡,盖初皆汴人,扈宋南渡,遂家焉,故至今与汴音颇相似。呼玉为玉(音御),呼一撒为一(音倚)撒,呼百零香为百(音摆)零香,兹皆汴音也。唯江干人言语躁动,为杭人之旧音。教谕张杰尝戏曰:"高宗南渡,止带得一(音倚)百(音摆)字过来。"亦是谓也。审方音者不可不知。

这也是有关杭州话与周边吴语不同,而与宋室南迁史实相关的最早历史记录。

杭州话这种因迁都而形成的语言奇观,不仅在汉语方言中独树一帜,在世界语言之林中也尚无可比之例,非常引人瞩目。

二、杭州话官话化和土白化的发展演变

随着与周边吴语越来越密切的接触,杭州话除与其他城市方言一样不断向普通话靠拢,表现出进一步官话化的同时,还向周边吴语靠拢。今天老派杭州话中还有一些明显与周边吴语不同的语言项目,新派已经或正在趋同于周边吴语,表现出逆向演变的土白化的一面。这在声韵调和文白异读等方面表现得尤为突出,并可从程度上进一步区分为全部逆向演变和部分逆向演变两种类型。

(一)杭州话与周边吴语的接触

杭州尽管是浙江省的省会城市,但由于杭州话分布范围小,使用人数少,又长期处于周边吴语的包围之中,也由于周边吴语和杭州话的基本音系非常接近,只是白读音更为丰富,所以,在与周边吴语日趋密切的接触中,新派杭州话往往把周边吴语更为保守的白读音当作更为地道的杭州话接受下来。而以下一些因素又大大加速了这个进程。

其一是市区人口结构的变化。根据《杭州市志》记载,宋以后,杭州人口曾经历过3次锐减,一是明初,二是明末,三是清末。相传长矛(太平军)过后,杭州只留下18家,即所谓的"张三李四王五赵六"。光绪八年(1882年),钱塘、仁和两县人口不过23万。民国三十七年(1948年),增至50万。新中国成立之初,增至62.48万。这其中实际上已经包含了大量的由周边乡下迁入的居民。而以下4次人口流动再次改变了市区的人口结构。

一是"大跃进"期间,大批农民进城做工,1957—1959年,市区每年净增5万多人。

二是国民经济调整期间,部分城市职工被精简,1961—1964年4年间,市区共迁出23.92万人。

三是"文革"期间,部分市区人口被迫迁出,大批知识青年上山下乡,每年递减约2万人。

四是改革开放以后,大批落实政策的人员回迁,知青陆续返杭。仅 1979 年市区净迁入人口 5.24 余万。

以上杭州市区人口流动有两个明显的特点:一是迁出的市区人口大都是比较正宗的杭州人,一二十年后返城时,他们的杭州话均不同程度地受到周边吴语的影响,已经不那么原汁原味了,而他们的方言又很自然地影响到下一代。二是迁入的大多为周边吴语区的人,尤以绍兴人为最多,这从杭州话中"杭州萝卜绍兴种"和绍兴方言中"经济人断勿得杭州路"等俗语中可见一斑。统计数字显示,新中国成立后的 36 年间,杭州市区人口迁移主要为省内迁移,1980—1985 年,在迁入市区的人口中,85.86%都属省内迁移。

所以,今天杭州市区,祖籍本地的居民并不多见。

其二是城墙的拆除和市区面积的不断调整。南宋建都杭州后,筑有内城(皇城)和外城(罗城),外城设有十三座旱门,至明改设十座城门(详见上文)。杭州十城门,最早拆除的是清泰门,清光绪三十三年(1907 年),沪杭甬铁路自清泰门贯城而入。民国二年(1913 年),清波、涌金、钱塘三门也被拆除,建成南山路、湖滨路和湖滨公园。随后凤山、武林、望江、艮山、候潮五门也相继被拆。最后拆除的是庆春门,20 世纪 50 年代末,因建环城东路、环城北路和环城西路,庆春门及残余的东北城墙和西北城墙被拆除。城墙的拆除,扫除了"杭白儿"和"墙篱笆外头的话语"在地理空间上的隔阂。而随后市区境域面积的 4 次调整,又进一步消除了城内和城外人们心理上的障碍。

(二)全部逆向演变

全部逆向演变指新派杭州话对周边吴语中的某些读音现象全盘吸收,从而表现出方言接触中类推规律的强大作用。

1. 泥日疑母字

泥日疑母字在细音前老派大部分读[n]声母,少部分读[ȵ]声母,个别字两读。例如:疑[ni²¹³]、饶[niɔ²¹³]、宁[nin²¹³]、银[ȵin¹³]、绕[niɔ¹³]、年[niẽ²¹³],新派除"你"字外,声母一律读[ȵ],与周边吴语一致,如表 9-2 所示。

表 9-2　泥日疑字母

对比	读音								
	泥	女	尿	牛	年	宁	娘	绒	捏
老	ni²¹³	ny⁵³	niɔ³⁵	niɤ²¹³	niẽ²¹³	niŋ¹³	niaŋ²¹³	nioŋ²¹³	nieʔ²
新	ȵi²¹³	ȵy⁵³	ȵiɔ³⁵	ȵiɤ²¹³	ȵie²¹³	ȵiŋ¹³	ȵiaŋ²¹³	ȵioŋ²¹³	ȵieʔ²

2. 果开一"阿"字

果开一"阿"字作前缀时,老派念舒声韵阴平调(鲍士杰,1998),新派除"阿~姨"一词外,一律念入声韵阴入调,与周边吴语一致,如表 9-3 所示。

表 9-3　果开一"阿"字读音

对比	读音					
	阿叔	阿公	阿哥	阿妹	阿木林	阿猫阿狗
老	a^{33} so$ʔ^5$	a^{33} koŋ^{33}	a^{33} ko^{33}	a^{33} mei^{33}	a^{33} moʔ^2 liŋ^{33}	a^{33} mɔ^{33} a^{33} key^{53}
新	aʔ^4 so$ʔ^5$	aʔ^5 koŋ^{35}	aʔ^5 kou^{35}	aʔ^5 mei^{13}	aʔ^5 moʔ^2 liŋ^{13}	aʔ^5 mɔ^{13} aʔ^5 kei^{53}

3.两字组连读变调

杭州话的单字调新派和老派完全一致,但两字组连读变调却存在明显的差异,老派后字倾向于不分阴阳(钱乃荣,1992),新派后字倾向于区分阴阳,与周边吴语趋于一致,从而导致新老派连调数量和连调模式上的明显差异(徐越,2007)。49 种两字组连调组合,老派合并为 21 种,新派增加至 34 种。在听感上连调模式的差异大致有以下两类。

(1)后字调形走向不同

后字老派读 33 调的组合,新派调形先平后升,阴调稍高,阳调稍低。主要有以下 4 小类。

①前字阴平、后字舒声的组合,如表 9-4 所示。

表 9-4　前字阴平、后字舒声的组合

对比	读音				
	山东	风景	青菜	山洞	风琴
老	sɛ^{33} toŋ^{33}	foŋ^{33} tɕiŋ^{33}	tɕʰɛ^{33} iŋ^{33} tsʰ ɛ^{33}	sɛ̃^{33} doŋ^{33}	foŋ^{33} dziŋ^{33}
新	sɛ^{33} toŋ^{35}	foŋ^{33} tɕiŋ^{35}	tɕʰɛ^{33} iŋ^{35} tsʰ ɛ^{35}	sɛ^{33} doŋ^{13}	foŋ^{33} dziŋ^{13}

②前字阳平,后字阴平、阳平、阳去的组合,如表 9-5 所示。

表 9-5　前字阳平,后字阴平、阳平、阳去的组合

对比	读音		
	牛屎	牛皮	毛病
老	niu^{11} pi^{33}	niu^{11} bi^{33}	mɔ^{11} biŋ^{33}
新	n̩iu^{11} pi^{35}	n̩iu^{11} bi^{13}	mɔ^{11} biŋ^{13}

③前字阴入,后字阴平、阳平、阳去的组合,如表 9-6 所示。

表 9-6　前字阴入,后字阴平、阳平、阳去的组合

对比	读音		
	铁书	竹床	铁树
老	tʰie$ʔ^5$ sʮ^{33}	tsoʔ^5 zæ̃^{33}	tʰie$ʔ^5$ zʮ^{33}
新	tʰie$ʔ^5$ su^{35}	tsoʔ^5 zaŋ^{13}	tʰie$ʔ^5$ zu^{13}

④前字阳入,后字阴平、阳平、阳去的组合,如表 9-7 所示。

表 9-7　前字阳入,后字阴平、阳平、阳去的组合

对比	读音			
	热心	热情	绿豆	立夏
老	zɥəʔ² siŋ³³	zɥəʔ² ziŋ³³	loʔ² dei³³	lieʔ² ɦia³³
新	n̥iəʔ² siŋ³⁵	n̥iəʔ² ziŋ¹³	loʔ² dei¹³	lieʔ² ɦia¹³

(2)前后字调形走向都不同

①前字阴去、后字舒声的两字组,老派读[44 21],新派后字阴调读[35 53]、后字阳调读[35 31],如表 9-8 所示。

表 9-8　前字阴去、后字舒声的组合

对比	读音				
	菜心	汽酒	戏票	气球	肺病
老	tsɛ⁴⁴ ɕiŋ²¹	tɕʰi⁴⁴ tɕiɤ²¹	ɕi⁴⁴ pʰiɔ²¹	tɕʰi⁴⁴ dʑiɤ²¹	fi⁴⁴ biŋ²¹
新	tsɛ³⁵ ɕiŋ⁵³	tɕʰi³⁵ tɕiɤ⁵³	ɕi³⁵ pʰiɔ⁵³	tɕʰi³⁵ dʑiɤ³¹	fi³⁵ biŋ³¹

②前字阴上、后字舒声的两字组,老派读[43 53],新派后字阴调读[53 43]、后字阳调读[53 21],如表 9-9 所示。

表 9-9　前字阴上、后字舒声的组合

对比	读音				
	火车	古井	韭菜	古琴	本地
老	hu⁴³ tsʰɥɛ⁵³	ku⁴³ tɕiŋ⁵³	tɕiɤ⁴³ tsʰɛ⁵³	ku⁴³ dʑiŋ⁵³	bəŋ⁴³ di⁵³
新	hu⁵³ tsʰuɛ⁴³	ku⁵³ tɕiŋ⁴³	tɕiɤ⁵³ tsʰɛ⁴³	ku⁵³ dʑiŋ⁴³	bəŋ⁵³ di²¹

4.发音方法

两字组后字声母发音方法的差异,老派后字浊声母已清化,新派后字声母趋同于周边吴语,是完全的浊声母。

两位发音人 ZS 和 CL 都是正宗的杭州人,女性,硕士研究生。ZS29 岁,CL28 岁,家庭日常使用语言都是杭州话。但由于家庭语言背景不同,ZS 为第三代杭州人,CL 的祖辈分别为余杭人和桐庐人,从波形图上看,ZS 保留了老派的发音特征,CL 代表的是新派发音。先看图 9-1,ZS"热情"的后字"情",波形图中声带振动非常勉强,周期不规则。宽带图中基频线中断,浊音杠不明显。声母持阻阶段时长为 0.151 毫秒,与图 9-2"热心"的后字"心"清声母的时长 0.192 很接近,可见"情"已清化。

再看图 9-3、图 9-4,CL 后字声母的持阻阶段,声带振动规则,浊音杠明显,基频线前后相连,时长"情"短(0.089 毫秒)而"心"长(0.145 毫秒),可见"情"是完全的浊声。

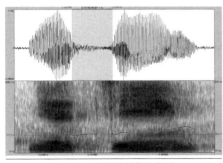

图 9-1　ZS"热情"的发音

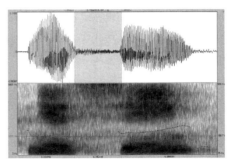

图 9-2　ZS"热心"的发音

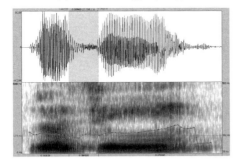

图 9-3　CL"热情"的发音

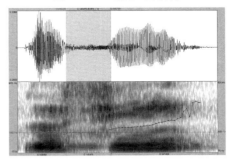

图 9-4　CL"热心"的发音

(三)部分逆向演变

部分逆向演变指新派杭州话对周边吴语中的某些读音现象,并非全盘吸收,而是选择性地接受,从而表现出方言接触中语言稳固性的一面。

(1)咸山两摄部分舒声字老派读[uō yō]两韵,按照演变规律,新派鼻化脱落读[uo yo]两韵。例如:"棺罐宽款欢换碗"读[uo]、"染绢元"读[yo]。但是,有一部分字受周边吴语的影响,新派读成了[ε iε uε],如表 9-10 所示。

表 9-10　咸山两摄部分舒声字读音

对比	读音					
	蚕 咸开一	贯 山合一	弯 山合二	环 山合二	泉 山合三	县 山合四
老	dzuō²¹³	kuō⁴⁴⁵	uō³³	goō²¹³	dzyō²¹³	ɦyō¹³
新	dzε²¹³	kuε⁴⁴⁵	uε³³	guε²¹³	gʑiε²¹³	ɦiε¹³

(2)咸开一覃韵端组、精组[uō]韵字,如"贪潭蚕",读成[ε]韵;山合一、山合二见系部分[uō]韵字,如"贯完关惯环弯湾",读成[uε]韵;山合三精组、山合四见系部分[yō]韵字,如"宣全泉旋县",读成[iε]韵,其他字没有这种读法。所以,新派"转弯"读作[tsuo⁵³ uε⁴³],前字按规律变,后字受周边吴语影响变。"宣传"读作[ɕiε³³ dzuo¹³],前字受周边吴语影响变,后字按规律变。

(3)老派只有个别字残有文白异读,一些周边吴语普遍有文白异读的字,老派都只有相当于周边吴语文读音的一读。新派文白异读明显增多,一些周边吴语普遍有文白异读的字新派也产生了第二种读音,而这第二种读音恰好与周边吴语的白读音一致,两种读音并存,从而构成了杭州话新一轮的文白异读。例如:

微母的"蚊吻闻味尾网忘望问"等字,老派只有文读音一读,新派出现了[m]声母的白读音:蚊吻闻[vəŋ²¹³]文、[məŋ²¹³]白,味[vi¹³]文、[mi¹³]白,尾[fi⁵³]文、[mi⁵³]白,网[uaŋ⁵³]文、[maŋ⁵³]白,忘望[vaŋ¹³]文、[maŋ¹³]白,问[vəŋ¹³]文、[məŋ¹³]白。

日母的"肉热"两字,老派只有声母[z]一读,新派有文读音声母[z]和白读音声母[ȵ]:肉[zoʔ²]文、[ȵioʔ²]白,热[zɿəʔ²]文、[ȵiəʔ²]白。

假开三麻韵的"借写谢爷野夜"等字,老派只有韵母[i]一读。新派有文读音韵母[i]和白读音韵母[ia]:借[tɕi³⁵]文、[tɕia³⁵]白,写[ɕi⁵³]文、[ɕia⁵³]白,谢[zi¹³]文、[zia¹³]白,爷[ɦi²¹³]文、[ɦia²¹³]白,野[i⁵³]文、[ia⁵³]白,夜[ɦi¹³]文、[ɦia¹³]白。

"挨矮破蟹"等字,老派也都只有相当于周边吴语文读音的一读,新派也都分文白两读,例如:挨[ie³³]文、[a³³]白,矮[ie⁵³]文、[a⁵³]白,蟹[ɕie⁵³]文、[ha⁵³]白,破[pʰo⁴⁴⁵]文、[pʰa⁴⁴⁵]白。

在调查中我们发现,杭州话的这类白读音还渗透到了一些老地名和书面语词中,例如有人把"望~江门"、"望~湖宾馆"读成了[maŋ¹³],把"问~题"读成了[məŋ¹³],把"网上~"读成了[maŋ⁵³]。还有不少人矫枉过正,比照"肥~皂、肥~肉儿"的白读音,把"味~道"读成了[bi¹¹],以致"味~道"在新派杭州话中有[m]和[b]两个白读音声母。笔者曾于2004年12月,在杭州市区进行过一次访谈式问卷调查,随机抽取样本200个,调查内容为"谢夜借爷肉热忘望写问"等字的文白读情况,统计结果详见表9-11和表9-12。

表 9-11　白读音的读音统计(一)

年龄	读音					
	人数	谢~~你	夜~饭	借~条	爷老~车	肉~丝
60 岁以上	61	63.9%	67.2%	60.7%	50.8%	42.6%
36~60 岁	79	100%	100%	97.5%	72.2%	73%
36 岁以下	60	100%	100%	100%	73.3%	71.1%

表 9-12　白读音的读音统计(二)

年龄	读音					
	人数	热~水	忘~记	望~江门	写~字儿	问~一声
60 岁以上	61	36.1%	42.6%	32.8%	24.6%	14.8%
36~60 岁	79	70.9%	53.2%	39.2%	34.2%	25.3%
36 岁以下	60	83.3%	58.3%	31.7%	35%	18.3%

由表 9-11、表 9-12 可知:首先,年龄与文读音正相关,与白读音负相关。即年龄越大,文读音的比例越高,白读音的比例越低;反之,年龄越小,文读音的比例越低,白读音的比例越高。只有"望""问"等个别字,在后两个年龄层次间的读音比例稍有参差。其次,白读音在实际语言交际中已具有相当的普遍性,"谢~~你""夜~饭""借~条"3 个口语词的白读音比例在老年人群中都只占 60% 多,而在中青年人群中已达到和接近 100%。"爷老~车""肉~丝""热~水""忘~记"4 个口语词的白读音比例在老年人群中基本在 50% 以下,而在后

两个年龄层次中都已超过 50%,最高的达 83.3%。"望~江门""写~字儿""问~一声"3 个口语词的白读音比例在后两个年龄层次中也有所提高。

但是,微母的"网""忘""望"等字,周边吴语还有另外一个白读音韵母[oŋ],例如:余杭方言"网~罩[moŋ]""忘~记[moŋ]""望~~你[moŋ]",没有进入新派杭州话。微母的"物万无"等字,新派杭州话没有出现白读音。日母的"人认日儿二耳"等字、"假开三麻韵"的"姐"字,新派杭州话也都没有出现白读音。此外,见母的"街家交"等字、遇合一疑母"午端~"字、遇合三疑母"锯~子"字、止合三"跪龟柜鬼贵围"等字和其他一些韵摄的字,周边吴语也都有文白异读,这些字的白读音也都没有进入新派杭州话。

方言接触从性质上可以分为两种基本类型,一种是不同方言之间的外部接触,一种是同一方言内部次方言或土语之间的内部接触。不管是方言的外部接触还是内部接触,杭州话都有所表现。外部接触的结果是向官话靠拢,表现出官话化的一面,这还涉及杭州话的形成。内部接触的结果是向周边吴语靠拢,表现出逆向演变的倾向。透过杭州话,我们可以进一步探讨方言接触中,语言的可变性和稳固性等相关问题。

第三节　那个事情不是他们说的
——杭州话中的官话词语

杭州话中的
官话词语

一、杭州话中的官吴合璧词

合璧词是指一个合成词的几个语素,分别来自不同的语言或方言,是语言或方言杂交在词汇上的反映。

杭州话中有一类词语,它们是由南北两种方言糅合而成的合璧词,其一部分语素与官话相同,另一部分语素与吴语相同,表现出官话中有吴语、吴语中有官话的特点。例如"脸孔"一词,就是由官话的"脸"与吴语的"面孔"合璧而成。类似的如表 9-13 所示。

表 9-13　合璧词示例

示例	地区					
	北京	杭州	余杭姚村	萧山大路张村	嘉兴	湖州
合璧词	脸	脸孔	脸孔	面孔	面孔	面孔
	锅	锅子	锅子	镬	镬子	镬子
	锅铲子	抢锅刀	锅抢	抢刀	抢刀	镬抢
	傍晚	晚快边儿	夜快边	夜快边	夜快边	夜快边
	晚上	晚上头	夜头	夜头	夜头	夜头
	去年	去年子	旧年子	旧年子	旧年子	旧年子
	昨天	昨天子	昨日子	昨日子	昨日子	昨日子

纵观上面合璧词,其亦吴亦官的构成方法主要有以下几种。

(一)官话词＋吴语词中的后缀

例如:

[例9-1]晚上＋(夜)头＝晚上头

　　　去年＋(旧年)子＝去年子

此类词语还有:昨天子、前天子、哑巴子、锅子、手指头。

(二)官话词＋吴语词中的一个语素

例如:

[例9-2]脸＋(面)孔＝脸孔

(三)官话词中的一个语素＋吴语词

例如:

[例9-3](扫)把＋扫帚＝扫帚把

　　　锅(铲子)＋抢刀＝抢锅刀

(四)官话词和吴语词中各取一个语素

例如:

[例9-4]洗(澡)＋(汏)浴＝洗浴

　　　毛线(衣)＋(头绳)衫＝毛线衫

(五)官话词＋吴语词中的某个语素,再加后缀"儿"

例如:

[例9-5]新郎＋(新)官(人)＋儿＝新郎官儿

(六)官话词和吴语词中各取一个语素,再加后缀"儿"

例如:

[例9-6](傍)晚＋(夜)快边＋儿＝晚快边儿

(七)官话词中的一个语素＋吴语词,再加后缀"儿"

例如:

[例9-7]乌(鸦)＋老鸦＋儿＝乌老鸦儿

合璧词的数量虽不多,但其使用频率高,十分引人注意。今天流行的"吼住"(hold)、"Q弹"(cute)、"走秀"(show)等酷词,其实都是杭州话"脸孔"的翻版。

二、杭州话中的官话借词

借词是指一种语言从另一种语言中"借"来的词,通常都是音译词。杭州话中有一类官话借词,这些官话借词主要为关键语法词和少量常用词。

(一)关键语法词

关键语法词主要为人称代词、指示代词、疑问代词、否定词和结构助词。试以第三人称代词"他""他们"为例,与周边吴语进行比较,如表9-14所示。

表 9-14　关键语法词示例

示例	地区						
	杭州	萧山	绍兴	余杭	湖州	嘉兴	宁波
关键语法词	他	伊	伊	伊、其	其、实⁼其	伊㑚⁼	其
	他们	伊拉⁼	伊拉⁼、㑚⁼络⁼	㑚⁼、伽⁼	伽⁼、实⁼伽	伊拉⁼	其拉⁼

由此可知,周边吴语的人称代词一致性很强,单数为"其","其"声母脱落成为"伊",复数加"拉",成为"其拉"和"伊拉","其拉""伊拉"合音成为"㑚""伽",与杭州话全然不同。

杭州话官话借词中的关键语法词还有:否定词用"不""没有"(周边吴语用"弗/勿""呒有/呒不/呒没"),结构助词用"的"(周边吴语用"个"),以及疑问代词用"哪个"问人、用"哪里"问处所、用"多少"问数量等。

(二)少量常用词

杭州话官话借词中少量常用词,以名词为主,也有动词、形容词,并涉及副词和量词,下面分别罗列,并与周边的余杭、嘉兴、湖州等方言进行比较,如表 9-15、表 9-16、表 9-17 所示。

表 9-15　杭州话中的官话借词(名词)

名词	地区			
	杭州	余杭	湖州	嘉兴
太阳	太阳	太阳	日头	日头
日子	日子	日脚	日脚	日脚
一天	一天	一日	一日、一日天	一日、一日天
二十	二十	廿	廿	廿
事情	事情	事体	事体	事体
厨房	厨房	灶头间	灶脚下	灶头间
早饭	早饭	早饭	粥	粥
中饭	中饭	晏饭	点心	点心
晚饭	晚饭	夜饭	夜饭	夜饭
桌子	桌子	台子	台子	台子
脸盆	脸盆	脸盆	面盆/面桶	面盆/面桶
扫把	扫把	扫帚	笤帚	扫帚
拖把	拖把	拖把	拖帚	拖粪
坝头	坝头	埠头	河埠头	河桥
垫被	垫被	垫被	褥子	褥子
虾儿	虾儿	虾儿	弯转	弯转
咸蛋	咸蛋	灰鸭蛋	灰蛋 灰鸭蛋、灰鸡蛋	灰鸭蛋、灰鸡蛋

续　表

名词	地区			
	杭州	余杭	湖州	嘉兴
生姜	生姜	老姜	老姜	老姜
泔水	泔水	饭脚水	饭脚水	饭脚水
盘儿	盘儿	盘子	盆子	盆子
帆	帆	蓬	蓬	蓬
手帕儿	帕儿	帕儿	绢头/手巾	绢头
酒窝儿	酒窝儿	酒潭	笑靥潭	酒靥
袖子	袖子	袖子	袖子管	袖子管
扣子	扣儿	扣儿	纽珠	纽珠
女儿	女儿	囡儿	囡儿/囡姑娘	囡/囡姑娘
老头儿	老头儿	老头子	老老头	老头子
小孩儿	小伢儿	小人	小把戏	小把戏
奶奶（面称）	奶奶	娘娘	娘姆	亲妈
爸爸（面称）	爸爸	阿爸	爷爷/阿伯	阿爹/爹
畜生	畜生	众生	众生	众生
老鼠	老鼠	老鼠	老虫	老虫/夜先生
疯狗	疯狗	疯狗	颠狗	邪狗
蜈蚣	蜈蚣	民蚣	百脚	百脚
壁虎	壁虎（儿）	壁虎	乾龙	乾龙
公牛	公牛	骚牯头	雄牛	雄牛
毛线	毛线	毛线	头绳	头绳

表 9-16　杭州话中的官话借词（动词）

动词	地区			
	杭州	余杭	湖州	嘉兴
打雷	打雷	打雷	打阵头	雷响
下（棋）	下	走	着	着
穿（衣裳）	穿	穿	着	着
洗（手、碗）	洗	洗	汰/荡（碗）	汰/净（手）/荡（碗）
洗（脸）	洗	洗	潮/汰	潮/汰
撕（纸）	撕	扯	扯	扯
打稻	打稻	掼稻	掼稻	掼稻

续　表

动词	地区			
	杭州	余杭	湖州	嘉兴
造孽	造孽	作孽	作孽	作孽
站	站	隑	立	立
觉得	觉得	觉得	觉着	觉着
不要	覅	［弗要］	［弗要］	□vie⁵⁵

表 9-17　杭州话中的官话借词(形容词等)

形容词、副词、量词	地区			
	杭州	余杭	湖州	嘉兴
稀	稀	稀	朗⁼	朗⁼
勤快	勤快	勤练	勤谨	勤谨
漂亮	漂亮	时道	齐整	齐整
(戴)歪(了)	歪	歪	□hua⁴⁴	□hua⁵³
大方	大方	大方	大气	大气
马上	立马儿	就	就介⁼	就
(一)把(刀)	把	把	□boʔ²	□boʔ²
都	都	都	侪	侪

上述官话借词,共 56 个,其中名词 37 个、动词 11 个、形容词 6 个、副词 1 个、量词 1 个。余杭话与杭州话的接触比较频繁,所以有些词语已为杭州话同化。对照今天流行的一批批新借词,如"黑客"(hacker)、"派对"(party)、"嗨"(high)、"酷"(cool)、"脱口秀"(talk show)等,更能体现出杭州话中官话借词厚重的南宋历史文化。

杭州话中这种官吴合璧、少量官话词语替换本地词语的现象,与同时期的雕版印刷、火药等发明创造一样,都是南宋文化中极具历史意义和现实意义的创新创造。

第四节　小伢儿,搞搞儿,搞了不好闹架儿
——杭州话中的儿缀词

杭州话中有一个数量极其庞大、辨识度极高的儿缀词群。从反映北宋都城开封府城市风俗的《东京梦华录》,到记录南宋行都杭州市井风貌的《都城纪胜》《西湖老人繁胜录》《梦粱录》《武林旧事》等系列史料笔记中可看到,北宋汴梁话已有非常发达的儿缀,比较可知其与南宋杭州话中的儿缀是一脉相承的。

杭州话中的
儿缀词

一、儿缀的读音

杭州话中"儿"读[l]，阳平调，调值为 213，在儿缀词中自成音节，并存在语音变调、小称变调。

老派读舌尖中浊边音[l]，发音时舌尖抬起紧紧抵住上腭；新派读[əl]，在舌尖抬起抵住上腭的过程中带出一个轻微的[ə]；更新一派读[ɚ]，舌尖抬起后不再上抵，而是稍稍后卷。杭州话中"儿"的读音与周边吴语带鼻音的[n ŋ ɲi ɲie]等读音完全不同，却与韵图把日母列入半舌半齿音跟来母同类相合，说明杭州话"儿"的读音是对南宋汴洛雅音的直接继承。北京话的"儿"[ə]音显然是南宋后发生的演变，其音变过程为："l＞əl＞ə"，并可通过杭州话的新老共时差异解释其历时音变详情。

两字组儿缀词的连调与一般两字组基本一致，7 个单字调(阴平 33、阴上 53、阴去 445、阳平 213、阳去 13、阴入 5、阳入 2)有 7 种两字组调类排列，归并后有升调 35、降调 53 和短降调 32 这 3 种调值，[33 35]、[35 53]、[53 32]、[3 35]4 种连调模式，前字阳调时调值整体略低，举例如下。

(1)前字阴平、阳平、阴入、阳入时，"儿"念升调，调值 35。

前字阴平：花儿[hua³³ əl³⁵]　　　　官儿[kuõ³³ əl³⁵]

前字阳平：皮儿[bi³³ əl³⁵]　　　　瓶儿[biŋ³³ əl³⁵]

前字阴入：角儿[koʔ³ əl³⁵]　　　　索儿[soʔ³ əl³⁵]

前字阳入：肉儿[ɲioʔ³ əl³⁵]　　　盝儿[loʔ³ əl³⁵]

(2)前字阴去、阳去时，"儿"念降调，调值 53。

前字阴去：布儿[pu³⁵ əl⁵³]　　　　片儿[pʰie³⁵ əl⁵³]

前字阳去：字儿[zɿ³⁵ əl⁵³]　　　　画儿[ua³⁵ əl⁵³]

(3)当前字是阴上时，"儿"念短降调，调值为 43。

前字阴上：手儿[sei⁵³ əl³²]　　　　罐儿[kuo⁵³ əl³²]

两字组儿缀词的小称变调，只出现在前字阴入的儿缀词中，变调模式为[5 54]，实际上是儿缀和变调两种小称的叠加。

二、儿缀的构造

杭州话的儿缀主要构成词缀，词缀以后缀为主，也有部分是中缀。

(一)后缀"儿"

杭州话中有大量以"儿"为后缀的儿缀词，以名词为主，一些动词、形容词加上儿缀后也变成了相应的名词。这类名词性的后缀词有单纯式、复合式、重叠式、叠缀式 4 小类。

1.单纯式儿缀词

单纯式儿缀词以名词词根为主，也有少量是量词、动词和形容词词根的。例如：

(1)名词＋儿

[例 9-8]帕儿、筷儿、伢儿(小孩儿)、嫂儿(背称)、索儿(绳子)、盝儿(盒子)、浆儿(豆浆)

[例9-9]缝儿、角儿、字儿、洞儿、棒儿、强儿(人名)、虫儿、肉儿(果肉)、皮儿

[例9-8]类词根不能独立成词，实际上是"名词语素＋儿"。

(2)量词＋儿

[例9-10]升儿、把儿、个儿、片儿、条儿、盘儿、筒儿、桶儿、件儿、粒儿

(3)动词＋儿

[例9-11]刷儿(刷子)、领儿(领子)、罩儿(罩子)、扣儿(扣子)、提儿(打酱油等用的提子)、箍儿(耳环)、折儿(存折)

(4)形容词＋儿

[例9-12]亮儿(灯)、老儿(老天，意外时的惊叫)、尖儿(拔尖的人)

2.复合式儿缀词

复合式儿缀词以偏正式最为常见，也有少数并列、动宾、补充、主谓、复指、数量等关系的。例如：

(1)偏正式

①偏正名词＋儿

[例9-13]黄瓜儿、三酉儿(酒)、烦嘴儿(多言之人)、谗腥婆儿(放荡的女人)、鬼八卦儿(诡计多端之人)、消金锅儿(喻西湖)、西划船儿(西湖里的手划船)、谅鬼牌儿(没有认真做的事)

②修饰成分＋儿

[例9-14]脸盆儿、蒲凳儿(蒲团)、法道儿(办法)、菜卤儿(菜汤)、四罩儿(近视眼)、五毒索儿、踏步档儿、乌纱帽儿、甜面浆儿、磕头虫儿、大气泡儿(气球)。

①②两类表现形式完全一样，但内部组合层次不同。

(2)并列式

①并列名词＋儿

[例9-15]饭米儿、酒水儿、碗盏儿、枝吊＝儿(树枝)

②并列动词＋儿

[例9-16]跷拐儿、纽襻儿、包裹儿

③并列形容词＋儿

[例9-17]荤腥儿

(3)动宾式

[例9-18]发火儿(引火柴)、刺血儿(刺猬)、拜钱儿(磕头用的垫子)、摇鹅毛扇儿(出谋划策的人)

(4)补充式

[例9-19]斤把儿、年把儿、个把儿这儿、缝道儿、米粒儿、勃＝推不倒儿(不倒翁)

(5)主谓式

[例9-20]鬼眨眼儿(眨眼病)、马嚼儿(马嚼子)

油闸＝桧儿油条、葱包桧儿(一种小吃)、膏药粘儿(旧式药膏)、桌围儿(桌裙)等词，形式上很像主谓式，实际上都是偏正式的。

（6）复指式

[例9-21]丈人老头儿、阿公老头儿、树菩 ⁼老头儿（老树根）

（7）数量式

[例9-22]一歇儿、一点儿、一勃 ⁼儿（一块）、一桌儿

3.重叠式儿缀词

重叠式儿缀词根据词根重叠方式的不同,可分为以下5小类（"←"右边是重叠前的形式,无"←"的,表示重叠式即原形式。）

（1）XX儿

①XX儿←X儿

[例9-23]须须儿（流苏）、末末儿（碎末）、屑屑儿、边边儿、毛毛儿、泡泡儿、圈圈儿、渣渣儿、珠珠儿、脚脚儿（残渣）、头头儿领导、兵兵儿（象棋里的"兵"）。

②XX儿

[例9-24]挨挨儿（小孩靠着墙互相推挤的一种游戏）、雷 ⁼雷 ⁼儿（滚箍儿的游戏、钩钩儿拉勾暂约的游戏）、扳扳儿（扳手劲的游戏）、抓抓儿（抓子的游戏）、推推儿（推来推去的游戏）。

①类为名词词根重叠,②类为动词词根重叠,当②类表示一般动作时是动词性的。

（2）XXY儿←XY儿

[例9-25]末末屑儿、屑屑末儿、毛毛虫儿、瓢瓢虫儿、缸缸炉儿（用缸做的炉灶）、爬爬虫儿、花花线儿（绷绷线儿）、穷哥哥儿（穷人）、角角落儿

与此类词具有相同外部形式的还有:雷 ⁼雷 ⁼盘儿（可滚动的小轮子）、绷绷线儿、翘翘板儿、滑滑泡儿、白白泡儿。但其结构为XX＋Y儿,属于非词根成分重叠的儿缀词。

（3）XYY儿←XY儿

[例9-26]鱼泡泡儿、茶脚脚儿、汤卤卤儿、水劈劈儿（水漂）、鱼片片儿、绸爿爿儿、碎屑屑儿、卷毛毛儿、一点点儿、一歇歇儿、麻雀雀儿（"雀"音同"叫"）

（4）XXYY儿←XY儿

[例9-27]汤汤卤卤儿、屑屑末末儿、角角落落儿、头头脑脑儿（领导）、瓶瓶罐罐儿

（5）XX头儿←X头儿

[例9-28]奶奶头儿、须须头儿、毛毛头儿（婴儿）、渣渣头儿、尖尖头儿、脚脚头儿

4.叠缀式儿缀词

叠缀式儿缀词有儿缀词的词根带有后缀、整个儿缀词带有后缀、儿缀词的词根和整个儿缀词同时带有后缀3小类。举例如下。

（1）儿缀词的词根带有后缀,常见的有:

①头缀词＋儿

[例9-29]梨头儿、宝盖头儿、鸭舌头儿、角落头儿、甜头儿、苦头儿、嫩头儿、插头儿（插座）、添头儿、行头儿、扳头儿、娟头儿（昵称）

②子缀词＋儿

[例9-30]号子儿、麻子儿、娘子儿、二麻子儿（脸上长雀斑的人）、新娘子儿、毛豆子儿、

叫花子儿、算盘子儿

③佬缀词＋儿

[例 9-31]北佬儿、大佬儿、入佬儿(詈语)、悖佬儿不合时宜的人、蛮武佬儿(粗鲁的人)、僵歪佬儿、蒀゠佬儿(虱子)、寿星佬儿、皇帝佬儿、陈杰佬儿(昵称)

④叠音缀词＋儿

[例 9-32]木滴゠笃゠儿(木屐)、骚各゠咚゠儿(未阉过的小雄鸡,喻风流男子)、摇卜゠咚゠儿(拨浪鼓)

(2)整个儿缀词带有后缀,常见的有:

①儿缀词＋头

[例 9-33]白井儿头(地名)、塔儿头(地名)、湾儿头(地名)、帽儿头(钉在帽子正中的金片或玉块)

②儿缀词＋生

[例 9-34]一道儿生(一起)、一勃゠儿生(一块)、一堆儿生(一堆)、一顿儿生

(3)儿缀词的词根和整个儿缀词同时带有后缀,常见的有:

(场缀词＋儿)＋势

[例 9-35]说场儿势、笑场儿势、烦场儿势、哭场儿势、吃场儿势、吵场儿势

这里的"生""场""势"都表示一种高度概括的类意义,本文均视之为类词缀。所以,叠缀式中前两类实际上是双叠缀词,后一类是三叠缀词。

(4)除上述名词性的儿缀词外,杭州话中还有一些属于非名词性的后缀词。这类后缀词多数为动词性的,少数为形容词性和副词性的。动词性的后缀词以重叠式和动宾式最为常见,也有个别是动补式和叠缀式的。举例如下。

①重叠式儿缀词

[例 9-36]a.搞搞儿(玩)、别别儿(比)、撩撩儿(挑逗)、荡荡儿(闲逛)、张张儿(张望)、装装儿(装模作样)、造造儿(编造假话)、争争儿(争吵)、抢抢儿

b.挨挨儿、雷゠雷゠儿、钩钩儿、扳扳儿、抓抓儿、推推儿、盯盯儿

c.香香儿(亲吻)、假假儿(假装)

a、b 两类为"动词重叠＋儿",当 b 类指某种游戏时是名词。c 类为"形容词重叠＋儿"变动词。

②动宾式儿缀词

a.(动词＋名词)＋儿

[例 9-37]拼伙儿(合伙)、寻事儿、挑嘴儿(搬弄是非)、跌跤儿、抓周儿、装脸儿(装模作样)

b.动词＋(名词＋儿缀词)

[例 9-38]套箍儿(受累)、镶边儿(作陪衬)、敲瓦爿儿(一起消费,费用平摊)、刨黄瓜儿(敲竹杠)、打骚眼儿(抛媚眼)、打呆鼓儿(发愣)、挖脚底板儿(揭短)、收拾糖担儿(歇工)

a、b 两类表现形式一致,但内部组合层次不同。

③其他

[例 9-39]轮个儿(一个个轮流)、晒干儿人(被太阳暴晒)、挑尖儿(选拔尖子)(以上动

补式)、耍子儿(玩耍)(以上叠缀式)

"贺﹦呵﹦儿起哄"一词,由于两个字的本义都不甚明确,一时难以判断其结构。

形容词性和副词性后缀词较少,常见的主要有:

[例9-40]乖乖儿、悄悄儿、高高儿、慌稀稀儿、点儿稀稀(由"十三点儿稀稀"简省而来)、难得把儿(以上形容词性的)、一股脑儿、立马儿(马上)、滚得儿势圆(很圆)、的角儿势方(很方)(以上副词性的)

(二)中缀"儿"

杭州话中还有不少以"儿"为中缀的儿缀词。这些词绝大多数也是名词性的,以偏正式为主,也有并列式和补充式的。

偏正式中缀词中的"儿",实际上是一个黏附于前面词根的后缀,又与前面的词根一起修饰限制后面的词。"儿"前面的词根有名词、量词、动词和形容词4种。例如:

1.(名词+儿)+名词

[例9-41]孩儿巷(地名)、豆儿鬼(调皮的小孩)、瓢儿菜、枣儿瓜、门儿布、雀儿窠、杭儿风、髦儿戏(由女子扮演的戏,越剧早期名称之一)、那把儿里(那里)、角儿里

2.(量词+儿)+名词

[例9-42]升儿米(论升卖的米)、把儿笋、把儿菜、盘儿菜、瓶儿酒、把儿柴、筒儿面、件儿肉(加盐白煮的大块肉)、片儿川(雪菜肉丝面)、盘儿香

3.(动词+儿)+名词

[例9-43]架儿工(搭脚手架的工人)、画儿匠(专门画遗像的人)、踏儿哥(以踏三轮车为职业的人)、扒儿手(扒手)、架儿床

4.(形容词+儿)+名词

[例9-44]喜儿果(办喜事时用的花生、枣子、糖等喜果)、卷儿毛(卷发)、辣儿风(吃辣的时尚)、杂儿百﹦多﹦(不纯)、大儿先生(穿长衫的绅士)

5.其他

例如:

[例9-45]桌儿板凳(桌椅板凳)、火儿百烛(火烛)、盘儿碗盏(餐具)、锅儿缸灶(炊具)(以上为并列式)

片儿荤素(荤素片)、半儿不接(事情做了一半)(以上为补充式)

与后缀词一样,中缀词中也有个别是非名词性的。例如:

[例9-46]或﹦儿疯(喝倒彩)、手儿紧(化钱精打细算)、膝儿粗(能量大)、道儿老(经验丰富)、亨儿马之(自以为是)、木儿觉之(不敏感)、马儿哈之(粗心)

需要说明的是,杭州话中儿缀词中的"儿"是一个不可或缺的组成成分,这与普通话高跟儿鞋、八宝儿粥、美人儿蕉的情况不尽相同。

此外,值得一提的是,杭州话中有些儿缀实际上是语缀,即"儿"黏附在大于词的结构的后面。例如:

[例9-47]桂花开得儿、钥匙跌落得儿、肚皮要痛得儿、要做新娘子得儿、有毛病来东﹦

得儿、好两年没吃过正宗的桂花糖得儿、买米快得儿、熟透得儿、烧酥得儿、动不来得儿、用不着得儿、火多火煞快得儿

"得"是一个既表语气,又表动作、性质的变化状态的句末助词,相当于普通话的"了"的第2个义项。在杭州话中,带句末助词"得"的句子,需要表示减轻程度或轻松语气时,常加语缀"儿"。

三、儿缀的构词、构形功能

(一)儿缀的构词功能

1.构成新词

儿缀能把不能独立运用的字或字组转化成词,也能把结构松散的短语凝缩成词,还能与前面的词根一起修饰限制后面的名词构成中缀词。

(1)有些字或字组单说不成词,只有带上儿缀后才能成词(文中语料均为笔者田野调查所得),如表 9-18 所示。

表 9-18　带上儿缀后成词示例

构成方式	示例
构成名词	伢儿(小孩儿)、嫂儿(背称)、鹞儿(风筝)、帕儿(手帕)、索儿、茄儿、蛐蛐儿(蟋蟀)、地脚儿(地址)
构成动词	耍子儿(玩)、挑嘴儿(搬弄是非)、装脸儿(装模作样)、贺﹦呵儿(起哄)、打呆鼓儿(发愣)
构成副词	一股脑儿、立马儿(马上)、滚得儿圆、的角儿方
构成形容词	难得把儿、半儿不接(事情做了一半)、木儿觉之(不敏感)、亨儿马之(自以为是)、马儿哈之(粗心)、杂儿百多(不纯)

(2)有些单字或字组单说不成词,也不能带儿缀,只有重叠后带上儿缀才能成词,例如:

[例 9-48]悄悄儿　　末末儿(碎末)　　屑屑儿(碎末)　　娃娃儿　　毛毛儿

　　　　珠珠儿　　瓶瓶罐罐儿　　猫猫古﹦儿(迷藏)　　穷哥哥儿(穷人)

(3)有些字组单说时是结构松散的短语,带上儿缀后变成结构紧密且有特定含义的词,如表 9-19 所示。

表 9-19　带上儿缀变成结构紧密且有特定含义的词示例

构成方式	示例	
动宾短语	板起脸一板起脸儿(正色)	摆测字摊一摆测字摊儿(在舞厅干坐的人)
	吃闷食一吃闷食儿(独吞好处)	穿连脚裤一穿连脚裤儿(一丘之貉)
偏正短语	大气泡一大气泡儿(气球)	飞来肉圆一飞来肉圆儿(横祸)
	落地道一落地道儿(便宜货)	短笔头一短笔头儿(旧时称写状子的人)

续 表

构成方式	示例	
并列短语	跷拐—跷拐儿（跛脚的人）	饭米—饭米儿（米饭）
	锅缸灶—锅儿缸灶（炊具）	桌板凳—桌儿板凳
主谓短语	手松—手儿松（花钱大方）	道老—道儿老
	马嚼—马嚼儿（马嚼子）	
动补短语	轮个—轮个儿（轮流）	

（4）儿缀能与前面的词根先组合，再整个儿地作为词根修饰限制后面的名词，构成偏正关系的中缀儿缀词，如表 9-20 所示。

表 9-20　带上儿缀变成偏正关系的词示例

构词方式	示例			
与词根组合不能单说	杭儿风	火儿百烛	孩儿巷（地名）	髦儿戏（越剧早期名称）
	踏儿哥	门儿布（鞋面布）	扒儿手（扒手）	大儿先生（穿长衫的绅士）
	喜儿果	辣儿风（吃辣的时尚）		
与词根组合可以单说	豆儿—豆儿鬼（机灵的小孩）	雀儿—雀儿寨	件儿—件儿肉（白煮肉）	
	片儿—片儿川（雪菜肉丝面）	升儿—升儿米	管儿—管儿工（管道工）	
	瓢儿—瓢儿菜（毛毛菜）	强儿—强儿叔叔		

2.区分词义和词性

（1）区分词义

有些词或短语带上儿缀后，不仅构成了新词，还产生了新的词义。儿缀在这里起到了分化词义或派生新词的作用。举例如下。

①名词、动词、形容词带上儿缀，如表 9-21 所示。

表 9-21　名词、动词、形容词带上儿缀示例

词性	示例	
名词	姑娘（小姑子）—姑娘儿（年轻女性）	浆—浆儿（豆浆）
	手—手儿（技术）	肉—肉儿（果肉）
动词	提—提儿（舀油、酒等的器具）	折—折儿（存折）
	扣—扣儿（扣子）	箍—箍儿（耳环）
形容词	老—老儿（意外时的惊叫）	尖—尖儿（出类拔萃的人）
	亮—亮儿（灯）	

②单音节名词、动词重叠后带上儿缀，如表 9-22 所示。

表 9-22　单音节名词、动词重叠后带上儿缀示例

词性	示例		
名词	脚—脚脚儿(残渣)	兵—兵兵儿(象棋里的"兵")	头脑—头头脑脑儿(领导)
动词	搞—搞搞儿(玩)	荡—荡荡儿(闲逛)	张—张张儿(张望)

③短语带上儿缀,如表 9-23 所示。

表 9-23　短语带上儿缀示例

构成方式	示例	
动宾短语	镶边—镶边儿(作陪衬)	种花—种花儿(种牛痘)
	刨黄瓜—刨黄瓜儿(敲竹杠)	收拾糖担—收拾糖担儿(歇工)
偏正短语	画匠—画儿(专画遗像的人)	油煎琵琶核—油煎琵琶核儿(滑头)
	白脸—白脸儿(奸诈的人)	消金锅—消金锅儿(喻西湖)
主谓短语	鬼眨眼—鬼眨眼儿(眨眼病)	罐挂起—罐儿挂起(完蛋)
动补短语	晒干—晒干儿(人被暴晒)	

(2)区分词性

杭州话中的儿缀词以名词占绝大多数,有些动词、形容词和量词带上儿缀后也会变成相应的名词。儿缀在这里起到了区分词性的作用。举例如下。

①单音节动词带上儿缀,或单音节动词重叠后带上儿缀变成名词,如表 9-24 所示。

表 9-24　单音节动词带上儿缀,或单音节动词重叠后带上儿缀变成名词示例

构成方式	示例			
单音节动词+儿缀	架—架儿(架子)	刷—刷儿(刷子)	拍—拍儿(拍子)	垫—垫儿(垫子)
单音节动词重叠后+儿缀	挨—挨挨儿(冬天靠着墙互相推挤的游戏)		扳—扳扳儿(扳手劲的游戏)	
	推—推推儿(一种推来推去的游戏)		钩—钩钩儿(拉勾暂约的游戏)	

注:"单音节动词重叠动词+儿"当表示某种游戏时是名词,当表示一般动作时仍是动词。

②动词性短语带上儿缀后变名词,如表 9-25 所示。

表 9-25　动词性短语带上儿缀后变名词示例

构成方式	示例	
动宾短语	刺血—刺血儿(刺猬)	摇鹅毛扇—摇鹅毛扇儿(出谋划策的人)
	发火—发火儿(引火柴)	拜钱—拜钱儿(磕头的蒲团)
并列短语	弯拐—弯拐儿(拐角)	纽襻—纽襻儿(老式纽扣)
动补短语	勃ᵘ推不倒—勃ᵘ不倒儿(不倒翁)	

③形容词带上儿缀后变名词,如表 9-26 所示。

表 9-26　形容词带上儿缀后变名词示例

构成方式	示例	
形容词＋儿缀	黄—黄儿(蛋黄、蟹黄)	干—干儿(晒干的食物)
	荤腥—荤腥儿(荤菜)	尖—尖儿

④量词带上儿缀后变名词,如表 9-27 所示。

表 9-27　量词带上儿缀后变名词示例

构成方式	示例				
量词	升—升儿	件—件儿	颗—颗儿	片—片儿	条—条儿

⑤有些单音节形容词重叠后带上儿缀会变成相应的动词,如表 9-28 所示。

表 9-28　单音节形容词重叠后带上儿缀变成相应的动词示例

构成方式	示例		
单音节词	香—香香儿(大人对小孩的亲吻)	省—省省儿(省事、节省)	假—假假儿(假装)

(二)儿缀的构形功能

(1)有些单音节的动词、形容词重叠后,可变换出程度减轻、减弱的"XX 儿"的新词形,如表 9-29 所示。

表 9-29　单音节的动词、形容词重叠后,可变换出程度减轻、减弱的"XX 儿"的新词形

构成方式	示例			
X—XX 儿	争—争争儿	别—别别儿	拉—拉拉儿	抱—抱抱儿
	背—背背儿	装—装装儿	高—高高儿	乖—乖乖儿

(2)有些名词前面加上"小"字后,可变换出略带可爱或戏谑等感情色彩的"小 X 儿"的新词形,如表 9-30 所示。

表 9-30　名词前面加上"小"字后,可变换出略带可爱或戏谑等感情色彩的"小 X 儿"的新词形

构成方式	示例		
X—小 X 儿	脚—小脚儿	猫—小猫儿	老鼠—小老鼠儿
	圆—小圆儿(人名)	娘—小娘儿(对年轻女性的贬称)	

(3)有些名词前面加上表小、表少或表弱的修饰限定成分后,也可变换出带儿缀的新词形,如表 9-31 所示。

表 9-31　名词前面加上表小、表少或表弱的修饰限定成分后,也可变换出带儿缀的新词形

构成方式	示例	
X—YX 儿	汤—半汤儿(浇头不少,面条少一半)	老伴—两老伴儿(孤独的老年夫妻)
	冬瓜—矮冬瓜儿	人—稻草人儿、泥人儿、美人儿、雪人儿
	水—眼泪水儿、酒水儿、奶水儿	

(4)有些儿缀词可通过词根各种形式的重叠,变换出略带强调意味的新的词形,如表 9-32 所示。

表 9-32　通过词根各种形式的重叠变换出略带强调意味的新的词形示例

构成方式	示例	
X 儿—XX 儿	须儿—须须儿	泡儿—泡泡儿
	圈儿—圈圈儿	边儿—边边儿
XY 儿—XXY 儿	末屑儿—末末屑儿	缸炉儿—缸缸炉儿(用缸做的炉灶)
	花线儿—花花线儿	爬虫儿—爬爬虫儿
XY 儿—XYY 儿	鱼泡儿—鱼泡泡儿	卷毛儿—卷毛毛儿
	茶脚儿—茶脚脚儿	屑末儿—屑末末儿
XY 儿—XXYY 儿	汤卤儿—汤汤卤卤儿	屑末儿—屑屑末末儿
	角落儿—角角落落儿	
一 X 儿—一 XX 儿	一点儿—一点点儿	一丝儿—一丝丝儿
	一片儿—一片片儿	一瓢儿—一瓢瓢儿
X 头儿—XX 头儿	奶头儿—奶奶头儿	须头儿—须须头儿
	渣头儿—渣渣头儿	毛头儿—毛毛头儿
X 儿—YYX 儿	线儿—花花线儿	盘儿—雷＝雷＝盘儿(带小轮子的)
	泡儿—滑滑泡儿(肥皂泡)	虫儿—毛毛虫儿

(5)有些儿缀词可通过叠加其他后缀,变换出带双后缀的新词形。如儿缀词的词根带上头缀,变换出带"X 头儿"的双后缀词,儿缀词整个儿地带上"生""势"等后缀,变换出带"X 儿生""X 儿势"等双后缀词。其中"X 儿"和"X 头儿"意义完全等同,"X 儿生""X 儿势"等略带强调味,如表 9-33 所示。

表 9-33　通过叠加其他后缀变换出带双后缀的新词形示例

构成方式	示例	
X 儿—X 头儿	梨儿—梨头儿	罐儿—罐头儿(罐头)
	领儿—领头儿(领子)	娟儿—娟头儿(女孩儿小名)

续 表

构成方式	示例	
X儿—X儿生	一道儿——道儿生	一堆儿——堆儿生
	一顿儿——顿儿生	一勃＝儿——勃＝儿生（一块）
X儿—X儿势	吃场儿—吃场儿势	说场儿—说场儿势（很能说的样子）
	滚得儿—滚得儿势	的角儿—的角儿势

（6）大量的多音节词语有不带儿缀和带儿缀两种形式,其中,有些词本身就是带有"头""子""佬""胚"等后缀的派生词。比较而言,带儿缀的形式表意更加轻松活泼,如表9-34所示。

表9-34 带儿缀的形式表意更加轻松活泼

构成方式	示例	
本身带后缀的派生词	肋棚骨—肋棚骨儿	刺啦婆—刺啦婆儿（野蛮女人）
	鸭舌头—鸭舌头儿	插头—插头儿（插座）
	新娘子—新娘子儿	号子—号子儿（号码）
	陈杰佬—陈杰佬儿（人名）	僵歪佬—僵歪佬儿（动作不利索的人）
	不要好胚—不要好胚儿	下作胚—下作胚儿
	木嘀笃＝—木嘀笃＝儿（木屐）	骚各咚—骚各咚儿（小雄鸡,喻风流男子）
	沙核桃—沙核桃儿（山核桃）	蛮武佬—蛮武佬儿（粗鲁的人）
	行头—行头儿	摇卜咚—摇卜咚儿（拨浪鼓）
	毛豆子—毛豆子儿	慌稀稀—慌稀稀儿

（7）有些儿缀词有中缀和后缀两种变换形式,如表9-35所示。

表9-35 有些儿缀词有中缀和后缀两种变换形式

构成方式	示例		
中缀或后缀	卷儿毛—卷毛儿	虚点儿心—虚心点儿	用点儿功—用功点儿
	鸭儿骨头—鸭骨头儿	片儿荤素—荤素片儿	

（8）有些儿缀词有全称和简称两种变换形式,如表9-36所示。

表9-36 有些儿缀词有全称和简称两种变换形式

构成方式	示例		
全称和简称	油炸桧儿—桧儿	麻雀儿—雀儿（音"叫"）	高干儿—干儿
	黑龙江哥儿—龙江哥儿	十三点儿稀稀—点儿稀稀	独自个儿—独个儿

丰富的词形变化,使杭州话中的一些儿缀词同时拥有多个形式。例如:

[例9-49]卷毛儿、卷儿毛、卷毛毛儿、须儿、须须儿、须头儿、须须头儿、屑末儿、屑末末儿、屑屑末儿、末屑屑儿、屑屑末末儿。

这种现象表明,杭州话的儿缀除了具有较强的能产性之外,还具有极大的丰富性和灵活性。

杭州话的儿缀在构词、构形上有两大明显的特点,即词根重叠多、词形变化丰富。儿缀的这些特点,在普通话中并不多见,但在吴语中却是很普遍的(非小孩语),无论是儿缀处于消失中的残迹状态的方言,还是儿缀依旧很丰富的方言。前者如浙北德清武康方言,尚存的 31 个儿缀词中有 11 个是词根重叠式的,1 个是词缀叠加式的。例如:

[例 9-50]脚脚儿、珠珠儿、毛毛儿、眼眼儿、袋袋儿、潭潭儿、泡泡儿、渣渣儿、沟沟儿、槽槽儿、棚棚儿、梢头儿。

后者可参见郑张尚芳《温州方言的儿尾》(《方言》1979 年第 3 期)。可见,杭州话中的儿缀尽管读音改变了,但其主要的构词、构形功能没有变,仍然保持着吴语的特点。

四、儿缀的修辞功能

"儿"的本义是"小孩儿",转为词缀后,其基本意义或初始意义是指小,在指小的过程中自然衍生出表示喜爱、戏谑、轻蔑等功能,有时其本身"指小表爱"的功能已经不重要了,但能使表达更加轻松活泼、形象生动等,杭州话中的儿缀具有重要的修辞功能。

1. 表细小、微少

儿缀可以用来表示形体上的小、数量上的少和程度上的轻。这是初始意义上的"小称"。

(1)比类似的名物显得细小、微少。一般与小孩儿有关的名物,小动物、小物件的名称大多可用儿缀表示。量词、数量词加儿缀常可用以表示少量。例如杭谚用"把儿柴""升儿米",形容日子过得很艰难。旧时杭城卖西瓜的叫卖声"两个儿来个两个,阴凉蜜甜的西瓜两个"。"两个儿"是过去某个时代的两个小钱,那意思就是"两个小钱买两片西瓜"。另外,如把儿笋、一刨花儿、两老伴儿(老两口)等都是表示少量的。动词、形容词加儿缀都可用以表示轻度,如争争儿、荡荡儿(闲逛)、跌跤儿、乖乖儿。

(2)与同类的名物相比有大小之别。杭州话中有大批单说与加儿缀两可的词,其中有一部分单说与加儿缀有大小之分、广狭之别,如表 9-37 所示。

表 9-37 单说与加儿缀有大小之分、广狭之别

功能	示例			
表大小之别	袋—袋儿	布—布儿	字—字儿(作业)	小车—小车儿(玩具车)
	缝—缝儿	包裹—包裹儿	肉—肉儿(果肉)	姑娘—姑娘儿(年轻)女孩
	洞—洞儿	脚爪—脚爪儿	皮—皮儿(豆腐皮)	浆—浆儿(豆浆)

(3)一些名词单说时一般不加儿缀,但如果带上"小"或含"小"义的词后,就必须加儿缀,如表 9-38 所示。

表 9-38　带上"小"或含有"小"义的词

功能	示例			
表示"小"	小娘儿（轻佻的女子）	小脚儿	小命儿	小书儿（早年的连环画）
	小鸡儿	柴爿儿	矮冬瓜儿（矮胖子）	豆儿老板（小老板）
	角落头儿	毛豆子儿	新娘子儿	

2.表亲昵

一些词加上儿缀后带上了喜爱和亲昵的感情色彩，是一种"昵称"。这类词往往与表细小、表轻蔑的词交叉，例如"小鬼头儿"既有"小"，又有"爱"，还有"骂"的意思。

3.表戏谑

儿缀表示亲昵的情味特别适宜于俚俗调笑等场合，以戏谑调侃的口气，起舒缓语气的作用，营造宽松的气氛，实际上是一种"戏说"。

（1）杭州话中有大量用儿缀词构成的俚言俗语，读来风趣幽默。

（2）杭州人自古好为隐语，其中不少就是以儿缀构成的。《辍耕录》中就有"暗换易物曰捌包儿"的记载。这一现象延续至今，成为判断一个人"道儿"（资格）老不老的标志，如表 9-39 所示。

表 9-39　儿缀构成隐语

功能	示例		
隐语	料儿（能耐）	套儿（男性称其性伙伴）	核儿（谐"滑二"。杭谚：憨大滑二刁小三）
	笼儿（监狱）	解扣儿（消除误会）	挖脚底板儿（揭短）
	吃铐儿（坐牢）	考一会儿（男女约会）	打落豆儿（从中捞好处）
	念秧儿（啰唆）	老泡儿（吹牛大王）	胡须浸辣在浆儿里（没感觉）
	朦刚儿（眯细眼的人）	罐儿挂起（完蛋）	西湖边高头儿说大书（吹牛）
	割稻头儿（赌博时赢了就走）	淴卤儿（丑行暴露）	

（3）民谣也常常采用儿缀的手法，读来妙趣横生。例如《杭州十城门外之行业》以十个儿缀词，把当年杭城周围的十大行业一一点明：

[例 9-51] 武林门外鱼滩儿，涌金门外划船儿，

　　　　　凤山门外跑马儿，望江门外菜篮儿，

　　　　　钱塘民外香蓝儿，清波门外柴担儿，

　　　　　候潮门外酒坛儿，清泰门外盐担儿，

　　　　　庆春门外粪担儿，艮山门外丝蓝儿。

再如《浪荡子》把浪荡子吃光用光的劣根性刻画得入木三分：

[例 9-52] 吃点儿，用点儿，日子过得好点儿，

194

棺材买得薄点儿，绳子买得细点儿，

抬抬轻点儿，烂烂快点儿。

4. 表轻蔑

一些词带上儿缀，有地位低下或人品卑下之意，是一种卑称。如扒儿手、贼骨头儿、流氓胚儿、入佬儿（詈语）、马屁精儿、旋骆驼儿、叫花子儿。

（1）有些是旧思想、旧意识的产物，如武垃圾儿（习武的人）、篮儿手（做买卖时的中间人）、北佬儿（北方人）、渔佬儿、瓜佬儿（乡下人）、懈脚儿（有气无力的人）。其中大量的"鬼"类卑称词显得尤为突出，例如：

[例9-53]孽齼鬼儿（顽皮的孩子）、调皮鬼儿、嫩煞鬼儿、胆小鬼儿、讨债鬼儿、马屁鬼儿、小气鬼儿、懒惰鬼儿、潮煞鬼儿、饿煞鬼儿、催命鬼儿、横（音同"汪"）丧鬼儿（无法无天的人）、枪毙鬼儿、穷鬼儿、酒鬼儿、乌烟鬼儿、衙门鬼儿（衙门中的胥吏）、机纺鬼儿（织机者）、考鬼儿（应试赴考之人）、房鬼儿（以买卖房屋为职业的中间人）、庙鬼儿（庙中做事者）、撩鬼儿（在街头生事之人）。

（2）一些对残障人士的称谓也属于这种卑称，例如：

[例9-54]跷拐儿、支＝手儿（手残疾者）、驼背儿、哑巴儿、四罩儿（戴眼镜者）、麻子儿、缺嘴儿、葛＝嘴儿（口吃的人）、吊＝嘴儿（发音不准的人）、二麻子儿（脸上带雀斑的人）、僵歪佬儿、光郎头儿、痫痫头儿、歪嘴巴儿、白果眼儿（斜眼）、斗鸡眼儿、洋白佬儿（白化病患者）、肝炎佬儿、阴阳人儿。

（3）有些词是专门用于女人的卑称，例如：

[例9-55]小娘儿（放荡的女人）、鸡婆儿（妓女）、婊子儿、蛮婆儿、傻婆儿、呆婆儿、疯婆儿、胖婆儿、矮婆儿、稳婆儿（接生婆）、馋腥婆儿（放荡的女人）、强盗婆儿（不讲理的女人）、雌拉婆儿（凶横的女人）、雌雄婆儿（男性化的女人）、狐狸精儿。

（4）一些并不卑微的词，加上儿缀后也带有被轻视的讽刺味，例如：

[例9-56]官儿、高干儿、班头儿（旧时衙役皂隶）、亨倌儿、光棍儿、红人儿、泥人儿、美人儿、梦人儿（糊涂的人）、野人儿、来马儿（泛指某人，或加以姓曰赵马儿、钱马儿）、兵兵儿（象棋中的"兵"）、将官头儿（象棋中的"将"）、帅官头儿（象棋中的"帅"）、皇帝佬儿、寿星佬儿、大盖帽儿（警察）、头儿脑儿（领导）。

5. 表轻松活泼

儿缀词表亲昵的情味易营造轻松活泼的气氛，给人留下亲切有趣的印象。杭州话中有很多用儿缀词构成的俗语、民谣，说来朗朗上口、轻松活泼。像笑话孩子的"哭作毛儿笑嘻嘻"；描绘玩耍的"小伢儿，搞搞儿，搞了不好闹架儿"；描述节气的"二月二，煎糕炒豆儿；三月三，荠菜花儿上灶山；四月四，杀只鸡儿请灶司；六月六，猫儿狗儿同洗浴"。

下面这则讲述平常百姓家生活琐事的民谣，全由儿缀词写成：

[例9-57]男伢儿、姑娘儿八岁正正得穿袜儿，一天到晚搞搞儿。要子儿、吃吃消闲果儿、挑挑绷绷线儿，屋里不见鬼影儿。柯来两只蝴蝶儿，跌落两颗扣儿，两个人躲起猫猫古＝儿（捉迷藏），额骨头弄出介大两个块儿。你字儿（作业）写好没有？搬张凳儿坐落来剥毛豆子儿，中饭我们吃鸡脚爪儿。要学你老头儿不剪手指掐＝儿，吃虾儿用五爪儿不用

筷儿,吃汤想起调羹儿。男伢儿二十岁当了新郎官儿,姑娘儿十八岁做了新娘子儿,第二年生了个白白胖胖的毛毛头儿变成了大嫂儿。大嫂儿卖过花儿、油冬儿、葱包桧儿,摆了五十年摊儿从来不剖黄瓜儿。男伢儿后来变成老头儿,退休以后趖趖儿,七老八十手底心捏根拐杖儿,十二月里戴顶呢帽儿,还有一副手套儿。

这首民谣,似有意似无意地用了 40 个儿缀词,把老百姓轻松自如、悠闲自在的生活情调表现得淋漓尽致。

6.表形象生动

儿缀词灵活多样的构造方式能使表达更加生动形象,给人以深刻的印象。

(1)重叠式儿缀词是使表达生动形象的一种重要形式,杭州话中名词、动词、形容词等都可以重叠,且形式多种多样,有儿缀词的词根重叠、有非词根成分的重叠、有后缀成分的重叠等(详见上文"儿缀词的构造")。尤以单音节动词重叠加儿缀构成的"XX儿"最为生动形象。例如:

[例 9-58]搞搞儿(玩)、别别儿(比)、撩撩儿(挑逗)、张张儿(张望)、装装儿(装模作样)、造造儿(编造假话)、躲躲儿、拉拉儿、搓搓儿、啃啃儿、听听儿。

(2)一些用摹状、拟声、拆字等方法构造的词语,也带有明显的形象色彩,如表 9-40 所示。

表 9-40 摹状、拟声、拆字等方法构造的词语

构成方式	示例
摹状	白鲦儿(鱼名)、红果儿(山楂)、火柿儿、方柿儿、黄蚬儿、黑炭儿(黝黑的人)、乌老鸦儿、卜儿(老旦的别称。因演戏时好摇头,似卜楞鼓)、莲蓬头儿、瓢儿菜、拐儿弄(地名)、靴儿河下(地名)
拟声	木滴＂笃＂儿(木屐)、骚各＂咚＂儿(未阉过的小雄鸡,喻风流男性)、摇卜咚儿(卜楞鼓,喻立场不稳的人)
拆字	三酉儿(酒)、丘八佬儿

(3)比喻、夸张、比拟、双关等辞格的运用,也都使表达得到形象生动的效果,如表 9-41 所示。

表 9-41 比喻、夸张、比拟、双关等辞格的运用

构成方式	示例
比喻	盍儿(傻瓜)、消金锅儿(西湖)、矮冬瓜儿(矮胖子)、套箍儿(喻受累)、跑单垙儿(喻事情没有成功)、吃闷食儿(喻独吞好处)、活脚船儿(喻能供使唤的小孩)、火腿索儿(喻喜欢揩油的人)、吃着甜头儿(喻渐入佳境)、飞来肉圆儿(喻飞来横祸)、头顶盍儿,脚踏核儿(喻处境不妙)
夸张	梦人儿(极言人之糊涂)、一刨花儿(极言其少)、灯草拐杖儿(极言人之软弱无用)、蟹儿爬西瓜(极言劳而无功)、老虎吞蝴蝶儿(极言食物之少)、床铺底下放鹞儿(极言人之没出息)、树叶儿跌落来怕打开头(极言人之胆小)、落水叫救命,上岸讨包裹儿(极言人心不知足)

196

构成方式	示例
比拟	挖嘴不开的黄蚬儿（寡言少语的人）；（一个碗儿歪不会）得响，两个碗儿就叮当；金虾儿打躬，海龙王看都没看见巴结不上；知鸟儿叫、石板儿跳，倒灶郎中坐八桥
双关	油煎琵琶核儿（"核儿"谐"滑二"）；牢牢金箍手，袜儿当枕头（"金箍"谐"经过"，谓人之吝啬）；肉骨头儿打鼓——昏咚咚（"昏"谐"荤"）；大蒜叶儿打气——混充（"充"谐"葱"）

第五节　白娘子断桥遇许仙
——杭州话中的说唱表演

杭州话中的
说唱表演

　　语言是历史的沉淀、是文化的标记，各地方言里都存在着丰富多彩的口彩、禁忌、俗语、谚语，流传着用本地话讲述的民间故事，用本地话演唱的民歌，有的还拥有独特的地方戏曲和曲艺。这些具有浓郁地方特色和民间智慧的语言文学艺术现象，无疑是方言文化的重要内容。

一、杭州话中说唱表演的种类

　　杭州话分布范围很小，使用人口很少，但用杭州话表演的戏曲和曲艺却很丰富，共有8个剧种，均为非物质文化遗产项目，加上杭州话，共9个非物质文化遗产项目。这8个剧种真的是最地道、最杭州的文艺形式。

　　(1)杭州小热昏，俗称"卖梨膏糖的"，2006年入选国家级非物质文化遗产代表性项目名录。

　　(2)杭州评话，俗称"杭州大书"，2008年入选国家级非物质文化遗产曲艺类名录。

　　(3)杭州评词，俗称"杭州小书"，2008年入选国家级非物质文化遗产代表性项目名录。

　　(4)武林调，又称"杭曲"，2008年入选国家级非物质文化遗产代表性项目名录。

　　(5)杭州摊簧，别称"安康"，2008年入选国家级非物质文化遗产扩展项目曲艺类名录。

　　(6)独脚戏，又称"滑稽"，2009年入选国家级非物质文化遗产代表性项目名录。

　　(7)杭剧，又名"武林班""杭州文戏"，属地方戏曲，起源于杭州宣卷。2005年，入选浙江省非物质文化遗产代表性项目名录。

　　(8)滑稽戏，抗战后期出现的一种新剧种。2012年入选浙江省非物质文化遗产代表性项目名录。

　　(9)杭州话，2016年入选第四批杭州市级非物质文化遗产代表性项目名录。

　　8个剧种，9个非物质文化遗产项目，有6个国家级非物质文化遗产项目、2个省级非物质文化遗产项目、1个市级非物质文化遗产项目。一种分布范围那么小的方言，拥有如此多的用该方言表演的戏曲和曲艺，在全国范围内也是不多见，可见其历史文化底蕴之

深厚。

在 20 世纪 50 年代,这些家喻户晓、老少皆宜的优秀地方戏曲和曲艺,曾一度濒临失传的边缘。杭州滑稽艺术剧院从收集失散的资料、培养年轻演员,到设立专门表演场所等方面入手,采取了一系列保护和传承的措施,使古老的曲目焕发出新的生命力。年轻演员不完全拘泥于传统,勇于创新,在说唱中大胆融入新词语、新理念,听来形象而幽默,体现出既保留传统的精华又能与时俱进的非物质文化遗产保护新概念。

二、说唱表演片段赏析

受篇幅限制,下面简要介绍和转写一些经典片段。舞台表演中有说有唱,甚至是半句说半句唱,即便是说话也具有独特的舞台风格,与平时生活中不完全相同,故转写时按实际发音记录,不标声调。

(一)杭州小热昏

杭州小热昏是一种马路说唱艺术,以击小锣伴奏,唱短篇故事、说笑话。其传统表演形式,艺人踏上条凳先敲小锣招揽观众,即兴编唱几句后转入短篇曲目。说到精彩处,开始卖梨膏糖,称"卖关子",之后继续说书,至故事情节高潮时便以"关子"结束,以吸引听众次日再听。杭州小热昏源于清末民初,曾广泛流行于江浙沪一带,内容多讽喻当时社会黑暗,是最早入选国家级非物质文化遗产名录的杭州曲艺。

本节视频中的这段杭州小热昏《快与慢》(片段),用极其夸张的手法嘲讽了 3 种不同性格的人。小热昏的传统服饰是长袍,但年轻演员大胆地穿上了短褂,显得生机勃勃、干净利落,同样取得了很好的演出效果。

(二)杭州评词

杭州评词是一种姐妹说唱艺术,由南宋说话中的"小说"演变而成,流行于杭州及周边地区。其传统表演形式为一人手执胡琴,用杭州话自说自唱,唱词通俗易懂,意境清新委婉。《白蛇传》是杭州评词的经典,颇具地域特色。

杭州评词俗称"杭州小书",与"杭州大书"(杭州评话)相对,小书与大书的主要区别在于:小书一股情,大书一股劲;小书说得泣,大书说得润;小书不离姑娘,大书不离刀枪;小书听拜堂,大书听封王。

本节视频中的这段杭州评词《白蛇传》(片段)异常细腻地讲述了白娘子跟许仙第一次断桥相遇的过程。把白娘子施展法力的降雨说成是"我国的第一场人工降雨",听来形象而幽默,体现出既保留传统的精华又能与时俱进的非物质文化遗产保护新概念。

杭州评词《白蛇传》(片段):

说一段白娘子同许仙来东断桥,头一卯碰着发生的故事。

今朝清明节,许仙上坟回来,走到断桥个把儿里的辰光,突然碰着一潮阵头雨,个雨点儿有黄豆介大啦,幸亏许仙出门个晨光,带了一把油纸伞,走到亭子里去躲雨个晨光,看到里厢有两个姑娘儿来东,接个两个姑娘儿不简单,一个是有 500 年修功的青蛇妖怪小青青,还有一位就是千年蛇妖白素贞……

(三)杭州独脚戏

独脚戏属曲艺滑稽类曲种。清末民初在杭州及周边地区开始流行。初创时为一人饰演多种角色的单卖口,现以两个人表演的双卖口为主要表演形式,说唱中除说杭州话外,常穿插绍兴话、苏北话、苏州话、普通话等。

本节视频中的这段杭州独脚戏《借红灯》(片段),在表演中除了说杭州话,还穿插了绍兴话和普通话。整个演出有说有唱,甚至是半句说半句唱,极富表现力。舞台表演的夸张程度很大,喜剧效果强烈。

以上三段用杭州话表演的曲艺片段,都是杭州滑稽艺术剧团青年演员近年来现场演出的记录。他们表演时的杭州话发音虽然有较多的新派特点,但在某些关键点上还是保留了老派杭州话的特点。继承与发展在每一段表演中都有所体现。

▶ **小结**

杭州话由南宋时南北两种差异很大的方言长期接触形成,并以方言岛的形式传承至今。杭州话中有一些明显与周边吴语不同,而与北方官话相同的语言成分,实际上是为南宋北方官话冲击所致。这种官话语言标记虽历经近千年,仍非常突出。杭州话是宋韵文化的主要载体,也是汉语史研究的一个不可多得的历史坐标。

第九章思考与练习

参考文献

鲍士杰.杭州方言词典[M].南京:江苏教育出版社,1998.

鲍士杰.杭州话音档[M].上海:上海教育出版社,2003.

鲍士杰.浙江西北部吴语与官话的边界[J].方言,1988(1):25-30.

蔡勇飞.杭州方言儿尾的作用[J].杭州师范学院学报,1987(2):19-28.

曹保平,冯桂华.客家语讳的类型及成因[J].嘉应大学学报,2003(5):117-119.

曹志耘.汉语方言地图集·词汇卷[M].北京:商务印书馆,2008.

曹志耘.浙江九姓渔民方言的语音特点[M]//江蓝生,侯精一.汉语现状与历史的研究:首届汉语语言学国际研讨会文集.北京:中国社会科学出版社,1999.

曾凡桂.论关联理论语用推理的溯因特征[J].外语与外语教学,2004(5):6-9.

陈克.中国语言民俗[M].天津:天津人民出版社,1993.

陈望道.修辞学发凡[M].上海:上海教育出版社,1982.

陈原.语言与社会生活[M].北京:生活·读书·新知三联书店,1999.

程湘清.汉语史专书复音词研究[M].北京:商务印书馆,2003.

戴昭铭.文化语言学导论[M].北京:语文出版社,1996.

邓炎昌,刘润清.语言与文化:英汉语言文化对比[M].北京:外语教学与研究出版社,1995.

董秀芳.词汇化:汉语双音词的衍生和发展[M].成都:四川民族出版社,2002.

董秀芳.词汇化与话语标记的形成[J].世界汉语教学,2007(1):50-61,3.

杜佳斌.河南商水婚嫁方言词研究[J].新纪实,2021(32):94-96.

方素梅.中国少数民族禁忌大观[M].南宁:广西民族出版社,1996.

方向.富春江上的"九姓渔户勺"[M]//上海民间文艺家协会.中国民间文化(第2集):民俗文化研究.上海:学林出版社,1994.

弗雷泽.金枝(上、下)[M].徐育新,汪培基,张译石,译.北京:中国民间文艺出版社,1987.

弗洛伊德.图腾与禁忌[M].杨庸一,译.北京:中国民间文艺出版社,1986.

符淮青.现代汉语词汇[M].北京:北京大学出版社,1985.

傅衣凌.关于中国封建社会后期经济发展的若干问题的考察[M]//傅衣凌.明清社会经济史论文集(卷1).北京:中华书局,2008.

盖丽娜.关于语用否定的语用分析[D].上海:上海外国语大学,2006.

高烈明.语言禁忌与东西方文化差异[J].学术探索,1999(3):49-52.

高名凯,石安石.语言学概论[M].北京:中华书局,1963.

高永晨.试论跨文化交际中的禁忌语[J].苏州大学学报(哲学社会科学版),1994(1):

　　30-34.

葛庆华.近代苏浙皖交界地区人口迁移研究:1853－1911[D].上海:复旦大学,2000.

辜同清.委婉语的符号学分析[J].外语教学,1999(1):67-70.

顾嘉祖,陈升.语言与文化[M].上海:上海外语教育出版社,1990.

郭锦桴.汉语与中国传统文化[M].北京:中国人民大学出版社,1993.

郭沈青.北京话语讳探析[J].语言教学与研究,2001(5):36-41.

郭在贻.郭在贻文集[M].北京:中华书局,2002.

何满子.忌讳及其他谈片[M].上海:上海古籍出版社,1998.

何兆熊.新编语用学概要[M].上海:上海外语教育出版社,3000.

何忠礼,徐吉军.南宋史稿[M].杭州:杭州大学出版社,1999.

何自然,冉永平.关联理论:认知语用学基础[J].现代外语,1998(3):95-109,94.

何自然.推理和关联:认知语用学原理撮要[J].外语教学,1997(4):1-10.

侯精一.现代汉语方言概论[M].上海:上海教育出版社,2002.

侯精一.现代汉语方言音档[M].上海:上海教育出版社,2003.

胡明扬.词典学概论[M].北京:中国人民大学出版社,1982.

胡朴安.中华全国风俗志[M].郑州:中州古籍出版社,1990.

胡裕树.现代汉语(重订本)[M].上海:上海教育出版社,2011.

黄伯荣,廖序东.现代汉语(增订六版)[M],北京:高等教育出版社,2017.

黄国营.现代汉语的歧义短语[J].语言研究,1985(1):69-89.

黄华新,陈宗明.描述语用学[M].杭州:浙江大学出版社,2023.

黄建华.词典论[M].上海:上海辞书出版社,2001.

黄晓东.浙江安吉县的三种官话方言岛[J].浙江师范大学学报(社会科学版),2007(3):
　　57-61.

黄仪仁.布依族宗教信仰与文化[M].北京:中央民族大学出版社,2002.

黄长.各国语言手册[M].重庆:重庆出版社,2000.

江宏.谐音禁忌的文化学探索[J].广西大学学报,2000(3):72-78.

江蓝生.《燕京妇语》所反映的清末北京话特色(上)[J].语文研究,1994(4):15-19.

姜望琪.当代语用学[M].北京:北京大学出版社,2003.

姜望琪.语用推理之我见[J].现代外语,2014(3):293-302,437.

蒋严.论语用推理的逻辑属性:形式语用学初探[J].外国语(上海外国语大学学报),2002
　　(3):18-29.

卡西尔.人论[M].甘阳,译.上海:上海译文出版社,1985.

孔庆成.委婉语言现象的立体透视[J].外国语.1993(2):28-32.

赖青寿.九姓渔户[M].福州:福建人民出版社,1999.

李国南.委婉语与宗教[J].福建外语,2000(3):1-6,19.

李家瑞.北平风俗类征[M].上海:商务印书馆,1937.

李军华.规范委婉语的特征与构成方式:委婉语构成系统研究之一[J].湖北师范学院学报
　　(哲学社会科学版),2004(2):95-98.

李军华.现代汉语委婉语的社会映射与流变[J].湖南科技大学学报,2005(4):80-84.

李荣.禁忌字举例[J].方言,1994(3):161-169.

李荣嵩.谈外来词的汉化[J].天津师大学报,1985(2):94-97.

李无未.日本汉语教科书汇刊(江户明治编)[M].北京:中华书局,2015.

李小凡,项梦冰.汉语方言学基础教程[M].北京:北京大学出版社,2014.

李彦洁.现代汉语外来词发展研究[D].济南:山东大学,2006.

李艳,施春宏.外来词语义的汉语化机制及深度汉语化问题[J].汉语学习,2010(6):59-68.

利奇.语文学[M].北京:商务印书馆,1983.

利奇.语言的人类学:动物范畴和骂人话[M]史宗//20世纪西方宗教人类学文选(上卷).上海:上海三联书店,1995.

梁欣然.幽默言语中语用否定研究:以历年央视春晚语言类节目为例[D].南昌:江西师范大学,2014.

林惠祥.文化人类学[M].北京:商务印书馆,2002.

刘叔新.汉语描写词汇学[M].北京:商务印书馆,2005.

刘莹,程工.从焦点的类型看"的"字结构的语义[J].中国语文,2021(1):28-42,126-127.

陆俭明.现代汉语基础[M].沈阳:辽宁教育出版社,2005.

罗常培,黄双宝.语言与文化(注译本)[M].北京:北京大学出版社,2009.

罗常培.语言与文化[M].北京:语文出版社,1989.

罗杰瑞.汉语概说[M].张惠英,译.北京:语文出版社,1995.

吕叔湘.歧义类型[J].中国语文,1984(5):321-329.

吕叔湘.现代汉语八百词(增订本)[M].北京:商务印书馆,1999.

吕叔湘.笑话里的语言学[M]//吕叔湘.语文常谈及其他.上海:上海教育出版社,1990.

吕叔湘.中国文法要略[M].北京:商务印书馆,1982.

吕效东.语言禁忌现象的社会语言学考察[J].上海大学学报,2004(3):94-97.

马克章.西域汉语通行史[M].兰州:甘肃教育出版社,2016.

马庆株.述宾结构歧义初探[J].语言研究,1985(1):90-101.

马学良.中国少数民族民俗大辞典[M].呼和浩特:内蒙古人民出版社,1995.

毛世桢.汉语语音趣说[M].广州:暨南大学出版社,2011.

孟元老.东京梦华录[M].北京:中华书局,1986.

聂友军,陈小法.东亚语言与文化[M].杭州:浙江工商大学出版社,2018.

彭文钊.委婉语—社会文化域的语言映射[J].上海外国语大学学报,1999(1):67-72.

平山久雄.汉语语音史探索[M].北京:北京大学出版社,2012.

齐德峰.英语委婉语的语言特点及文化内涵[J].山东社会科学,1999(2):83-86.

钱乃荣.北部吴语研究[M].上海:上海大学出版社,2003.

钱乃荣.上海话中的外来词[J].新读写,2021(9):43-44.

裘锡圭.汉简零拾[J].文史,1981(12):13-14.

曲彦斌.民俗语言学[M].沈阳:辽宁教育出版社,2004.

曲彦斌.中国民俗语言学[M].上海:上海文艺出版社,1996.

任骋.中国民间禁忌[M].北京:作家出版社,1990.

任骋.中国民俗通志[M].济南:山东教育出版社,2005.

任玉函.朝鲜后期汉语教科书语言研究[D].杭州:浙江大学,2013.

阮元.十三经注疏(附校勘记)[M].北京:中华书局,1980.

上海古籍出版社,上海书店.二十五史[M].上海:上海古籍出版社:1986.

邵冠文.我们的姓氏从哪里来[M].齐鲁书社,2010.

邵敬敏.汉语语法趣说[M].广州:暨南大学出版社,2011.

邵敬敏.歧义:语法研究的突破口[M]//吕叔湘,马庆株.语法研究入门.北京:商务印书馆,1999.

沈家煊."语用否定"考察[J].中国语文,1993(5):321-331.

沈家煊.讯递和认知的相关性[J].外语教学与研究,1988(3):62-65.

沈家煊.也谈能性述补结构"V得C"和"V不C"的不对称[M]//沈家煊,吴福祥.语法化与语法研究(二).北京:商务印书馆,2005.

沈家煊.语用原则、语用推理和语义演变[J].外语教学与研究,2004(4):243-251,321.

石安石.语义论[M].北京:商务印书馆,1993.

石毓智.语法的认知语义基础[M].南昌:江西教育出版社,2000.

史金生."要不"的语法化:语用机制及相关的形式变化[J].解放军外国语学院学报,2005(6):10-17.

史有为.汉语外来词(增订本)[M].北京:商务印书馆,2013.

史有为.外来词:异文化的使者[M].上海:上海辞书出版社,2004.

束定芳,徐金元.委婉语研究:回顾与前瞻[J].外国语,1995(5):17-22,80.

司马迁.史记[M].北京:中华书局,1982.

宋全.少数民族民间禁忌[M].北京:中央民族大学出版社,1999.

宋小磊.《小额》注释本校释及词汇研究[D].金华:浙江师范大学,2013.

孙宏开,胡增盛,黄行.中国的语言[M].北京:商务印书馆,2007.

孙汝建.塔布心理对语言修辞的影响[J].民族语文,2002(4):51-53.

索振羽.语用学教程[M].北京:北京大学出版社,2000.

太田辰夫.汉语史通考[M].江蓝生,白维国,译.重庆:重庆出版社,1991.

田九胜.委婉语的语用分析[J].福建外语,2001(2):18-21,37.

万建中.禁忌与中国文化[M].北京:人民出版社,2001.

万建中.语言禁忌琐谈[J].文史杂志,1992(2):39-40.

汪维辉.东汉—隋常用词演变研究(修订本)[M].北京:商务印书馆,2017.

汪维辉.关于基本词汇的稳固性及其演变原因的几点思考[J].厦大中文学报,2015(2):27-36.

汪维辉.汉语核心词的历史与现状研究[M].北京:商务印书馆,2018.

王凤阳.古辞辨(增订本)[M].北京:中华书局,2011.

王健宜.文化语言学[M].北京:高等教育出版社,2013.

王力.汉语史稿[M].北京:中华书局,1980.

王力.汉语语法史[M].北京:商务印书馆,1989.

王念孙.读书杂志[M].南京:江苏古籍出版社,1985.

王松年.委婉语的社会语言学研究[J].外国语,1993(2):24-27.

王涛.中国成语大辞典[M].上海:上海辞书出版社,1987.

王文香.汉语"放置"概念域的历时演变与共时分布[D].杭州:浙江大学,2014.

王献忠.中国民俗文化与现代文明[M].北京:中国书店,1991.

王新华.汉语禁忌语分布研究[J].东岳论丛,2004(5):130-132.

王引之.经义述闻[M].南京:江苏古籍出版社,2000.

《文史知识》编辑部.古代礼制风俗漫谈[M].北京:中华书局,1992.

乌丙安.中国民俗学[M].沈阳:辽宁大学出版社,1985.

吴传飞.论汉语外来词分类的层级性[J].语文建设,1999(4):12-15.

吴思聪.汉语外来词对汉语词汇系统的影响[M].云南师范大学学报,2003(1):102-107.

吴颖.关于禁忌语与委婉语的区别与联系[J],洛阳大学学报,1996(3):36-39.

武占坤,王勤.现代汉语词汇概要[M].北京:外语教学与研究出版社,2009.

现代汉语规范问题学术会议秘书处.语言基础[M].北京:科学出版社,1956.

邢福义.文化语言学[M].武汉:湖北教育出版社,1992.

熊学亮.Sperber和Wilson的语用推理逻辑[J].山东外语教学,1997(2):22-26.

徐越.杭州方言研究[M].合肥:安徽教育出版社,2021.

徐越.杭州方言与宋室南迁[M].杭州:杭州出版社,2013.

徐越.杭州方言语音的内部差异[J].方言,2007(1):10-14.

徐越.新派杭州方言对周边吴语语音的吸收[J].方言,2010(2):165-170.

徐海铭.委婉语的语用学研究[J].外语研究,1996(3):22-25,48.

徐烈炯.几个不同的焦点概念[M]//徐烈炯,潘海华.焦点结构和意义的研究.北京:外语教学与研究出版社,2005.

许嘉璐.礼、俗与语言[J].北京师范大学学报(社会科学版),1991(3):64-68.

许嘉璐.论民族文化的雅与俗[J].北京师范大学学报(社会科学版),2003(4):5-15.

许嘉璐.未了集[M].贵阳:贵州人民出版社,2002.

许嘉璐.未惬集[M].贵阳:贵州人民出版社,2005.

许慎.说文解字[M].北京:中华书局,1963.

严棉,洪成玉.汉语与文化:同音词、吉利话与禁忌语之研究[J].首都师范大学学报(社会科学版),1982(2):34-39.

岩田礼.汉语方言解释地图[M].东京:白帝社,2009.

杨荣贤.汉语肢体动词发展史研究:以六组基本词为中心[M].上海:中西书局,2017.

杨锡彭.汉语外来词研究[M].上海:上海人民出版社,2007.

杨永龙.《朱子语类》完成体研究[M].郑州:河南大学出版社,2001.

叶蜚声,徐通锵.语言学纲要(修订版)[M].北京:北京大学出版社,2010.

衣川贤次.《祖堂集》的基础方言[J].新国学,2014(10):1-56.

游汝杰.汉语方言学导论[M].上海:上海教育出版社,2013

俞樾等.古书疑义举例五种[M].北京:中华书局,2005.

袁毓林.论元角色的层级关系和语义特征[J].世界汉语教学,2002(3):10-22,2.

张斌.现代汉语[M].北京:中央广播电视大学出版社,2003.

张拱贵.汉语委婉语词典[M].北京:北京语言文化大学出版社,1996.

张静.新编现代汉语[M].上海:上海教育出版社,1986.

张美兰.《祖堂集》语言研究概述[M]//吴言生.中国禅学(第一卷).北京:中华书局,2002.

张廷兴.谐音民俗[M].北京:中央民族大学出版社,2000.

张旭,李盈光.浅谈中西禁忌语的文化内涵与范畴[J].山东外语教学,2000(2):27-30.

张永言.词汇学简论[M].武汉:华中工学院出版社,1982.

张永言.词汇学简论　训诂学简论(增订本)[M].上海:复旦大学出版社,2015.

张昀.语言禁忌的民俗学诠释[J].语言与翻译,2000(2):69-73.

章艳.英语和汉语中的语言禁忌[J].同济大学学报(社科版),1998(1):51-56,69.

赵翼.陔余丛考[M].石家庄:河北人民出版社,1990.

赵元任.汉语中的歧义现象[M]//赵元任.赵元任语言学论文集.北京:商务印书馆,2002.

中国社会科学院,澳大利亚人文科学院.中国语言地图集[M].香港:朗文出版(远东)有限公司,1987.

周刚,吴悦.二十年来新流行的日源外来词[J].汉语学习,2003(5):72-78.

周洪波.外来词译音成分的语素化[J].语言文字应用,1995(4):63-65.

周振鹤,游汝杰.方言与中国文化[M].上海:上海人出版社,2019.

周祖谟.汉语词汇讲话[M].北京:外语教学与研究出版社,2006.

朱德熙.汉语句法中的歧义现象[J].中国语文,1980(2):21-27.

朱海滨.九姓渔民来源探析[J].中国历史地理论丛,2006(2):51-59.

庄和诚.禁忌语词纵横谈[J].现代外语,1991(3):26-32.